AIX : The Age of Artificial Intelligence Transformation

현대원 지음

메타X 미디어

AIX : The Age of Artificial Intelligence Transformation

초판 1쇄 발행 2025년 5월 26일
초판 2쇄 발행 2025년 9월 03일

지은이	현대원
발행인	현대원
편집인	박정준
디자인	이재원
발행처	주식회사 메타엑스미디어
등록일	2025년 2월 28일 I 제2025-000027호
소재지	(우)03780 서울시 서대문구 신촌로127, 1208호
전화	02-2273-4832
팩스	02-2273-4830
전자우편	metax@metax.kr
홈페이지	metax.kr

종이책	ISBN 979-11-991771-2-3 (03500)
전자책	ISBN 979-11-991771-3-0 (05500)

copyright©㈜메타엑스미디어, 2025
이 책은 저작권법에 따라 보호받는 저작물이므로, 서면허락을 받지 않은 무단 전재와 무단 복제를 금합니다.
Published by MetaXmedia, Inc. Printed in Korea.

CONTENTS

00	서문	4
01	AIX, 문명을 다시 설계하다	7
02	기술 초가속화의 시대 미래를 앞당기는 일곱 가지 변화	35
03	무어의 법칙을 넘어 지능의 법칙으로	49
04	인공지능의 진화와 도전	61
05	AGI를 넘어 초지능으로	101
06	AI 윤리와 글로벌 규제 패러다임	123
07	웹3 새로운 인터넷 혁명의 시작	149
08	초연결 사회 - 탈중앙화 인프라로의 진화	169
09	AI 시대의 고용구조	197
10	초지능 혁명_제3차 기계시대	215
11	토큰 이코노미	231
12	디지털 자산 시대의 화폐 혁명	247
13	AI-인간 공동창작의 시대	271
14	메타버스 본격적인 도약의 준비	297
15	게임 체인저 스마트글라스	323
16	맺음말	341
	미주, 참고문헌	347

서문

기술의 문턱에서, 우리는 다시 문명을 설계해야 한다

『AIX: 인공지능 대전환의 시대』에 앞서 2019년에 출간된 전작 『초지능의 물결』에서는 인공지능이 인간의 지능을 넘어 초지능의 시대로 접어들고 있다는 진단을 제기한 바 있다. 이 책에서는 인공지능이 단순한 기술을 넘어 사회 전반에 실질적인 영향을 미치는 존재로 부상했으며, 인간과 기술의 공존에 대한 본질적인 물음이 필요하다는 점을 강조했다.

2021년, 『AI의 도전』에서는 인공지능의 확산이 야기하는 구조적 변화―고용의 재편, 노동의 해체, 지능의 위임, 그리고 통제력 상실에 대한 철학적 질문―을 보다 본격적으로 다루었다. 인간 고유의 영역으로 여겨졌던 창의성과 판단, 도덕성과 책임마저도 AI가 넘보기 시작한 시대에, 인재 양성, 산업 구조 및 고용 체계의 전환, 그리고 규제 혁신 등 우리가 긴급히 대응해야 할 과제들을 정리하고자 했다.

그리고 지금, 우리는 다시 한 번 문명의 향방을 결정짓는 중대한 기로에 서 있다. 『AIX: 인공지능 대전환의 시대』는 바로 그 전환의 문턱에서, 우리가 마주한 질문들과 고민을 성찰해보고자 하는 절실한 문제의식에서 출발하였다.

2023년은 생성형 인공지능(Generative AI)의 대중적 확산이 본격화된 전환기였다. GPT-4, 클로드(Claude), 제미나이(Gemini)와 같은 초거대 언어모델(Large Language Models)은 텍스트를 넘어 이미지, 음악, 영상, 코드에 이르기까지 인간 고유의 창작 세계에 실시간으로 개입하기 시작했다. 누구나 AI를 통해 창작하고, 소통하며, 경제적 가치를 생산할 수 있는 'AI 창조의 시대'가 도래한 것이다.

하지만 그 이면에는 유발 하라리, 스티브 워즈니악, 일론 머스크, 제프리 힌튼 등 수많은 과학자와 오피니언 리더들이 참여했던 'AI 6개월 개발 중단 촉구 운동(AI 6-Month Pause Campaign)'처럼, 기술의 속도에 대한 사회의 불안과 윤리적 저항이 본격적으로 등장했다. 이 선언은 단지 기술자들의 경고가 아니라, 인류가 AI에 대해 처음으로 공론장 속에서 근본적인 통제 가능성을 성찰하기 시작했다는 점에서 하나의 문명적 기로였다. 기술은 이미 질주하고 있고, 사회는 아직 준비되지 않았다. 이 책은 바로 그 갈림길에서, 무엇을 어떻게 설계할 것인가에 대한 질문으로 시작된다.

오늘날의 인공지능은 단지 '더 똑똑한 도구'가 아니다. 그것은 인간의 노동, 창작, 소유, 의사결정, 정체성과 같은 문명의 핵심 개념들을 재정의하고 있다. 우리는 이제 인공지능을 기술의 진보로만 바라보는 시선을 넘어서, 그것이 재편하고 있는 '문명의 질서'에 주목해야 할 때다.

『AIX』라는 제목은 AI(Artificial Intelligence)와 전환(Transformation)의 합성어로, 인공지능이 단지 산업 혁신의 엔진을 넘어 사회, 문화, 제도 전반을 다시 구성하는 '문명 재설계의 힘'으로 작동하고 있음을 상징한다. 웹3, 생성형 AI, 메타버스, 양자컴퓨팅, AHCC(AI-Human Co-Creation), DePIN(탈중앙화 인프라 네트워크)과 같은 신기술의 발전은 모두 이 대전환 속에서 상호 연결되어 있으며, 이 책은 그러한 초연결된 전환의 구조를 입체적으로 조망하고자 한다.

'기술이 문명을 만든다'는 명제는 이제 '기술과 함께 문명을 다시 설계해야 한다'는 새로운 과제로 대체되어야 한다. 『AIX: 인공지능 대전환의 시대』는 그러한 문제의식 속에서 기획된 책이다. 기술이 인간 사회 깊숙이 통합되고 있는 지금, 우리는 단순히 기술의 경계를 넘는 것이 아니라, 인간과 기술이 함께 새로운 문명을 설계해나가는 여정에 있다. 이 책이 그 여정의 서문이 되기를 바란다. 그리고 우리가 함께 맞이하게 될 미래가, 통제되지 않은 혼돈이 아니라 성찰된 공동 설계의 산물로 자리매김하기를 희망한다.

PART 01

AIX,
문명을 다시 설계하다

PART 01

AIX, 문명을 다시 설계하다

01 기술 초가속화의 시대: 미래를 앞당기는 일곱 가지 변화

2025년의 기술 혁신은 단순한 발전이 아니라, 시간의 흐름을 앞지르는 '초가속화의 시대'를 상징한다. 디지털 데이터는 175 제타바이트(ZB)를 넘어서며 실시간 정보 분석과 의사결정의 중요성이 비약적으로 커지고 있다. 이러한 흐름의 정점에는 양자 컴퓨팅이 있다. 기존의 컴퓨팅 상식을 깨뜨리는 양자 기술은 금융, 약물 개발, 기후 예측 등에서 이미 실질적인 활용 가능성을 보여주고 있으며, 글로벌 기업들은 'Quantum-as-a-Service'를 통해 대중화에 박차를 가하고 있다. 이로 인해 데이터 중심 사회는 단순한 속도의 문제를 넘어서, 인간이 처리 가능한 정보의 한계를 초월하는 방향으로 진화 중이다.

기술의 진화는 기업 생태계에도 극적인 변화를 초래하고 있다. 세계 시가총액 상위 기업은 전통 제조업에서 AI·반도체 기반의 빅테크 중심으로 급속히 재편되었으며, Apple, Microsoft, Nvidia 등은 독보적인 초격차를 기반으로 시장을 장악하고 있다. AI와 데이터 중심 산업이 글로벌 경쟁력을 결정짓는 시대에서 승자독식 구조는 더욱 심화되고 있으며, 기업 간 기술 격차는 곧 생존의 문제로 이어지고 있다. 이는 산업 구조뿐만 아니라 경제 권력의 집중이라는 새로운 거버넌스 문제를 야기하고 있다.

동시에 AI는 이제 단순한 기술이 아니라 인간의 일상 속 '동반자'로 자리매김하고 있다. AI 비서는 사용자 감정을 인식하고 맞춤 콘텐츠를 제공하며, 자율주행차와 스마트홈 기기들은 환경에 따라 스스로 조절하는 지능형 생활 파트너로 진화하고 있다. CES 2025에서 발표된 AI 냉장고나 스마트홈 플랫폼은 '개인화된 예측형 AI'가 일상에서 주도권을 갖는 시대를 암시한다. 이처럼 AI는 단순한 기능 수행을 넘어, 사용자와 감성적·인지적으로 상호작용하며 삶의 질 자체를 재정의하고 있다.

웹3는 디지털 자산의 주도권이 개인에게 돌아가는 '소유권 혁명'을 본격화하고 있다. NFT, DAO, 탈중앙화 거래 플랫폼 등은 크리에이터가 콘텐츠를 직접 수익화할 수 있는 길을 열었으며, 데이터 역시 더 이상 플랫폼 기업의 독점 자원이 아닌 개인의 자산으로 간주된다. 메타버스는 이 변화의 중심 무대가 되고 있으며, 가상 부동산, 디지털 경제 활동, NFT 기반 거래가 일상화되면서 '경제 주체로서의 사용자'라는 새로운 개념이 정착되고 있다. 이는 향후 디지털 경제의 주도권이 탈중앙화된 개인과 커뮤니티로 이양될 것임을 예고한다.

로봇과 AI는 노동의 미래를 재편하고 있다. 제조업, 헬스케어, 서비스업 등에서 AI와 로봇은 인간의 반복적 작업을 대체하거나 보완하며, 24시간 운영 가능한 자율 시스템으로 전환 중이다. 특히 웨어러블 로봇과 반려 로봇은 단순 보조를 넘어 정서적·육체적 회복을 도모하며, 고령화 사회에서 중요한 복지 파트너로 부상하고 있다. 이로 인해 노동의 본질은 변화하고 있으며, 창의성과 감성이 중심이 되는 새로운 노동 생태계가 형성되고 있다.

또한 메타버스와 스마트글래스의 발전은 현실과 가상을 단절 없는 연속 공간으로 통합시키고 있다. 이제 물리적 공간과 가상공간은 서로를 보완하며, 교육, 소비, 업무, 사회활동이 동시에 이루어지는 복합 환경이 조성되고 있다. 로블록스와 디센트럴랜드 같은 플랫폼은 일상의 중심 무대로 부상하고 있으며, 스마트글래스는 현실의 시각적 층위를 확장하는 디지털 인터페이스로 정착되고 있다. 이 모든 변화는 궁극적으로 '기술과 인간의 협력적 공진화'로 수렴하고 있으며, 2025년 이후의 세계는 기술과 함께 공동으로 설계되는 미래, 곧 '기술과 함께 만든 삶'으로 나아가고 있다.

마지막으로, 인공지능은 대규모 언어 모델과 멀티모달 기술의 발전을 통해 인간과의 소통 방식 자체를 재편하며, 자연어 기반 인터페이스(NUI)를 중심으로 인간의 언어와 의도를 이해하고 자율적으로 작업을 수행하는 파트너로 진화하고 있다. 이러한 변화는 복잡한 분석과 개발 작업조차 일상적 대화를 통해 수행 가능한 환경을 조성하고 있으며, 바이브 코딩과 같은 자연어 기반 프로그래밍 모델의 확산은 비전문가의 창작 참여를 가능케 하여 창의성의 민주화를 촉진하고 있다. 바이브 코딩에 기반한 자율작업형 AI는 멀티모달 데이터를 통합적으로 처리하며 인간의 지시를 실현하는 수준에 도달했고, 이는 인간과 AI가 함께 창작하고 함께 학습하는 공진화와 공창조의 시대를 열고 있다. 궁극적으로 AI는 인간의 창의성을 보완하며 공동으로 문명을 재설계하는 동반자로 자리매김하고 있다.

02 인공지능의 진화와 도전

2024년은 인공지능(AI)이 과학 혁신의 중심으로 부상한 해로 기록될 것이다. 노벨 물리학상과 화학상이 AI 연구에 수여되며, 인공지능은 더 이상 단순한 공학 기술이 아닌, 지식 생성의 본질을 바꾸는 메타 기술로 자리매김했다. 이는 1956년 다트머스 워크숍에서 AI 개념이 처음 정립된 이래 약 70년에 걸친 기술적, 학문적 진화의 결정체이며, 인간 사고를 모방하던 초기 인공지능은 이제 과학적 발견과 창의적 문제 해결의 주체로서, 인간의 지적 한계를 보완하거나 초월하는 수준으로 진화하고 있다.

AI의 초기 단계는 규칙 기반 문제 해결과 논리 추론에 초점을 맞추며 시작되었고, 수학 정리 증명, 언어 번역, 로봇 제어와 같은 실험적 사례들을 통해 가능성을 입증했다. 그러나 조합적 폭발, 불완전한 데이터 처리 한계, 낮은 컴퓨팅 성능 등의 기술적 제약으로 인해 실용화에는 실패하며 'AI 겨울'을 경험하게 된다. 이러한 한계는 곧 데이터 중심의 기계학습과 신경망 연구로 방향을 틀게 되었고, 이는 딥러닝과 트랜스포머 모델의 등장을 통해 극복되었다. 이후 인공지능은 단순한 자동화에서 벗어나, 스스로 학습하고 판단하며 보상을 통해 최적의 행동을 찾아가는 자율 지능으로 진화해왔다.

지도학습, 비지도학습, 강화학습으로 대표되는 학습 방식들은 각각 패턴 인식, 구조 발견, 전략 최적화의 분야에서 큰 진전을 이루었고, 하이브리드 학습 모델의 등장은 AI의 정밀도와 적용 범위를 폭넓게 확장시켰다. 이와 함께 호필드 네트워크, 볼츠만 머신과 같은 초기 신경망 이론들은 오늘날 심층 신경망(Deep Neural Networks)과 생성형 AI(Generative AI)의 철학적 및 기술적 기반을 제공하였다. 특히 트랜스포머 모델의 등장은 자연어 처리, 컴퓨터 비전, 음성 인식, 의료·금융·자율주행 산업 전반에 걸쳐 AI의 상용화를 가속화하는 결정적 계기가 되었다.

트랜스포머는 어텐션 메커니즘을 통해 문맥을 정밀하게 이해하고, 비정형 데이터를 고차원으로 해석하는 능력을 확보하며, GPT와 BERT 같은 언어모델에서부터 Vision Transformer(ViT), Whisper, WaveNet까지 전방위적으로 활용되고 있다. 이 기술의 비약적인 성장은 GPU의 병렬연산 구조 및 AI 전용 하드웨어(CUDA, H100, TPU 등)의 발전과 맞물려, 트랜스포머의 대규모 학습과 실시간 응용을 가능케 했다. 오늘날 AI는 단순한 툴이 아닌, 산업 자동화, 지식 창출, 창의적 콘텐츠 생산 등 다층적 인간 활동의 파트너로 기능하고 있다.

그러나 AI의 고도화는 윤리적·사회적 도전도 함께 가져오고 있다. 알고리즘 편향, 블랙박스 의사결정, 개인정보 침해, 에너지 과소비 등의 문제는 신뢰 가능한 AI를 구축하는 데 있어 심대한 과제로 부상하고 있다. 이에 따라 설명가능한 AI(XAI), 데이터 편향 완화, AI 규제 법안(AI Act, 미국 행정명령), 그리고 친환경 AI 기술 개발 등 제도적·기술적 해법이 동시에 모색되고 있다. 궁극적으로 AI는 인간을 대체하는 기술이 아닌, 인간 중심의 지능 증강 도구로서 신뢰, 공정성, 지속가능성 위에서 설계되어야 하며, 이러한 통합적 접근이 미래 AI 생태계의 지속 가능한 진화를 가능하게 할 것이다.

03 무어의 법칙을 넘어 지능의 법칙으로

반도체 산업의 기술 발전을 규정해온 '무어의 법칙'은 지난 반세기 동안 디지털 문명의 급속한 진보를 이끈 상징적 공식이었다. 트랜지스터 수의 기하급수적 증가가 컴퓨팅 성능과 가격 효율을 동시에 향상시켰고, 이는 개인용 컴퓨터의 대중화부터 인터넷, 모바일, 클라우드에 이르기까지 디지털 경제의 뼈대를 형성했다. 그러나 반도체 미세공정이 원자 단위에 근접하면서 기술적 한계에 도달했고, 더 이상 무어의 법칙이 기존 속도로 지속되기 어려운 전환점에 도달했다. 이 공백을 채우는 새로운 패러다임이 바로 '지능의 법칙(Law of Intelligence)'이다. 이는 연산 성능의 증가만이 아닌, 인공지능 자체가 학습, 추론, 창작 능력을 비선형적으로 증폭시키는 새로운 진화의 법칙으로 자리잡고 있다.

이러한 지능의 가속화 현상은 하드웨어의 변화와 밀접하게 연결되어 있으며, 특히 NVIDIA의 AI 전용 GPU 아키텍처 진화는 그 상징적 사례로 볼 수 있다. 호퍼(Hopper), 블랙웰(Blackwell), 루빈(Rubin)으로 이어지는 이 발전 계보는 단순한 트랜지스터 수의 증대가 아니라, 연산의 질적 변화—즉 지능 중심 컴퓨팅으로의 패러다임 전환을 반영하고 있다. 특히 블랙웰은 전 세대인 호퍼 대비 최대 68배의 성능 향상, 루빈은 이를 900배까지 끌어올릴 것으로 전망되며, 이는 기존의 선형적 성장 모델을 완전히 초월한 속도다. 이러한 초가속화는 연산 능력, 데이터 규모, 알고리즘 최적화의 삼중 고리를 형성하며, AI가 자기강화적으로 진화하는 새로운 패턴을 보여준다.

기술 발전을 설명해온 다양한 법칙들—무어, 길더, 루이거스, 맷캘프의 법칙—은 여전히 유효하지만, 이들만으로는 현재의 초지능적 변화를 완전히 설명할 수 없다. 컴퓨팅, 네트워크, 저장소, 연결의 네 가지 요소는 지능의 작동 기반이 되었고, 이제는 그 상위 개념으로서 '지능' 자체가 주체가 되어 시스템을 설계하고 고도화하는 단계에 도달했다. AI는 점점 더 인간을 모방할 뿐 아니라 인간을 초월한 문제 해결 능력과 창의적 사고 구조를 구현하고 있으며, 이는 곧 인간의 역할과 정체성, 그리고 경제의 작동 방식에 깊은 영향을 미치게 될 것이다.

이러한 AI의 초지능화는 경제 패러다임도 재편하고 있다. AI는 더 이상 인간이 조작하는 수단이 아니라, 자동화된 경제 행위자로 기능하며 디지털 자산의 운용, 스마트 계약 실행, 시장 예측, 자율적 토큰 경제에 직접 개입하고 있다. 특히 블록체인 및 Web3 인프라와 결합하면서, AI는 데이터 소유와 운용, 분산된 거래와 계약의 자동 실행 등 인간 없이도 작동 가능한 탈중앙화된 지능 경제를 가능케 하고 있다. 이러한 경제 시스템은 단순한 기술 혁신을 넘어, 인간이 없는 경제적 생태계의 초기 형태로 평가될 수 있다.

결국, 우리는 '지능이 법칙이 되는 시대', 즉 초지능 혁명의 초입에 서 있다. AI는 인간과의 공진화를 통해 지식의 생성, 사회 시스템의 재구성, 창의력의 협력적 확장이라는 새로운 문명을 창조하고 있으며, 이는 단순한 기술적 진화가 아닌 존재론적 전환이다. 인간과 AI가 대등하게 협업하고, 새로운 유형의 인식 능력과 조직적 창의성을 공유하는 사회, 그것이 바로 '지능의 법칙'이 안내하는 미래다. 무어의 법칙이 반도체 시대의 지도였다면, 이제 지능의 법칙은 초지능 시대의 나침반이 되고 있다.

04 AI 시대의 고용구조 - 파괴와 창조의 교차로

산업혁명, 전기화 시대, 디지털 혁신을 거치며 노동의 의미는 반복적으로 재정의되어 왔다. 그러나 인공지능(AI)과 자동화 기술이 주도하는 현재의 변화는 과거와는 다른 차원의 구조적 전환을 의미한다. AI는 단순노동을 넘어 고도의 사고와 판단을 요구하는 전문직까지 대체 가능성을 보이며, 노동의 미래에 근본적인 질문을 던지고 있다. 이는 단순한 직업의 소멸이나 창출이라는 경제적 차원을 넘어, 인간이 일하는 이유와 방식, 노동의 존재론적 의미에 대한 성찰을 요구한다.

실제로, 1930년대 케인즈가 예견한 '기술혁신으로 인한 실업(Technological Unemployment)'은 21세기 들어 현실화되고 있다. AI는 금융, 의료, 법률 등 전문 영역에서 인간의 판단을 대체하고 있으며, 자동화로 인한 중산층 일자리의 공동화 현상이 두드러지고 있다. MIT의 브린욜프슨과 맥아피는 이러한 고용구조 변화가 '일자리 양극화'로 이어지고 있으며, 특히 반복적이면서 중간 숙련도를 요구하는 직업들이 사라지고 있다는 점을 지적한다. 고소득의 전문직과 저숙련 노동 사이의 괴리가 커지는 이 현상은 노동시장의 이분화와 계층 간 단절을 가속화하고 있다.

세계경제포럼(WEF)의 보고서에 따르면, 향후 몇 년간 약 8,300만 개의 일자리가 사라지는 반면, 새로운 일자리는 6,900만 개 수준으로 순감소가 예상된다. 동시에 자동화의 속도는 다소 조정되고 있으나, 노동시장 전반의 구조적 전환 흐름은 지속되고 있다. 신기술에 적응하지 못한 노동자들은 실업과 소외의 위험에 노출되며, 따라서 재교육과 직업 전환 프로그램의 중요성이 부각되고 있다. 데이터 분석, AI 개발, 지속가능성 관련 직업군은 성장세를 보이며, 노동의 새로운 중심축으로 자리 잡고 있다.

OECD는 특히 저숙련 직군의 자동화와 사회적 고립 현상에 주목하며, 인간 노동이 착취의 대상에서 무관심의 대상으로 전락하고 있다고 경고한다. 고급 기술을 보유한 일부 계층이 기술 발전의 수혜를 누리는 반면, 대다수의 노동자는 노동시장에서 배제될 위험에 처해 있다. 이는 사회적 불평등을 심화시키고, 공동체 내 연대의 기반을 위협하는 요인이 된다. 따라서 AI와 노동의 관계는 기술적 문제만이 아니라, 사회적 연대와 인간 존엄성의 문제로 확장되어야 한다.

이러한 현실에서 새로운 직업군의 등장은 주목할 만한 변화다. AI 데이터 큐레이터, AI 콘텐츠 크리에이터, AI 윤리 전문가, 의료 AI 코디네이터 등은 AI 시대에 적합한 직무로 부상하고 있으며, 웹3 기반의 분산형 경제 구조와도 긴밀히 연결된다. 특히 긱 이코노미의 한계를 극복하기 위한 '긱 다오(Gig DAO)'와 같은 탈중앙 자율조직은 긱 근로자에게 실질적인 경제적 주권과 협업 구조를 제공하며, 디지털 노동의 미래를 재구성하는 새로운 대안으로 주목받고 있다.

결국 AI 시대의 고용구조는 파괴와 창조의 교차로에 서 있다. 단순히 기술을 두려워할 것이 아니라, 기술을 활용해 포용적이고 지속가능한 고용 생태계를 구축하는 것이 핵심 과제다. 기본소득(UBI) 또는 최저소득보장제(GMI)와 같은 제도적 대응, 로봇세와 같은 새로운 조세모델, 직업 전환을 위한 재교육 시스템, 플랫폼 자율조직의 확대 등은 이 과제를 해결하기 위한 필수 조건들이다. 지금 우리가 맞이하고 있는 이 전환의 시대는 위기이자 기회이며, 그 미래는 인간과 기술이 어떻게 협력하느냐에 달려 있다.

05 AI 윤리와 글로벌 규제 패러다임 - 기술 혁신과 책임의 균형

인공지능(AI)의 비약적인 발전은 산업의 생산성 향상과 사회 구조의 효율화를 촉진하고 있지만, 동시에 윤리적·사회적 통제의 필요성을 절박하게 제기하고 있다. AI는 단순 반복 작업을 넘어, 자율적 판단과 창의적 활동까지 가능하게 되면서, 인간이 통제할 수 없는 기술적 실체로 변모할 가능성도 함께 키워가고 있다. 이에 따라 AI는 이제 더 이상 '기술'의 문제가 아닌, 인간 존엄성과 사회 질서의 지속 가능성을 다루는 '윤리'와 '책임'의 문제로 접근해야 하는 새로운 국면에 진입했다.

AI 윤리에 대한 논의는 디지털 윤리학, 공학 윤리, AI 윤리로 세분화되며, 각각 인간 중심 가치와 기술 설계 과정의 책임성, 그리고 AI 자체의 자율성과 판단 가능성에 주목한다. '인간 중심 AI(Human-Centric AI)'는 인간을 중심에 두고 AI를 설계·운영하자는 방향성을 제시하며, 특히 자율주행차, 의료 AI, 군사 AI 등 의사결정 시스템의 윤리적 투명성 확보가 강조되고 있다. 이에 따라 AI는 단순한 도구가 아니라 협력적 파트너로서 설계되어야 하며, 'AI-보조 윤리(AI-assisted Ethics)'와 같은 개념이 주목받고 있다.

이러한 논의의 확장 속에서, AI가 스스로 윤리적 판단의 주체가 될 수 있는지를 둘러싼 철학적 질문도 제기된다. '윤리적 AI(Ethical AI)'는 AI가 자율성과 책임성을 일부 내재화할 수 있다는 전제를 바탕으로, 투명성, 공정성, 프라이버시 보호, 설명 가능성 등 다차원적 기준을 요구한다. AI 윤리가 개발자와 기업의 책임을 중심으로 했던 초기 단계에서, 윤리적 AI는 AI 자체의 행위 판단과 책임 귀속 문제로 확장되는 것이다. 이 논의는 인간과 AI가 점차 '공존'하는 시대가 될수록, 기술의 의도성과 통제가능성을 제도화하는 법·윤리적 프레임워크가 필수적이라는 점을 부각시킨다.

2023년 'AI 6-Month Pause' 논쟁은 이러한 윤리적 논의를 사회적으로 환기시킨 상징적 사건이었다. 일론 머스크, 제프리 힌튼, 유발 하라리 등의 AI 전문가와 미래학자들이 초거대 AI 개발의 일시 중단을 요구하며, 인류 통제 불능의 위험을 경고했다. 반면, 얀 르쿤과 앤드류 응 등은 기술의 오용보다는 활용 가능성에 주목해야 하며, 성급한 중단보다는 투명성과 책임성을 강화하는 현실적 규율이 더 바람직하다는 반론을 제기했다. 이 논쟁은 단순히 찬반을 넘어, 기술의 발전 속도와 사회적 수용 역량 간 균형이 핵심임을 보여주는 중요한 전환점이었다.

한편, 규제에 대한 국가 간 접근 방식은 뚜렷한 대조를 보인다. 유럽연합은 '신뢰할 수 있는 AI 지침'과 AI 법안(AI Act)을 통해 위험 기반의 단계별 규제를 도입하며, 인간 중심적 기술 발전을 제도적으로 강제하고 있다. 고위험 AI에 대한 투명성, 안전성, 인간 감독 의무를 부과하고, 사회적 신용 점수와 실시간 감시 기술 등은 전면 금지하는 강력한 입장을 취한다. 반면 미국은 바이든 행정부 하에서는 규제 강화를 시도했으나, 트럼프 행정부의 재출범 이후 기업 자율성과 deregulation(규제 완화) 기조로 선회하며, AI 기술의 자유로운 발전을 우선시하는 전략으로 급선회했다.

결국 AI 윤리와 글로벌 규제 패러다임은 '기술 혁신'과 '사회적 책임'이라는 두 축 사이에서 균형점을 모색하는 과정에 놓여 있다. 유럽은 윤리적 기준을 통한 신뢰 확보를, 미국은 자유시장 원칙을 통한 기술 선도 우위를 추구하는 가운데, AI의 윤리적 방향성과 사회적 수용 가능성은 국제적 거버넌스 체계 구축을 둘러싼 핵심 이슈로 부상하고 있다. 초지능 시대가 다가올수록 윤리와 규제는 기술의 발목을 잡는 장애물이 아니라, 기술이 인간 사회와 조화를 이루며 지속 가능한 발전을 이룩하기 위한 필수적 기반으로 자리매김할 것이다.

06 웹3 - 새로운 인터넷 혁명의 시작

인터넷은 정적인 정보 전달 중심의 웹 1.0에서 시작하여, 사용자 참여와 상호작용이 가능해진 웹 2.0으로 진화해왔다. 웹 2.0은 소셜 미디어와 플랫폼 경제의 기반이 되었지만, 데이터의 소유와 통제권이 소수 플랫폼 기업에 집중되면서 정보 독점, 프라이버시 침해, 플랫폼 종속성이라는 구조적 문제를 낳았다. 이러한 한계에 대한 반성으로 등장한 것이 바로 웹 3.0과 웹3이다. 이 둘은 모두 차세대 인터넷의 가능성을 열어가는 중요한 이정표이지만, 기술적 기반과 철학적 지향은 다르다. 웹 3.0은 AI 기반의 시맨틱 웹을 통해 웹의 지능화를 추구하고, 웹3는 블록체인 기반의 탈중앙화와 사용자 데이터 주권 회복을 중심으로 새로운 인터넷 생태계를 지향한다.

웹 3.0은 월드와이드웹 창시자 팀 버너스 리가 제안한 시맨틱 웹 개념에서 출발한다. 시맨틱 웹은 웹 페이지 간의 의미적 연결을 통해 데이터를 기계가 해석하고 상호 연동할 수 있게 하여, 보다 지능적이고 정밀한 정보 검색과 응용을 가능하게 만든다. AI, 빅데이터, 자연어 처리 기술이 융합된 이 생태계에서는 사용자의 의도에 맞춘 맞춤형 서비스 제공이 핵심이다. 예컨대, 단순 검색을 넘어 사용자의 선호도와 맥락을 고려한 정보 제공이 가능해지며, 솔리드 팟(Solid Pod) 같은 통합 데이터 저장소를 통해 사용자 중심의 데이터 접근이 실현된다. 그러나 시맨틱 웹은 기술 복잡성, 표준화 문제, 대형 플랫폼의 비협조 등으로 인해 대중화에 어려움을 겪고 있다.

반면 웹3는 이더리움 공동창업자 개빈 우드가 제시한 개념으로, 탈중앙화와 신뢰 기반의 분산 인터넷을 지향한다. 블록체인 기술과 스마트 계약을 기반으로 사용자는 더 이상 중앙 플랫폼에 의존하지 않고, 자신의 데이터를 직접 보유하고 관리하며, 거래와 의사결정을 독립적으로 수행할 수 있다. 이는 경제적 자율성뿐 아니라 새로운 사회적 신뢰 메커니즘을 구축하는 데 중대한 전환점을 제공한다. 웹3는 특히 메타버스, NFT, DAO 등의 기술과 결합하면서 디지털 자산 소유, 분산형 거버넌스, 탈중앙화된 경제 생태계 등을 실현하는 중심축이 되고 있다.

웹3의 핵심 특성은 크게 다섯 가지로 요약될 수 있다. 첫째, 탈중앙화를 통해 사용자가 데이터와 자산을 직접 통제할 수 있으며, P2P 방식의 정보 공유와 IPFS 같은 분산 파일 시스템을 통해 플랫폼 종속성을 탈피한다. 둘째, 블록체인과 스마트 계약은 신뢰 기반 거래를 자동화하여 중개자 없는 경제 구조를 만든다. 셋째, 상호운용성과 개인화된 AI 기반 검색 시스템은 사용자 중심 경험을 극대화하며, 다양한 플랫폼 간 디지털 자산 이동이 가능하다. 넷째, NFT 및 메타버스를 통해 현실과 가상을 연결한 새로운 경제 영역이 창출되며, 사용자는 단순 소비자에서 경제 주체로 진화한다. 다섯째, 프라이버시 보호와 보안성이 강화된 분산 구조는 기존 웹 환경의 문제점을 실질적으로 보완한다.

이러한 웹3의 발전은 단순한 기술적 진보에 그치지 않고, 사회경제 전반의 구조 재편을 불러온다. 데이터 소유권이 기업이 아닌 개인에게 귀속되면서 정보 민주화가 이루어지고, DeFi와 DAO 같은 구조는 전통 금융과 기업 운영 방식을 근본적으로 바꿔놓는다. 또한, 법제도 역시 탈중앙화 구조에 맞게 재정비되어야 하며, KYC, AML, 소비자 보호와 같은 전통적 규제 프레임이 스마트 계약과 NFT 거래를 포함한 새로운 구조로 진화할 필요가 있다. 이와 함께 콘텐츠 창작과 유통 방식도 NFT 기반의 직접 유통 구조로 전환되며, 미디어 산업의 패러다임이 근본적으로 변화하고 있다.

결국, 웹 3.0과 웹3는 각각 다른 방식으로 차세대 인터넷의 미래를 설계하고 있지만, 그 핵심은 모두 '사용자 중심의 웹'을 구현하는 데 있다. 웹 3.0은 지능형 웹을, 웹3는 자율적 웹을 지향하며, 이 두 개념이 기술적, 철학적으로 융합될 경우 우리는 더욱 스마트하고 민주적인 디지털 환경을 맞이하게 될 것이다. 따라서 미래의 웹은 단순히 정보 소비와 참여의 장을 넘어서, 인간이 데이터와 가치를 창출하고 교환하며 공동체를 조직하는 '지능화된 탈중앙화 플랫폼'으로 발전해나갈 것이다. 이는 기술의 진보와 함께 디지털 시민권, 정보 주권, 분산 경제, 윤리적 거버넌스가 함께 어우러지는 새로운 사회 질서의 탄생을 의미한다.

07 초연결 사회: 탈중앙화 인프라로의 진화

초연결 사회는 사람과 사물, 데이터와 공간이 끊김 없이 연결되는 네트워크 중심의 미래 사회를 의미하며, 그 핵심에는 사물인터넷(IoT)이 자리 잡고 있다. IoT는 단순한 기기 간 연결을 넘어, 스마트 시티, 스마트 팩토리, 스마트홈 등 지능형 인프라를 통해 도시와 산업, 개인의 삶을 혁신하고 있다. 이러한 변화는 디지털화된 센서와 장치들이 생성하는 방대한 데이터를 실시간으로 분석하고 활용할 수 있도록 하여, 효율성과 자동화를 비약적으로 향상시킨다. 특히 산업용 IoT는 독일의 인더스트리 4.0 전략처럼 생산 공정의 디지털화를 가속화하며 글로벌 공급망을 혁신하는 데 핵심적인 역할을 한다.

그러나 이러한 초연결성은 필연적으로 데이터를 저장하고 처리할 수 있는 강력한 기반 기술을 필요로 하며, 이 과정에서 클라우드 컴퓨팅이 핵심 인프라로 부상했다. Web2.0 시대를 주도한 AWS, Microsoft Azure, Google Cloud와 같은 중앙화된 클라우드 서비스는 IoT 기기에서 발생하는 데이터를 수집하고 분석하는 기능을 제공함으로써, 디지털 경제의 중심으로 자리매김했다. 하지만 이와 동시에 데이터 소유권의 중앙화, 프라이버시 침해, 플랫폼 종속이라는 구조적 문제가 점점 더 심화되었고, 승자독식의 플랫폼 경제가 형성되며 대형 기업의 지배력이 강화되는 부작용을 낳고 있다.

 이러한 배경 속에서 Web3와 DePIN(탈중앙화 물리적 인프라 네트워크)의 등장은 디지털 인프라의 근본적 패러다임 전환을 예고한다. DePIN은 블록체인, 토큰 이코노미, 분산형 네트워크를 기반으로 커뮤니티가 물리적 인프라를 공동으로 구축하고 운영하는 새로운 방식으로, 기존 중앙화된 클라우드 모델의 문제점을 극복하려는 시도이다. 모듈형 DePIN 구조는 저장소, 컴퓨팅, 신원 인증, 거버넌스 등 기능별로 구분된 유연한 인프라를 제공함으로써, 스타트업과 개발자들이 쉽게 참여할 수 있는 개방형 생태계를 조성하고 있다. 이를 통해 데이터 주권의 회복, 비용 구조 개선, 플랫폼 락인 해소와 같은 다양한 사회적·경제적 과제의 해결 가능성을 제시하고 있다.

 DePIN은 또한 디지털 경제 내 새로운 이해관계자 구도를 형성하고 있다. 디바이스 제조업체, 마이너, 애플리케이션 개발자, 최종 사용자로 구성된 분산된 구조는 단일 기업 중심의 클라우드 시장과는 다른 경제적 원리를 작동시키며, 토큰 인센티브와 네트워크 효과를 기반으로 하는 플라이휠 성장 구조를 만들어낸다. 이 과정에서 DePIN은 플랫폼 자체가 아닌 커뮤니티 중심의 거버넌스를 통해 확장되며, 기존 클라우드 기업에 의존하지 않고도 물리적 인프라를 운영할 수 있는 실질적 대안을 제공한다. 특히 메타버스, AI, 에너지, 통신, 스마트시티 등 다양한 산업과의 융합을 통해 DePIN의 확장성은 더욱 커지고 있으며, 이는 새로운 플랫폼 경제의 서막을 알리고 있다.

 궁극적으로 초연결 사회에서의 인프라는 기술적 진보를 넘어 사회 구조의 변화까지도 견인하고 있다. 중앙집중식 인프라의 한계를 인식한 시장은 점진적으로 탈중앙화된 구조로 이동하고 있으며, 이는 단지 기술의 문제가 아닌 거버넌스, 경제 권력, 사회 신뢰의 문제로 확장된다. DePIN은 이러한 변화를 구현할 수 있는 실질적 플랫폼이자 미래 디지털 사회의 기반 인프라로서 중요한 위치를 차지할 것이다. Web3와 DePIN의 융합은 단순한 인터넷 혁신을 넘어, 디지털 자원의 민주화와 자율적 사회 시스템 구축이라는 보다 근본적인 가치로 연결되고 있다.

08 초지능의 시대, 인간과 기계는 어떻게 공존할 것인가?

초연결 사회는 사람과 사물, 데이터와 공간이 끊김 없이 연결되는 네트워크 중심의 미래 사회를 의미하며, 그 핵심에는 사물인터넷(IoT)이 자리 잡고 있다. IoT는 단순한 기기 간 연결을 넘어, 스마트 시티, 스마트 팩토리, 스마트홈 등 지능형 인프라를 통해 도시와 산업, 개인의 삶을 혁신하고 있다. 이러한 변화는 디지털화된 센서와 장치들이 생성하는 방대한 데이터를 실시간으로 분석하고 활용할 수 있도록 하여, 효율성과 자동화를 비약적으로 향상시킨다. 특히 산업용 IoT는 독일의 인더스트리 4.0 전략처럼 생산 공정의 디지털화를 가속화하며 글로벌 공급망을 혁신하는 데 핵심적인 역할을 한다.

그러나 이러한 초연결성은 필연적으로 데이터를 저장하고 처리할 수 있는 강력한 기반 기술을 필요로 하며, 이 과정에서 클라우드 컴퓨팅이 핵심 인프라로 부상했다. Web2.0 시대를 주도한 AWS, Microsoft Azure,

Google Cloud와 같은 중앙화된 클라우드 서비스는 IoT 기기에서 발생하는 데이터를 수집하고 분석하는 기능을 제공함으로써, 디지털 경제의 중심으로 자리매김했다. 하지만 이와 동시에 데이터 소유권의 중앙화, 프라이버시 침해, 플랫폼 종속이라는 구조적 문제가 점점 더 심화되었고, 승자독식의 플랫폼 경제가 형성되며 대형 기업의 지배력이 강화되는 부작용을 낳고 있다.

이러한 배경 속에서 Web3와 DePIN(탈중앙화 물리적 인프라 네트워크)의 등장은 디지털 인프라의 근본적 패러다임 전환을 예고한다. DePIN은 블록체인, 토큰 이코노미, 분산형 네트워크를 기반으로 커뮤니티가 물리적 인프라를 공동으로 구축하고 운영하는 새로운 방식으로, 기존 중앙화된 클라우드 모델의 문제점을 극복하려는 시도이다. 모듈형 DePIN 구조는 저장소, 컴퓨팅, 신원 인증, 거버넌스 등 기능별로 구분된 유연한 인프라를 제공함으로써, 스타트업과 개발자들이 쉽게 참여할 수 있는 개방형 생태계를 조성하고 있다. 이를 통해 데이터 주권의 회복, 비용 구조 개선, 플랫폼 락인 해소와 같은 다양한 사회적·경제적 과제의 해결 가능성을 제시하고 있다.

DePIN은 또한 디지털 경제 내 새로운 이해관계자 구도를 형성하고 있다. 디바이스 제조업체, 마이너, 애플리케이션 개발자, 최종 사용자로 구성된 분산된 구조는 단일 기업 중심의 클라우드 시장과는 다른 경제적 원리를 작동시키며, 토큰 인센티브와 네트워크 효과를 기반으로 하는 플라이휠 성장 구조를 만들어낸다. 이 과정에서 DePIN은 플랫폼 자체가 아닌 커뮤니티 중심의 거버넌스를 통해 확장되며, 기존 클라우드 기업에 의존하지 않고도 물리적 인프라를 운영할 수 있는 실질적 대안을 제공한다. 특히 메타버스, AI, 에너지, 통신, 스마트시티 등 다양한 산업과의 융합을 통해 DePIN의 확장성은 더욱 커지고 있으며, 이는 새로운 플랫폼 경제의 서막을 알리고 있다.

궁극적으로 초연결 사회에서의 인프라는 기술적 진보를 넘어 사회 구조의 변화까지도 견인하고 있다. 중앙집중식 인프라의 한계를 인식한 시장은 점진적으로 탈중앙화된 구조로 이동하고 있으며, 이는 단지 기술의 문제가 아닌 거버넌스, 경제 권력, 사회 신뢰의 문제로 확장된다. DePIN은 이러한 변화를 구현할 수 있는 실질적 플랫폼이자 미래 디지털 사회의 기반 인프라로서 중요한 위치를 차지할 것이다. Web3와 DePIN의 융합은 단순한 인터넷 혁신을 넘어, 디지털 자원의 민주화와 자율적 사회 시스템 구축이라는 보다 근본적인 가치로 연결되고 있다.

09 블록체인과 토큰 이코노미: 디지털 경제의 혁신과 미래

비트코인의 등장은 단순한 디지털 화폐의 탄생을 넘어, 블록체인이라는 탈중앙화된 기술 인프라를 세상에 알리는 결정적 계기가 되었다. 작업증명(PoW) 기반의 비트코인 네트워크는 분산화, 무결성, 불변성을 핵심으로 하며 기존 금융 시스템의 중앙화된 구조와 대비된다. 그러나 거래 처리 속도와 확장성 문제는 비트코인 캐시와 같은 포크를 유발하며, 탈중앙화 시스템 내에서도 기술적·경제적 이해관계 충돌이 어떻게 새로운 경제 실험으로 이어지는지를 보여준다. 특히, 공급량을 엄격히 제한한 디플레이션

통화 모델은 비트코인을 '디지털 금'이라는 별칭과 함께 새로운 자산군으로 부상시켰다.

블록체인은 이제 암호화폐를 넘어 스마트 계약, 신원 인증, 공급망 관리 등 다양한 분야에서 확장성을 확보하고 있다. 특히 블록체인 3.0 시대에는 공공 행정, 의료, 과학, 예술까지 포괄하는 사회적 인프라 기술로 진화하고 있다. AI와의 결합은 데이터를 신뢰 기반 자산으로 전환하고, AI의 분석 결과를 블록체인 상에서 안전하게 기록 및 활용할 수 있는 융합 생태계를 구축하고 있다. 미국을 비롯한 주요국의 제도권 진입과 규제 정비는 이러한 기술이 글로벌 금융과 공공시스템 전반을 재편할 수 있는 잠재력을 현실화하고 있음을 보여준다.

토큰은 블록체인 기반 디지털 자산의 핵심 구성 단위로, 단순한 가치 저장 수단을 넘어 다양한 권리와 기능을 부여받은 프로그래머블 자산이다. 대체 가능 토큰(Fungible Token)과 대체 불가능 토큰(NFT)은 금융, 신원, 콘텐츠, 부동산, 의료 데이터 등 다양한 분야에서 실물 자산의 디지털화와 유통을 가능하게 한다. 특히 스테이블 코인은 디지털 화폐의 변동성을 해결하면서 기존 금융 시스템과의 교량 역할을 수행하고 있으며, 중앙은행 디지털 화폐(CBDC)와는 다른 민간 주도형 디지털 통화로서의 가능성을 보여주고 있다.

토큰 이코노미는 ICO, IEO, STO 등 다양한 발행 구조를 통해 디지털 자산 시장을 확장시키고 있으며, CEX와 DEX를 통해 탈중앙화된 거래 생태계를 구성하고 있다. 증권형 토큰의 규제는 국가별로 상이하나, 미국의 XRP 판례처럼 토큰의 유통 방식에 따라 증권 여부가 달라질 수 있다는 점은 규제 명확성의 중요성을 시사한다. 토큰화된 자산은 부동산, 예술품, 공급망 자산 등 실물경제 전반의 유동성을 높이며, 글로벌 거래 환경의 투명성과 효율성을 크게 향상시킬 수 있다.

AI와 블록체인의 융합은 새로운 디지털 경제 구조를 창출하고 있다. 젠슨 황이 제안한 'AI 토큰' 개념은 AI 연산 결과를 경제적 자산으로 변환하는 모델로, GPU 기반 AI 공장에서 생산되는 부동소수점 연산 데이터가 미래 경제의 거래 단위가 될 수 있음을 제시한다. 이는 블록체인의 스마트 계약 시스템과 결합하여, 의료, 금융, 제조 등 다양한 산업 분야에서 자동화된 경제 활동을 가능케 하며, AI의 지능 생성과 블록체인의 가치 저장 및 교환 구조가 통합되는 새로운 토큰 이코노미 생태계를 구축한다.

마지막으로, 디지털 자산 혁신의 지속 가능성은 '명확한 규제 프레임워크'에 달려 있다. 미국의 FIT21 법안은 SEC와 CFTC의 규제 권한을 명확히 구분하고, 소비자 보호 및 개발자 권리를 동시에 보장하는 균형 잡힌 법률 모델로 평가된다. 한국도 이에 발맞춰 '법인의 가상자산 시장 참여 로드맵'을 발표하며 규제에서 혁신으로의 전환을 모색하고 있다. 가상자산을 미래 금융의 핵심 축으로 육성하기 위해서는, 단순한 규제 완화를 넘어 예측 가능하고 일관된 제도적 환경을 조성하는 것이 시급한 과제다. 규제 명확성이 곧 디지털 자산 생태계의 신뢰성과 지속 가능성을 결정짓는 핵심 변수라는 점이 강조된다.

10 메타버스, 환멸을 지나 도약의 시대로

코로나19 팬데믹으로 인한 비대면 환경은 메타버스를 새로운 연결 공간으로 부상시켰다. MZ세대를 중심으로 한 디지털 유토피아의 환상은 기술적 기반과 인프라의 미성숙에도 불구하고 투자자, 정부, 산업 전반에 걸친 과열된 기대를 불러일으켰다. 그러나 기술 현실의 부족과 수익 모델 부재는 곧 환멸로 이어졌고, 메타버스는 가트너의 '기술 기대감 주기'에서 '환멸의 골짜기'로 진입하게 되었다. 그럼에도 기술은 실망을 딛고 진화해왔으며, 메타버스 역시 조용히 도약의 시기를 준비 중이다.

최근 시장 데이터는 메타버스의 회복 가능성을 뒷받침하고 있다. 2024년 발표된 '오라이온' AR 글래스와 같은 기술은 현실과 가상을 연결하는 사용자 인터페이스로 발전하고 있으며, 시장조사기관들은 메타버스 산업이 향후 10년간 연평균 38% 이상의 성장률을 기록할 것으로 전망하고 있다. 특히 아시아-태평양 지역의 빠른 성장세와 플랫폼·하드웨어 분야의 점유율 증가는 메타버스가 단기 유행을 넘어 구조적 산업으로 자리잡고 있음을 시사한다. 단지 기술의 문제만이 아니라, 사회적 수용성과 사용자 경험을 바탕으로 한 복합 생태계가 구축되고 있다.

메타버스의 철학적·정의적 기반도 진화하고 있다. 1992년 닐 스티븐슨이 제시한 '메타버스'는 이미 제도적 언어로 확장되고 있으며, 한국은 이를 '가상융합세계'로 재정의하면서 기술 발전에 따라 유연하게 개념을 진화시켰다. 이는 단지 명칭의 변화가 아니라, 사회적 수용성과 산업 정책, 법적 정의까지 포괄하는 개념적 전환을 의미하며, 메타버스를 기술을 넘은 하나의 '사회적 공간'으로 접근하는 관점을 강화한다.

메타버스 생태계는 사용자 정체성, 사회적 연결, 콘텐츠 다양성, 경제 구조 등 복합적 요소로 구성되며, 이는 UGC, Web3, DAO 거버넌스와 맞물려 자율성과 참여성을 기반으로 작동한다. 또한, 매튜 볼이 제시한 8가지 기술 인프라(하드웨어, 컴퓨팅, 결제 시스템 등)는 메타버스가 단순한 가상현실을 넘어 현실의 산업·문화·경제 시스템과 연결된 플랫폼이 되기 위한 전제조건이 되고 있다. 이와 같은 기술·제도 통합형 모델은 선진국의 전략 산업으로도 채택되고 있다.

특히 메타버스 시민성은 기술의 지속 가능성을 위한 윤리적 기반으로 부상하고 있다. 로블록스 사례에서 보듯, 사용자 행동, 콘텐츠 기준, 계정 무결성을 중심으로 한 자율규제 시스템은 메타버스를 안전한 사회 공간으로 유지하는 핵심 인프라가 되고 있다. 이는 메타버스를 디지털 공화국으로 진화시키기 위한 '디지털 사회계약'의 일환으로 평가되며, 향후 Web3 및 탈중앙 플랫폼에서 필수적인 윤리적 거버넌스로 작용할 수 있다.

산업 메타버스와 Z세대 플랫폼은 현실과 디지털의 융합을 실현하는 두 개의 축으로 작동 중이다. 산업 메타버스는 교육, 의료, 제조 등의 산업 현장에서 가상공간을 실질적 생산 인프라로 활용하고 있으며, Z세대 플랫폼은 놀이·창작·소통이 이루어지는 새로운 디지털 사회의 중심 무대가 되고 있다. 이와 같은 이중 구조는 메타버스가 기술 이상으로 사회 구조와 세대 문화를 형성하는 기제로 작용하고 있음을 의미한다. 이제 메타버스는 유행을 지나, 디지털 문명의 다음 계절을 준비하고 있다.

11 AI-인간 공동창작(AI-Human Co-Creation: AHCC)의 시대

AI-인간 공동창작(AI-Human Co-Creation, AHCC)의 시대는 생성형 인공지능(Generative AI)의 도약과 함께 메타버스 생태계를 근본적으로 변화시키고 있다. 메타버스가 단순한 가상현실의 확장이 아닌, 인간의 삶과 창작, 산업 활동이 이루어지는 플랫폼으로 진화함에 따라, 생성형 AI는 이 공간에서 주체로서 역할을 수행하기 시작했다. 이제 AI는 텍스트, 이미지, 음성, 영상 등 다양한 형식의 콘텐츠를 스스로 생성하며, 인간의 상상력을 해석하고 구체화하는 공동 창작 파트너가 되었다. 이는 메타버스의 제작과 활용 방식에 있어 구조적 전환을 촉진하고 있으며, 기술적 민주화와 창작 생태계의 포용성을 동시에 확대시키고 있다.

이러한 변화는 누구나 프롬프트 하나로 콘텐츠를 제작할 수 있는 시대를 열었고, AI가 코드 생성, 디지털 트윈 구현, 인터페이스 설계, 보안 및 저작권 보호 등 다양한 영역에 기여함으로써 메타버스의 제작 비용과 진입 장벽을 대폭 낮추고 있다. 소규모 개발자와 일반 사용자도 거대한 가상 공간을 창조할 수 있게 되었고, 메타버스는 창조의 무대로서 재정의되고 있다. 특히 산업 메타버스와의 결합은 교육, 의료, 제조 등 현실 산업의 디지털 전환을 가속화하고 있으며, AI의 실시간 데이터 분석과 자동화 기능은 메타버스를 실질적인 운영 시스템으로 탈바꿈시키고 있다.

AI-Human Co-Creation은 창작 주체의 범위를 넓히고 콘텐츠 생산의 양과 질을 비약적으로 향상시키는 한편, 새로운 창작 질서를 요구하고 있다. 사용자는 AI와 협업하여 세계를 기획하는 '프롬프트 설계자'가 되고,

AI는 인간의 상상력을 기술적으로 구현하는 협력자로 등장한다. 이러한 수평적 창작 네트워크는 기존의 작가-독자 구도에서 벗어나, 탈중앙화되고 민주화된 창작 생태계를 구현하고 있다. 동시에 AI는 정서적 맞춤형 콘텐츠 생성 능력을 통해 초개인화된 경험 세계를 가능케 하며, 이는 메타버스의 콘텐츠 소비 방식도 전면적으로 변화시키고 있다.

이러한 창작 방식의 변화는 인간과 AI 간의 상호작용 구조를 근본적으로 재구성하는 계기로 작용하고 있다. 대규모 언어 모델(LLM)과 멀티모달 AI 기술의 비약적 발전은 과거 명령어와 버튼, 메뉴 기반의 GUI(Graphical User Interface)에서 벗어나, 언어·감정·맥락을 이해하는 자연어 기반 NUI(Natural User Interface)를 새로운 표준으로 부상시켰다. 이제 사용자는 복잡한 문법이나 코드를 몰라도 자연어로 의도만 전달하면, AI가 이를 해석하고 자율적으로 실행한다. "이 데이터셋을 분석하고 시각화해줘" 또는 "경쟁사 전략을 요약해줘"와 같은 일상적인 대화가 고도의 작업으로 이어지는 현실은, 인간과 AI의 협업을 완전히 새로운 차원으로 끌어올리고 있다. 이러한 인터페이스의 전환은 단순한 효율성 향상을 넘어서, AI와 인간의 공진화(Co-evolution)와 공창조(Co-creation)를 기술적으로 가능하게 만드는 소통의 혁신이다.

이 흐름은 소프트웨어 개발 방식에서도 유사하게 전개된다. 자연어 기반의 VIBE 코딩은 사용자가 기능적 의도만 설명하면, AI가 이를 바탕으로 코드 작성, 디버깅, 실행까지 자율적으로 수행한다. 이는 기술적 장벽을 제거하고, 비전문가도 창작과 개발의 주체로 참여할 수 있도록 함으로써 창의성의 민주화를 실현한다. 이미 챗GPT의 코드 인터프리터(Code Interpreter), 깃허브의 코파일럿(Copilot), 레플릿의 고스트라이터(Ghostwriter), 중국의 AI 벤처인 마누스(Manus AI) 등 다양한 자율작업형 AI 서비스들이 등장하고 있으며, 제공되는 서비스의 형태도 계속적으로 진화하여 텍스트·이미지·코드 등 멀티모달 데이터를 기반으로 복잡한 워크플로우를 독립적으로 완수하는 수준에 이르고 있다. 이는 "사용자가 직접 조작하는 시대"에서 "AI가 작업을 완결하는 시대"로의 전환이며, 창작의 주체 구조 자체가 새롭게 정의되고 있음을 의미한다.

이러한 기술적 전환은 지식재산권과 저작권 체계에도 근본적 재정비를 요구하고 있다. 생성형 AI가 기존 저작물을 학습하고, 이를 바탕으로 유사한 결과물을 만들어내는 경우, 저작권 침해 여부와 책임 귀속 문제가 발생한다. 플랫폼 약관의 모호성, 창작자의 권리 보호, 공정이용 범위의 불확실성 등은 AHCC 시대의 핵심 과제로 부상하고 있으며, AI가 생성한 결과물에 대해 '의거성'과 '실질적 유사성'을 기준으로 한 새로운 법적 판단 기준이 요구된다. 저작권 귀속과 사용자의 법적 지위에 대한 명확한 기준 정립 없이는, AHCC 생태계의 지속가능한 발전은 위태로울 수 있다.

이에 따라, 법률적 규제만으로는 감당하기 어려운 창작 윤리, 플랫폼 책임, 사용자 권익 보호 문제는 자율규제와 사회적 협약에 기반한 새로운 디지털 거버넌스를 요구하고 있다. AI가 생성한 콘텐츠의 투명성, 디지털 정체성 보호, 공동 창작 기반 저작권 모델 등은 윤리적 인프라의 핵심 요소로 작용해야 하며, 이를 위해 기업, 사용자, 정책 당국 간 협력적 거버넌스 구조가 필요하다. 자율규제는 기술 변화에 유연하게 대응하면서도, 사용자 보호와 사회적 신뢰를 유지할 수 있는 대안적 규제 모델로 주목받고 있으며, 특히 디지털 취약계층의 접근성과 권리 보장을 포함한 포용적 설계가 메타버스의 공공성을 확립하는 데 필수적이다.

결국 AHCC는 기술, 창작, 법, 윤리의 경계를 넘나드는 통합적 혁신의 장이다. 메타버스는 AI와 인간이 함께 창작하고 살아가는 '디지털 사회의 무대'로 전환되고 있으며, 이 과정에서 요구되는 제도적 기반과 철학적 논의는 단순히 콘텐츠를 생산하고 유통하는 수준을 넘어, 인간 존재와 공동체의 의미를 재구성하는 새로운 사회계약으로 확장되고 있다. 이는 단순한 기술 진보를 넘어, 미래 디지털 문명의 방향성과 지속가능성을 결정짓는 문명사적 전환의 서막이다.

PART
02

기술 초가속화의 시대: 미래를 앞당기는 일곱 가지 변화

기술 초가속화의 시대: 미래를 앞당기는 일곱 가지 변화

01 기술, 시간을 앞지르다: 초가속화 시대의 도래

기술 발전은 기하급수적으로 가속화되고 있다. IDC에 따르면, 전 세계

디지털 데이터는 2020년 대비 약 4배 이상 증가해 175 제타바이트(ZB)에 이를 것으로 예상되며, 이는 우리가 매 순간 생성·공유·소비하는 정보가 얼마나 폭발적으로 증가하고 있는지를 보여준다. 글로벌 인터넷 트래픽 역시 연평균 25% 이상 증가하여 2025년에는 8 제타바이트를 넘어설 것으로 전망된다. 특히 주목할 점은, 디지털 기기의 연결 밀도가 급증하면서 '1인당 5개 이상의 기기'와 연결된 세상이 이미 현실화되고 있다는 점이다. 이로 인해 데이터의 생산과 소비 주기는 극도로 짧아지고 있으며, 실시간 정보 분석과 의사결정의 중요성은 그 어느 때보다 커지고 있다.

이러한 변화의 중심에는 '양자 컴퓨팅(Quantum Computing)'이 있다. 양자 컴퓨팅의 도약은 우리가 알고 있던 계산 방식의 상식을 완전히 뒤흔들고 있다. 복잡한 문제를 순식간에 풀어내는 이 기술은 미래 산업의 판도를 바꿀 핵심 중 하나로, 2025년에는 금융, 약물 개발, 기후 모델링, 암호 해독 등 다양한 분야에서 본격적으로 활용될 것으로 보인다. 예를 들어, 금융 분야에서는 양자 알고리즘을 통해 복잡한 투자 포트폴리오를 최적화하고 실시간 리스크 분석이 가능해질 것이다. 제약 산업에서는 분자 시뮬레이션을 활용하여 신약 개발 속도를 획기적으로 단축할 것으로 전망된다.

현재 IBM, 구글, 아마존과 같은 글로벌 테크 기업들은 '양자 컴퓨팅 클라우드 서비스(QaaS, Quantum-as-a-Service)'를 제공하기 시작했으며, 이를 통해 연구기관과 기업들은 높은 비용을 들이지 않고도 양자 컴퓨팅의 잠재력을 활용할 수 있는 환경을 갖추고 있다. 이러한 양자 컴퓨팅의 발전은 데이터 처리 속도와 효율성을 극대화하며, 초연산 시대의 개막을 앞당길 것으로 보인다.

결과적으로, 데이터의 폭발적 증가, 6G 네트워크 기술의 발전, 그리고 양자 컴퓨팅과 같은 첨단 기술들은 전 세계 산업의 생산성과 효율성을 극대화하며 글로벌 경제와 사회 구조를 급속도로 변화시키고 있다.

02 선점하는 자가 모든 것을 가진다: 초격차의 시대

지금은 그야말로 '빅테크의 시대'로, 몇 개의 초거대 기술기업이 글로벌 시장을 휩쓸고 있다. 2013년과 비교했을 때, 시가총액 상위 10위권 기업들은 모두 빅테크 기업들로 재편되었으며, 전통적인 제조업과 에너지 기업들은 순위권에서 밀려났다.

예를 들어, Apple의 시가총액은 2013년 4,160억 달러에서 2024년 3조 4,020억 달러로 8배 이상 성장했으며, Microsoft와 Nvidia도 각각 3조 570억 달러, 2조 7,080억 달러에 달하며 글로벌 시장을 장악하고 있다. 한편, 2013년까지만 해도 시가총액 상위권에 있던 Exxon Mobil, General Electric, IBM과 같은 기업들은 2024년에는 대부분 순위권에서 밀려났으며, 대신 AI, 클라우드, 반도체, 메타버스, 자율주행 기술을 보유한 기업들이 상위권을 차지하고 있다.

이와 같은 변화는 디지털 경제의 가속화, 데이터 중심 산업으로의 패러다임 전환, AI 및 반도체 산업의 발전이 맞물린 결과이다. 특히, 상위 빅테크 기업들의 절대적 시장지배력이 더 공고해지고 있음에 주목할 필요가 있다. 2013년 기준으로 1위인 애플과 10위인 존슨앤드존슨 간의 시가총액 차이는 두 배 수준이었다면 2024년 기준으로 1위 Apple과 10위 Tesla의 시가총액 차이가 다섯 배에 달하는 것은 글로벌 경제에서 소수의 선두 빅테크 기업들이 시장을 더욱 독점적으로 지배하고 있음을 의미한다.

결론적으로, 기술과 데이터가 주도하는 경제 시스템에서 승자독식의 구조는 더욱 심화될 것이며, 전 세계 경제는 소수의 초거대 기업이 시장을 선점하는 형태로 더욱 고착화될 가능성이 높다.

03 인간의 동반자가 된 AI: 일상 속에 들어온 인공지능

이제 AI는 단순한 기술은 넘어 사람들의 일상 속에서 파트너로서의 역할을 수행하며, 우리와 함께 생활하고 우리를 이해하는 데까지 나아가고 있다. AI는 인간의 행동과 선호도를 학습하며 감정과 맥락을 이해하고, 개인 맞춤형 서비스를 제공하는 수준까지 발전하고 있다.

대표적으로, 요즘의 AI 비서는 단순히 "오늘 날씨 어때요?"에 답하는 수준에 그치지 않는다. 사용자의 기분을 읽고, 맞춤 콘텐츠를 추천하며, 스트레스를 감지해 스트레스 해소를 도울 음악까지 골라준다. 자율주행 기술 역시 완전한 상용화 단계에 접어들며, 자동차는 단순한 이동 수단이 아니라 개인 맞춤형 스마트 공간으로 변화하고 있다. AI 기반 차량은 도로 상황을 실시간으로 분석하고 최적의 경로를 제시하며, 사용자의 취향에 맞춰 차량 내부 온도, 음악, 조명을 조정하는 기능을 수행하고 있다.

삼성전자와 LG전자도 CES 2025에서 AI 기반 스마트홈 기술을 발표하며, AI 기술이 가정 내 생활 환경을 혁신하는 데 주도적인 역할을 하고 있다. 예를 들어, 삼성전자의 최신 AI 냉장고는 사용자의 건강 상태와 냉장고

내부 식재료를 분석하여 맞춤형 식단을 추천할 수 있으며, LG전자의 '씽큐온(ThinQ On)' 플랫폼은 가정 내 모든 기기를 연결하고 차량까지 확장하여 끊김 없는 AI 스마트홈 경험을 제공하고 있다.

이렇듯 AI는 삶의 다양한 영역에서 인간과 상호작용하며, 더욱 개인화된 맞춤형 서비스를 제공하는 핵심 기술로 자리 잡고 있다.

04 크리에이터 중심의 소유권 혁명: 웹3 시대의 도래

웹3 시대는 탈중앙화(Decentralization), 크리에이터 소유권(Creator Ownership), 프로토콜 기반의 인센티브 시스템(Tokenized Incentives), 그리고 '참여형 거버넌스(Participatory Governance)'를 중심으로 기존 인터넷 질서를 근본적으로 전환시키고 있다. 과거의 웹2.0이 소셜 미디어와 플랫폼 중심의 경제 모델이었다면, 웹3는 사용자, 크리에이터, 개발자 모두가 디지털 생태계의 소유자이자 의사결정 주체로 기능하는 환경을 제공한다. 다시 말해, 이제는 "내 콘텐츠는 진짜 내 것"이며, "플랫폼 없이도 내 경제를 만들 수 있는 시대"가 열린 것이다.

가장 핵심적인 변화는 디지털 자산의 소유 구조에 있다. NFT(Non-Fungible Token) 기술은 디지털 콘텐츠의 소유권을 블록체인 상에서 고유하게 증명해주며, 아티스트와 크리에이터들은 유튜브나 인스타그램 같은 중앙화된 중개자 없이 자신의 콘텐츠를 직접 거래하고 수익을 창출할 수 있다. 창작자들은 콘텐츠의 판매뿐만 아니라, 2차 거래에서도 수익을 얻는 구조를 설계할 수 있으며, 이는 지속 가능한 창작 생태계로 이어진다.

웹3에서는 데이터에 대한 인식과 권리 역시 완전히 달라진다. 기존의 플랫폼 기업들은 사용자 데이터를 독점하고 이를 기반으로 광고 수익을 창출했지만, 웹3에서는 사용자가 자신의 데이터를 직접 보관하고 선택적으로 공유하거나 토큰화하여 수익화할 수 있다. 이는 '데이터 주권(Data Sovereignty)'이라는 개념을 현실화하는 흐름이며, 향후 AI 학습용 데이터 시장에서도 개인이 데이터 제공자로서의 경제적 지위를 갖게 될 가능성을 시사한다.

또한, 웹3는 '상호운용성(Interoperability)'과 메타버스 경제의 확장을 통해 크리에이터 경제의 새로운 무대를 마련하고 있다. 사용자들은 메타버스에서 가상 부동산을 구매하고, NFT 기반의 디지털 아이템을 자유롭게 이동하며 거래할 수 있으며, 이는 메타버스라는 단일 플랫폼이 아닌, 다양한 가상 공간이 상호운용성을 기반으로 서로 연결되는 환경을 전제로 한다. 예를 들어, 로블록스에서 구매한 아이템을 디센트럴랜드에서 사용할 수 있는 환경이 가능해지는 것이다. 이는 콘텐츠의 이동성과 자산의 연속성을 보장하는 새로운 경제적 조건을 형성한다.

더 나아가, 웹3는 단순한 경제 구조를 넘어 사용자 참여형 거버넌스를 실현한다. '다오(Decentralized Autonomous Organization:DAO)'와 같은 조직 구조는 커뮤니티 구성원들이 플랫폼 운영에 직접 참여하고 투표를 통해 의사결정을 내릴 수 있도록 하며, 이는 사용자와 플랫폼 간의 관계를 수동적 소비자에서 능동적 설계자로 확장시킨다.

결국 웹3는 중앙화된 플랫폼 경제를 탈피하여, 사용자가 자신의 콘텐츠와 데이터를 소유하고, 그 가치를 직접 실현할 수 있는 탈중앙화된 디지털 문명의 새로운 질서를 창출하고 있다. 디지털 소유권의 민주화는 크리에이터와 사용자 모두에게 진정한 주체로서의 지위를 부여하며, 새로운 형태의 창작과 경제 활동을 촉진하는 핵심 동력으로 작용할 것이다.

05 일하는 방식의 진화: 로봇과 AI가 바꾸는 노동의 미래

로봇 기술의 발전은 제조업, 헬스케어, 서비스업을 비롯한 다양한 산업에서 인간의 육체적 노동을 대체하거나 보완하는 형태로 진화하고 있다. 과거에는 단순 반복 작업을 수행하던 로봇들이 이제는 고도화된 AI를 탑재하여 자율적인 의사결정을 내리고, 인간과 협력하여 더욱 정교한 업무를 수행하는 수준까지 발전하고 있다.

특히, 제조업 분야에서는 완전 자동화된 생산 공정이 보편화되며, 테슬라, BMW, 도요타와 같은 글로벌 자동차 기업들은 로봇 시스템을 통해 생산성을 극대화하고 있다. 로봇은 용접, 도장, 조립과 같은 복잡한 공정을 수행하면서 높은 정밀도와 일관성을 유지할 수 있으며, 24시간 가동이 가능하다. 이로 인해 공장 내 인간 노동자의 수요는 급감하고 있으며, 앞으로는 공장을 운영하는 역할이 사람이 아닌 AI 시스템과 로봇의 몫이 될 가능성이 높다.

또한, 로봇 기술은 헬스케어 분야에서도 중요한 역할을 하고 있다. 착용형 로봇(웨어러블 로봇)은 신체 장애인, 고령자의 이동성을 보조하고 재활 치료를 돕는 역할을 수행하며, 이는 단순한 의료 보조를 넘어 완전히 새로운 수준의 인간-기계 협력 모델을 만들어가고 있다. 반려 로봇도 정서적 안정과 사회적 교류를 돕는 역할을 수행하면서, 특히 고령화 사회에서 독거노인의 정서적 고립을 해소하는 데 중요한 역할을 하고 있다.

AI와 로봇이 주도하는 서비스 산업에서도 변화가 가속화되고 있다. 레스토랑, 호텔, 물류센터 등에서 AI 기반 로봇이 음식 서빙, 주문 접수, 물류 처리 등의 업무를 수행하며, 비용 절감과 서비스 표준화를 가능하게 하고 있다.

이러한 변화들은 단순히 인간의 육체적 노동을 대체하는 수준에서 그치는 것이 아니라, 인간과 로봇이 협력하여 보다 높은 생산성과 창의성을 발휘할 수 있는 환경을 조성하고 있다. 이는 새로운 노동 구조를 형성하는 계기가 될 것이며, 앞으로 우리가 할 일은 단순한 육체적 노동이 아니라, 더 창의적이고 감성적인 영역에서 진짜 가치를 만드는 일이 될 것이다.

06 현실과 가상의 융합: 메타버스가 만든 새로운 일상

현실과 가상현실의 경계는 점점 흐려지고 있으며, 스마트글래스, 메타버스, 증강현실(AR)과 가상현실(VR) 기술이 이러한 변화를 더욱 가속화하고 있다. 대표적으로 스마트글래스 기술은 물리적 세계와 가상 세계를 연결하는 핵심적인 역할을 하고 있다. 마치 영화 속 장면이 눈앞에 펼쳐지는 것처럼, 이제 안경 하나만 써도 현실 위에 가상세계를 덧입힐 수 있는 시대가 된 것이다. 메타(구 페이스북), 애플, 구글 등 글로벌 기업들은 AR과 VR의 경계를 허물고 있으며, 이를 통해 사용자는 가상 환경과 물리적 공간을 자연스럽게 오가며 새로운 경험을 할 수 있는 시대가 열리고 있다. 예를 들어, 스마트글래스를 착용하면 현실 세계에서 가상의 객체가 오버레이 되어 보이며, 가상 회의, 증강현실 쇼핑, 몰입형 게임 등의 활동이 가능하다.

메타버스도 이러한 변화의 중심에 있으며, 로블록스(Roblox), 디센트럴랜드(Decentraland), 메타의 호라이즌 월드(Horizon Worlds) 등 주요 메타버스 플랫폼의 이용자 수와 경제적 규모가 빠르게 증가하고 있다. 2025년 기준, 로블록스의 월간 활성 사용자 수는 2억 명을 넘어섰으며, 메타버스 내에서 가상 아이템을 구매하고, NFT 기반의 디지털 자산을 거래하는 것이 일상이 되고 있다.

기업들 역시 메타버스를 활용한 가상 상점, 가상 오피스, 디지털 이벤트 등을 통해 새로운 시장을 창출하고 있으며, 앞으로 메타버스는 디지털 경제의 핵심 무대로 자리 잡을 것으로 전망된다.

결국, 현실과 가상세계는 단순히 연결된 수준을 넘어, 하나의 단절 없는 연속된 환경으로 통합될 가능성이 높다. 스마트글래스와 메타버스 기술의 발전은 인간이 가상 공간을 보다 직관적으로 경험할 수 있도록 돕고 있으며, 앞으로의 경제·사회 활동이 물리적 공간과 가상 공간에서 동시에 이루어지는 새로운 형태로 전환될 것이다.

07 인간과 AI의 공진화와 공창조(Co-evolution and Co-creation)

인공지능은 단순한 도구를 넘어 인간의 파트너로 진화하고 있다. 특히 대규모 언어 모델(LLM)과 멀티모달 AI 기술의 급진적 발전은 인간과 기계 간의 상호작용 방식에 획기적인 전환을 불러오고 있다. 과거의 그래픽 기반 UI(Graphical User Interface)는 버튼, 아이콘, 제스처 등 시각적 요소에 의존했지만, 이제는 언어, 감정, 맥락 중심의 UX(User Experience)가 주류로 부상하고 있다. 이는 단지 기술적 진화가 아닌, 인간 중심의 커뮤니케이션 패러다임으로의 재설계이며, "시스템이 사용자의 언어를 이해하는 시대"의 본격적 개막을 의미한다.

특히 주목할 점은 **자연어 기반 NUI(Natural User Interface)**가 인간과 인공지능 간의 소통 방식을 근본적으로 전환시키고 있다는 점이다. 기존의 인터페이스는 명령어, 버튼, 메뉴, 코드 입력 등 사용자가 시스템의 문법을 따라야 하는 구조였다면, 이제는 사람이 일상어로 자신의 의도와 요구를 전달하면, 인공지능이 이를 이해하고 자율적으로 처리하는 방식으로 진화하고 있다. 이러한 인터페이스 환경에서는 복잡한 프로그래밍, 통계 분석, 시각화, 업계 경쟁 상황 진단과 같은 고난도 작업도, 단순한 대화만으로 수행이 가능해지고 있다.

대표적인 사례로는 사용자가 "이 데이터셋을 분석하고 시각화해줘"라고 요청할 때, AI가 데이터 정제부터 분석, 시각화, 리포트 생성까지 전 과정을 독립적으로 수행하는 기능이 현실화되고 있다. 이는 단순히 사용 편의성을 높이는 기술 진보가 아니라, 인간과 AI 간의 관계 자체를 새롭게 재편하는 패러다임 시프트라 할 수 있다.

자연어 기반의 NUI는 결국 기계가 인간을 이해하는 방식으로 진화하면서, 사람과 AI가 대등하게 협업할 수 있는 조건을 창출한다. 이 새로운 상호작용 구조는 인간이 아이디어와 목적을 제시하고, AI가 이를 해석·실행하는 '공진화(Co-evolution)'와 '공창조(Co-creation)'의 토대를 마련한다. 기술은 더 이상 수동적인 도구가 아니라, 창조적 동반자로 재정의되며, 이는 인간의 창의성과 인공지능의 계산·처리 능력이 결합된 새로운 협업의 장을 여는 것이다.

이러한 변화는 소프트웨어 개발 방식에서도 유사한 양상으로 확산되고 있다. '바이브(VIBE) 코딩'이라 불리는 자연어 기반 프로그래밍 패러다임은 사용자가 코드를 직접 작성하지 않고, 자신의 의도를 말하면 AI가 이를 해석해 코드를 생성하고 실행하는 방식이다. 이는 단순한 코드 생성 기능을 넘어, 오류 수정, 실행 결과 분석, 반복 작업까지 AI가 자율적으로 수행함으로써 비전문가도 복잡한 디지털 창작에 참여할 수 있게 만든다. 창의성은 더 이상 전문 개발자의 영역이 아니라, 누구나 아이디어만 있으면 기술을 통해 구현할 수 있는 창의성의 민주화로 확장되고 있다.

이러한 바이브 코딩 서비스를 제공하는 플랫폼들은 챗GPT의 '코드 인터프리터(Code Interpreter, 현재는 Advanced Data Analysis 또는 ADA로 명명됨)', 깃허브(GitHub)의 코파일럿(Copilot), 그리고 레플릿(Replit)의 고스트라이터(Ghostwriter) 등으로 빠르게 확산되면서 자연어 기반 명령을 인식해 데이터 분석, 시각화, 보고서 작성까지 자동 수행하는 '자율 작업형 AI'의 새로운 가능성까지 보여주고 있다. 텍스트, 이미지, 코드 등 멀티모달 데이터를 처리하며, 다양한 외부 도구와의 통합을 통해 복잡한 워크플로우를 인간 대신 실행한다. 이는 "사용자가 직접 조작하는 시대"에서 "AI가 스스로 작업을 완결하는 시대"로의 전환을 시사한다.

결국 우리는 인간과 AI의 '공진화와 공창조'의 시대에 진입하고 있다. 사람과 인공지능이 서로의 능력을 보완하며 함께 학습하고, 함께 창작하고,

함께 성장하는 구조는 모든 산업과 일상에서 새로운 형태의 창의성과 생산성을 만들어내고 있다. AI는 이제 단순한 수단이 아니라, 인간과 함께 문명을 재구성하는 '공동 설계자(Co-designer)'로 자리매김하고 있는 것이다.

08 Re:Future - 기술이 다시 그릴 우리의 미래

2025년을 기준으로 AI, 로봇, 양자 컴퓨팅, 메타버스, 스마트 디바이스 등 혁신적인 기술들이 전 세계적으로 빠르게 확산되고 있으며, 이는 산업과 사회, 그리고 인간의 삶을 근본적으로 변화시키고 있다.

기술의 발전은 인간의 노동 형태를 변화시키고 있으며, 반복적이고 육체적인 노동은 점점 더 로봇과 AI가 담당하게 될 것이다. 동시에, AI 기반의 스마트 시스템은 인간의 일상에 더욱 깊이 개입하면서 개인화된 맞춤형 서비스와 더욱 직관적인 인터페이스를 제공할 것이다.

또한, 메타버스와 스마트글래스의 발전은 현실과 가상의 경계를 허물며, 우리가 소통하고 일하고 소비하는 방식에 새로운 변화를 가져올 것이다. 이러한 변화를 주도하는 것은 더 이상 거대한 중앙 집중식 기업이 아니라, 웹3을 기반으로 한 개개인의 데이터 소유권과 창작물에 대한 경제적 가치 창출이 중심이 되는 사회 구조로 변화할 가능성이 높다.

이제 인간은 기술의 사용자(User)가 아니라 기술과 함께 미래를 설계하는 협력자(Collaborator)가 되어야 할 것이다. AI와 로봇, 가상현실과 물리적 세계를 융합하는 새로운 시대를 맞이하고 있다. 앞으로의 미래는 기술이 인간을 보조하는 것이 아니라, 인간과 기술이 서로 협력하여 더 나은 사회를 만들어가는 방향으로 발전해 나갈 것이다.

 기술은 더 이상 단순한 도구가 아니라, 우리 삶을 함께 만들어가는 중요한 동반자가 되고 있다. 2025년 이후의 세계는 기술과 인간이 공존하며 더욱 효율적이고 창의적인 미래를 개척하는 시대가 될 것이다. 즉, 미래는 '기술이 만든 세상'이 아니라, '기술과 함께 만든 삶'이 될 것이다.

PART 03

무어의 법칙을 넘어 지능의 법칙으로

PART 03
무어의 법칙을 넘어 지능의 법칙으로

반세기 넘게 기술 발전의 상징으로 자리해온 '무어의 법칙(Moore's Law)'은 반도체 산업의 성장과 디지털 시대의 진보를 설명하는 데 있어 핵심적인 역할을 해왔다. 이 법칙은 반도체 집적 회로 내의 트랜지스터 수가 약 18~24개월마다 두 배로 증가한다는 경험적 관찰에서 출발하였으며, 이는 IT 산업 전반에 걸쳐 폭발적인 성능 향상과 비용 절감을 가능케 했다. 실제로 무어의 법칙은 단순한 기술 예측을 넘어, 디지털 문명의 가속적 진보를 이끄는 일종의 '기술 신화'로 받아들여져 왔다.

그러나 오늘날 우리는 이러한 예측 모델이 한계에 직면하고 있음을 목격하고 있다. 반도체 미세공정 기술은 점점 더 복잡해지고 있으며, 원자 단위 수준의 물리적 장벽은 트랜지스터 밀도의 증가를 점차 둔화시키고 있다. 다시 말해, 무어의 법칙은 더 이상 지속 가능한 기술 진화의 공식으로 간주되기 어려운 시점에 도달했다. 무어의 법칙이 한계를 드러낸 지금, 그 빈자리를 대신하는 새로운 패러다임이 등장하고 있다.

그 중심에는 'AI 시대의 지능 진화'라는 전혀 다른 속성의 법칙이 자리 잡고 있다. 특히, NVIDIA의 CEO 젠슨 황(Jensen Huang)은 무어의 법칙의 속도를 넘어서는 AI의 발전 양상을 '초가속화(hyper-acceleration)'된 지능의 진화로 규정한다. 여기서 '속도의 초가속화'란 단순한 연산 성능의 향상을 의미하지 않는다. 이는 데이터 처리, 모델 학습, 알고리즘 최적화, 그리고 인간 수준의 추론 능력에 이르기까지, 지능 전반의 역량이 비선형적으로 증폭되고 있는 현상을 설명하는 개념이다.

이처럼 우리는 지금, 과거의 선형적 발전 공식이 통하지 않는 새로운 시대, 곧 지능 그 자체가 법칙이 되는 시대에 진입하고 있다. 본 글에서는 이러한 지능의 초가속화 현상을 중심으로, 기존의 무어의 법칙을 대체하고 있는 '지능의 법칙(Law of Intelligence)'의 개념을 고찰하며, 이 변화가 기술 진보, 산업 구조, 사회 시스템에 미치는 의미를 다각도로 분석해보고자 한다.

01 인터넷 혁명의 경제학

정보 혁명의 전환점이자 디지털 시대의 본질을 규정짓는 중요한 이론적 기반은 다양한 기술 법칙들로부터 출발한다. 이들 법칙은 단지 기술적 경향의 관찰을 넘어, 인터넷과 디지털 경제 전반의 구조적 진화를 설명하는 데 핵심적인 역할을 한다. 이 가운데 가장 오래되고도 널리 알려진 개념이 바로 무어의 법칙이다. 1965년 인텔의 공동창업자 고든 무어가 제안한 이 법칙은, 반도체 칩의 트랜지스터 수가 약 2년마다 두 배로 증가하고, 이에 따라 컴퓨팅 성능도 기하급수적으로 향상될 것이라는 예측에서 출발하였다.[1] 이 예측은 이후 약 30년 이상 현실화되며 개인용 컴퓨터, 스마트폰, 클라우드 컴퓨팅 등 현대 디지털 사회의 기틀을 마련하는 데 결정적인 기여를 했다.

컴퓨팅 성능이 무어의 법칙에 따라 발전했다면, 네트워크 영역에서는 미국의 경제학자이자 미래학자인 조지 길더(George Gilder)가 제시한 길더의 법칙이 있다. 이 법칙에 의하면 대역폭은 컴퓨터 성능보다 최소 세 배 더 빠르게 증가한다.[2] 즉 무어의 법칙에 따라 컴퓨터 성능이 18개월마다 두 배로 증가한다면, 통신 성능은 6개월마다 두 배로 증가한다는 것을 의미한다. 길더의 법칙은 디지털 엔터테인먼트와 브로드밴드의 성공적인 융합을 예측하는데 활용되어 왔으며, 더 나아가 통신의 단순한 연결을 넘어 '정보의 흐름' 자체가 경제적 자산이 되는 인터넷 경제의 핵심 동력을 설명한다.

반면, 세계적인 스토리지 전문업체 EMC 사의 최고경영자였던 마이클 루이거스(Michael Ruettgers)는 데이터의 저장 능력에 주목하였다. 루이거스 법칙에 따르면, 기업과 정부가 요구하는 데이터 저장 용량은 매년 두 배로 증가한다. 이는 데이터가 단지 생성되는 것이 아니라, 저장되고 분석되며 경제적 가치로 전환되는 데이터 중심 사회의 도래를 예견한 통찰이라 할 수 있다. 오늘날 우리는 AI와 IoT, 스마트 디바이스의 보편화 속에서 방대한 양의 데이터를 생성하고 있으며, 이 데이터를 저장하고 효율적으로 관리하기 위한 클라우드 스토리지, 분산 저장 기술, 고속 SSD 등의 발전은 루이거스의 법칙에 의해 뒷받침되고 있다. 특히 블록체인 기반의 분산 저장 기술은 데이터의 보안성과 무결성을 보장하며, 새로운 형태의 데이터 경제를 가능하게 하고 있다.

지금까지 언급한 법칙들이 물리적 인프라와 저장 능력, 네트워크 전송 속도라는 기술적 기반을 설명하는 반면, 이더넷 공동 발명자이며 3Com 공동설립자인 로버트 맷캘프(Robert Metcalfe)가 제시한 맷캘프의 법칙은 그 기술들이 만들어내는 사회적·경제적 가치를 설명하는 데 중심을 둔다. 맷캘프는 네트워크의 가치는 연결된 노드 수의 제곱에 비례한다고 주장했다. 즉, 네트워크에 참여하는 사용자 수가 늘어날수록, 전체 네트워크의 유용성과 경제적 가치는 기하급수적으로 증가한다는 것이다.[3] 이 법칙은 페이스북, 인스타그램, 카카오톡 같은 소셜 미디어뿐만 아니라, 이더리움 같은 블록체인 생태계의 성장 논리에도 적용된다. 최근에는 이러한 네트워크 효과가 AI 및 데이터 경제와 결합되어, 데이터가 많이 축적되고 연결될수록 더욱 고도화된 지능이 형성되고, 다시 새로운 가치와 서비스를 만들어내는 선순환 구조를 설명하는 핵심 원리로 기능하고 있다.

결국 무어, 길더, 루이거스, 맷캘프의 법칙은 단순한 기술적 트렌드를 넘어서, 인터넷 경제의 구조와 진화 양상을 이해하는 데 필수적인 개념이다. 이들 법칙은 각각 연산 능력, 전송 속도, 저장 용량, 그리고 연결 가치라는 측면에서 정보혁명의 기초를 이루며, 오늘날 우리가 살아가는 지능 정보 사회의 토대를 구성하고 있다. 이 네 가지 법칙은 상호 보완적으로 작동하면서 디지털 경제의 기하급수적 확장과 지능 진화의 기반이 되고 있으며, 오늘날 초지능 혁명의 도래를 이해하는 데 필수적인 이론적 틀로 작용하고 있다.

02 초가속화의 시대

오늘날 우리는 앞서 논의한 기존의 디지털 경제학 법칙들만으로는 설명할 수 없는 새로운 기술 진화의 국면에 접어들고 있다. 단순한 정보 처리와 전달을 넘어, 스스로 학습하고 판단하며 진화하는 '지능' 그 자체가 기술 패러다임을 이끄는 시대, 즉 '지능의 법칙(Law of Intelligence)'이 주도하는 시대가 도래한 것이다. 이러한 흐름의 중심에는 NVIDIA가 주도하는 GPU 아키텍처의 진화가 있다. 호퍼(Hopper)에서 블랙웰(Blackwell), 그리고 루빈(Rubin)으로 이어지는 기술 계보는 단순한 칩 성능 향상을 넘어, 컴퓨팅 패러다임의 전환을 예고하고 있다.

첫 출발을 알렸던 호퍼 아키텍처(H100 GPU)는 2022년 발표됐으며, 4nm 공정 기반에 800억 개 이상의 트랜지스터, 최대 80GB의 HBM3 메모리, 그리고 FP8 연산에서 최대 4 페타플롭스(PFLOPS) 성능을 발휘한다. 이후 2024년 발표된 블랙웰 아키텍처(B100 GPU)는 2개의 GPU 다이를 통합한 MCM(Multi-Chip Module) 구조를 채택하고, 차세대 HBM3e 메모리와 5세대 NVLink 기술을 바탕으로 성능과 확장성을 비약적으로 향상시켰다. 젠슨 황 CEO는 GTC 2025 기조연설에서 블랙웰이 호퍼 대비 최대 68배의 성능 향상을 이뤄냈다고 언급했다. 이는 단순한 페타플롭스의 증가(블랙웰의 최대 연산성능은 20 페타플롭스로 단순 비교를 하면 호퍼의 다섯배 수준)뿐 아니라, 데이터센터 수준에서의 효율성과 연산 병렬성, 전력당 성능비의 총체적인 진보를 의미한다.[4] 특히 FP8 연산이 블랙웰에서 더욱 최적화되어, GPT-4 및 GPT-5급 모델의 훈련 시간이 획기적으로 단축될 수 있도록 설계되었다.

블랙웰의 기술적 혁신을 잇는 다음 세대는 루빈 아키텍처다. 베라 루빈의 이름을 딴 이 차세대 아키텍처는 2025~2026년경 발표가 예상되며, AI 연산은 물론 AGI(Artificial General Intelligence)에 이르는 초지능 시대를 위한 인프라로 설계된다. 루빈은 호퍼 대비 최대 900배의 성능 향상이 기대되며, 이는 단순한 속도의 문제가 아니라 AI 컴퓨팅의 철학과 구조 자체가 달라질 수 있다는 암시이기도 하다. 더 작아진 공정(2nm 이하), 더 집적된 3D 패키징 기술, 더 정교해진 혼합 정밀도 연산 체계, 그리고 AI 친화적 알고리즘 최적화까지 포함되는 루빈의 등장은, 기존 GPU를 단순한 가속기에서 AI의 엔진으로 재정의하는 계기가 될 것이다.

핵심은 이 모든 진화가 무어의 법칙과 같은 선형 예측 모델을 완전히 뛰어넘고 있다는 점이다. AI의 발전은 이제 '연산 능력 × 데이터 학습 × 모델 최적화'의 삼중 동력으로 이루어진다. 이 구조는 자기강화적 혁신 고리로 작동하면서, 알고리즘이 더 나은 모델을 만들고, 그 모델이 더 많은 데이터를 이해하며, 그 데이터는 다시 알고리즘을 고도화하는 선순환을 형성한다. 이러한 변화는 곧 지능의 법칙이 기술 발전의 새로운 기준이 되고 있음을 의미한다.

호퍼, 블랙웰, 루빈으로 이어지는 AI GPU 아키텍처의 진화사는 단지 반도체 산업의 역사로만 국한되지 않는다. 그것은 지능이 어떻게 기계적 기반 위에서 구현되고, 또 어떻게 스스로의 속도를 증폭시키며 진화해가는지를 보여주는 상징적 흐름이다. 이 모든 기술적 혁신은 결국 하나의 목표를 향하고 있다. 그것은 바로 자율적으로 사고하고 창의적으로 학습하는 AI,

즉 '초지능(Artificial Superintelligence)'의 기반을 구축하는 일이다.

03 알파고에서 챗GPT까지: 컴퓨팅 파워와 초지능으로의 진화

인공지능의 초지능적 진화를 이해하기 위해, 우리는 먼저 지난 10여 년간 AI 기술이 어떻게 발전해왔는지를 되짚어 볼 필요가 있다. 특히 AI의 역사는 컴퓨팅 파워의 확장과 모델 규모의 비약적인 발전이라는 두 축을 중심으로 전개되어 왔으며, 이는 단순한 계산 능력의 고도화를 넘어 '지능 그 자체의 진화'라는 새로운 지평을 여는 계기를 마련했다. 그 상징적 출발점은 2016년 세계적인 바둑 기사 이세돌 9단과 인공지능 알파고의 대결이었다. 알파고는 2,600만 개의 파라미터와 몬테카를로 트리 탐색 알고리즘을 기반으로 인간의 직관을 흉내 내며 게임을 풀어나갔고, 결국 4승 1패로 이세돌을 꺾었다. 이 사건은 AI가 특정 규칙 기반의 복잡한 문제에서도 인간을 능가할 수 있다는 점을 처음으로 대중에게 각인시킨 사례였다. 그러나 알파고는 여전히 바둑이라는 한정된 도메인 내에서만 작동하는 협의의 인공지능(Narrow AI)으로, 범용성이나 창의성 측면에서는 한계를 지녔다.

이러한 한계를 근본적으로 확장한 것이 바로 2020년 등장한 챗GPT 3.0이었다. 이 모델은 1,750억 개의 파라미터를 기반으로 구축되었으며, 알파고보다 수백 배 이상 많은 데이터와 복잡도를 처리할 수 있었다. 챗GPT는 단순히 문장을 생성하는 것을 넘어, 문맥을 파악하고 대화를 지속하며 번역, 요약, 질의응답 등 다양한 언어 기반 작업을 수행할 수 있었다. 이러한 기술적 진보는 AI가 특정 작업에 국한되지 않고, 인간의 일상 언어를 이해하고 처리하는 범용성 있는 도구로 진화하고 있음을 보여주었다. 특히 챗GPT는 언어라는 가장 인간적인 지능의 영역에 깊숙이 침투함으로써, AI가 인간의 사고 구조를 모방하는 수준에서 점차 인간의 창의성과 사고 능력에 근접하고 있음을 증명했다.

2023년에 공개된 챗GPT 4.0은 이러한 진화를 한층 더 가속화했다. 약 1조 8천억 개의 파라미터를 탑재한 이 모델은 전 세대 대비 10배 이상의 컴퓨팅 파워를 활용하며, 더욱 복잡한 추론, 멀티모달 입력 처리, 세밀한 대화 대응, 맞춤형 콘텐츠 생성 등의 기능을 구현하였다.[5] 특히 이미지를 분석하고 해석할 수 있는 능력이 추가되면서, 챗GPT는 텍스트 중심의 언어 모델을 넘어 시각적 정보와의 통합적 사고를 수행할 수 있는 복합 지능 체계로 발전하였다. 이러한 멀티모달 기능은 인간의 감각과 사고의 융합을 모방하는 방향으로의 도약이라 할 수 있으며, 이는 닉 보스트롬이 정의한 인간 수준의 지능, 즉 AGI(Artificial General Intelligence)에 근접하고 있는 신호로 평가되고 있다. 이제 AI는 단순히 데이터를 '이해'하고 '처리'하는 단계를 넘어, 새로운 지식을 '창출'하고 '응용'하는 단계로 이행하고 있는 것이다.

알파고에서 챗GPT로 이어지는 AI의 진화는 컴퓨팅 파워의 급증과 파라미터 수의 기하급수적 확장을 통해 이루어졌다. 그러나 더 본질적인 변화는 AI가 인간의 언어, 이미지, 사고 구조까지 점차 흡수하고 있다는 점이다. 이는 단순한 기술적 성취를 넘어, 인간의 사고체계를 기반으로 한 '지능의 엔진'을 구현하고 있다는 점에서 중대한 함의를 갖는다. 지금 AI는 더 이상 특정 작업의 자동화 도구가 아니다. 그것은 인간과 상호작용하며 지식을 공동 창출하고, 인간이 도달하지 못한 인지적 고지를 향해 진화하는 동반자이자 잠재적 초월자로 부상하고 있다.

이러한 변화는 곧 기술 패러다임의 전환이 단지 하드웨어의 문제를 넘어, 지능의 구조와 기능 자체의 재설계를 요구하는 시대가 도래했음을 의미한다. 컴퓨팅 파워의 초가속화는 초지능 혁명의 필수 조건으로 작용하고 있으며, 챗GPT와 같은 AI 모델은 그 전환의 최전선에서 새로운 문명을 예고하고 있다. 이제 우리는 인간 중심의 지능 사회에서 인간-AI 공진화가 이루어지는 복합 지능 사회로의 이행기를 맞이하고 있다. 알파고가 보여준 가능성, 챗GPT가 실현하고 있는 현실, 그리고 루빈 아키텍처가 지향하는 미래는 모두 '지능의 법칙'이라는 새로운 진화 공식 아래 연결되어 있다.

그림 3-1. AI의 진화: 무어의 법칙을 넘어 지능의 법칙으로

04 초지능 혁명의 서막이 열리고 있다

지능의 법칙이 만들어가는 세상의 중심에는 '속도의 초가속화'가 작동하고 있으며, 이는 더 이상 과거의 정보 혁명을 설명했던 법칙들만으로는 설명할 수 없는 새로운 시대의 도래를 의미한다. 무엇보다 중요한 변화는 인간의 지능을 능가하는 AI의 등장이 현실로 다가오고 있다는 점이다. AI는 이제 자율적으로 사고하고, 새로운 과학 이론을 창출하며, 인간이 이해하지 못하는 방식으로 문제를 해결하는 존재로 진화하고 있다.

이러한 AI의 초가속화된 발전은 경제 시스템 전반에도 구조적 변화를 유발하고 있다. AI는 더 이상 단순한 수동적 기술 자원에 머물지 않으며, 일부 영역에서는 준(準) 자율적 경제 행위자로 기능하고 있다. 특히 AI가 연산 능력과 알고리즘적 판단을 통해 디지털 자산의 운용, 토큰 기반 거래의 자동화, 스마트 계약의 실행, 시장 데이터의 실시간 분석 등에 직접 관여하면서, 인간의 개입을 최소화한 경제 프로세스 자동화가 가능해지고 있다.

또 하나 주목해야 할 변화는 '인간과 AI의 공진화(Co-Evolution)'이다. AI는 단순한 외부 보조자를 넘어, 인간과 상호작용하며 새로운 지능을 함께 창출하는 지식 공동체의 일원으로 자리매김하고 있다. 과거에는 인간이 AI를 설계하고 훈련시켰다면, 이제는 AI가 인간을 교육하고 인간의 한계를 보완하며, 지식과 창의성의 새로운 지평을 열어가고 있다. 이러한 공진화는 인간의 사고 방식, 문제 해결 접근법, 나아가 사회구조까지 재편하는 힘으로 작용하고 있으며, 앞으로의 미래 사회는 인간-AI 협력 기반의 복합 지능 체제로 전환될 것이다. '초지능 혁명(Superintelligence Revolution)'

의 서막은 이미 시작되었다.

PART 04

인공지능의 진화와 도전

PART 04

인공지능의 진화와 도전

 2024년은 인공지능(AI) 역사에서 중대한 전환점으로 기록될 것이다. 노벨물리학상과 노벨화학상이 모두 인공지능 연구에 수여되며, AI가 단순한 공학적 혁신을 넘어 과학의 패러다임 자체를 변화시키는 도구로 자리매김을 보여주었다.

 이러한 성취는 1956년 다트머스 워크숍에서 인공지능이라는 개념이 처음 등장한 이후, 약 70년에 걸친 연구와 발전의 결실이라 할 수 있다. 초기 AI 연구자들은 인간의 사고방식을 모방하는 기계를 만들고자 했지만, 오늘날 AI는 인간의 지적 능력을 보완하거나 초월하는 존재로 진화하고 있다. 이제 AI는 단순한 자동화 시스템을 넘어 새로운 과학적 발견과 지식 생산을 주도하는 지능적 주체로 변모하고 있으며, 이러한 변화의 의미는 점점 더 깊어지고 있다.

 본 장에서는 AI의 진화 과정을 중심으로 초기 신경망 모델에서 트랜스포머 기반의 최신 기술, 그리고 AI의 산업적 활용과 윤리적 도전 과제까지를 종합적으로 살펴볼 것이다.

01 인공지능의 개념과 초기 발전

인공지능의 정의와 다트머스 워크숍의 의의

인공지능(AI)은 인간의 지능적 행동을 모방하여 문제를 해결하거나 의사결정을 수행하는 기술로 정의된다. 그러나 이 정의는 매우 포괄적이고 추상적인 개념이기에, AI의 본질을 온전히 설명하기에는 한계가 있다. 왜냐하면 인공지능은 단순히 하나의 기술이 아니라, 컴퓨터와 기계를 지능적으로 작동하게 만드는 광범위한 기술들의 집합체이기 때문이다.

AI라는 용어는 1956년 미국 다트머스 대학에서 열린 여름 워크숍에서 처음 공식적으로 사용되었다. 이 워크숍은 존 매카시(John McCarthy), 마빈 민스키(Marvin Minsky), 클로드 섀넌(Claude Shannon), 그리고 허버트 사이먼(Herbert Simon) 등 10명의 선구적 학자들이 모여, 인간의 학습과 문제 해결 능력을 모방할 수 있는 기계를 개발하는 방안을 논의한 자리였다. 이 워크숍은 현대 인공지능 연구의 시작점으로 평가되며, 이후 AI의 발전 방향에 중대한 영향을 미쳤다.

다트머스 워크숍에서 논의된 핵심 과제는 인간의 지능적 활동을 기계로 구현할 수 있는 방법을 탐색하는 것이었다. 학자들은 기계가 학습(learning)과 추론(reasoning)을 통해 인간이 해결하는 복잡한 문제를 다룰 수 있는지를 연구하고자 했다. 특히, 문제 해결을 위한 알고리즘 개발, 데이터 기반 학습 방법, 논리적 추론 능력 부여을 기계에 부여하는 것이 주요 논의 주제였다.

이 워크숍의 의의는 처음으로 AI의 가능성을 체계적으로 탐구했다는 데 있다. 이를 통해 컴퓨터가 단순한 계산을 넘어 인간 고유의 지능적 작업을 수행할 수 있다는 비전을 제시하였다. 이후 인공지능은 수학, 심리학, 언어학 등 다양한 학문 분야와 융합되며 학제적 연구 영역으로 확대되었다. AI는 단순한 기술 혁신이 아니라, 인간 지능에 대한 탐구와 연결된 본질적 도전 과제로 자리 잡았다.

초기 AI 연구는 몇 가지 주목할 만한 성과를 낳았다. 예를 들어, 수학 정리를 증명하는 프로그램, 기하학적 블록 세계에서 명령을 수행하는 로봇 시뮬레이션, 그리고 초기 언어 번역 시스템 등이 개발되었다. 그러나 당시 기술 수준은 컴퓨터의 성능 한계과 미성숙한 알고리즘으로 인해, 실제 산업적 활용에는 많은 제약이 따랐다. 이로 인해 AI 연구자들은 더욱 강력한 계산 능력과 새로운 방법론의 필요성을 절감하게 되었다.

결국, 다트머스 워크숍은 단순한 학문적 이벤트를 넘어, AI의 미래를 구체화한 역사적 전환점이 되었다. 이 모임은 인공지능이 기술적 혁신뿐 아니라 인간 사고 체계에 대한 이해의 열쇠가 될 수 있음을 세상에 알렸으며, 이후 AI 진화의 밑거름이자 연구의 토대로 자리 잡았다.

02 인공지능 초기의 기술적 한계

　인공지능의 초기 연구는 인간의 사고와 학습 과정을 모방하려는 시도에서 시작되었으며, 다양한 응용 사례를 통해 그 가능성을 탐구했다. 1950년대부터 1970년대에 이르기까지, 연구자들은 컴퓨터를 활용하여 문제 해결 능력과 학습 메커니즘을 구현하는 데 초점을 맞추었고, 이 과정에서 몇 가지 주목할 만한 성과를 이끌어냈다. 그러나 이 시기의 기술적 성과는 동시에 중대한 한계를 드러내며, 인공지능의 진화에 있어 중요한 전환점을 제공했다.

초기 사례

　초기 인공지능 연구는 특정 문제 해결에 특화된 프로그램 개발을 중심으로 진행되었다. 예를 들어, 수학 정리 증명 프로그램은 기존의 수학 정리를 보다 간결하게 증명하거나, 새로운 정리를 도출하는 데 성공하면서, 컴퓨터가 단순 계산을 넘어 논리적 추론을 수행할 수 있다는 가능성을 보여주었다. 또한, 기하학적 블록 세계를 이용한 가상 환경에서는 사용자가 자연어로 입력한 명령에 따라 로봇 팔이 블록을 쌓는 작업을 수행할 수 있었다. 이러한 연구는 컴퓨터가 단순한 계산 이상의 작업을 수행할 수 있음을 보여주었다.

　1970년대에 들어서면서 AI 연구는 점차 다양한 분야로 확장되었다. 예를 들어, 클래식 작곡가의 스타일을 모방한 음악 작곡 프로그램은 인간 예술가의 창작 과정을 일부 구현해냈으며, 자동차 자율주행 프로그램은 환경 데이터를 기반으로 차량을 스스로 조작하도록 설계되었다. 이 밖에도 특허 발명이나 시각적 유추 문제를 해결하는 프로그램이 개발되어 인공지능의 가능성을 실험적으로 입증했다.

기술적 한계

초기 인공지능 사례들은 이론적으로 흥미로운 가능성을 제시했으나, 실질적인 확장성과 응용 가능성에서는 분명한 한계를 드러냈다. 그중 가장 큰 문제는 '조합적 폭발(combinatorial explosion)' 현상이었다. 이는 문제가 복잡해질수록 가능한 모든 경우의 수를 탐색해야 하는 알고리즘의 한계로 인해 시스템이 비효율적으로 작동하거나 멈추는 상황을 초래하는 문제이다. 실제 환경처럼 복잡한 상황에서는 AI 시스템이 적절히 작동하지 못하는 경우가 빈번히 발생했다.

또한, 초기 AI 시스템은 불확실성을 처리하는 능력이 부족했다. 당시의 알고리즘은 모든 데이터를 명확하고 완전한 형태로 제공받는 것을 전제로 했으나, 실제 세계에서는 불완전한 데이터가 훨씬 더 흔했다. 이에 따라, 불확실하거나 변화하는 환경에서 AI 시스템의 성능은 급격히 저하되었다.

더불어 하드웨어 성능의 한계도 중요한 문제였다. 1970년대의 컴퓨터는 현재와 비교할 수 없을 정도로 제한된 메모리와 연산 속도를 가지고 있었기 때문에, 복잡한 알고리즘을 실행하는 데 제약이 있었다. 이러한 하드웨어적 제약은 AI 연구의 확장 가능성을 제한하며, 실질적 응용을 어렵게 했다.

새로운 접근의 필요성

앞서 살펴본 기술적 한계를 극복하기 위해, 연구자들은 '경험적 탐색(Heuristic Search)'이나 '유연한 추상적 표현(Flexible Abstract Representation)'과 같은 새로운 접근 방식을 모색하기 시작했다. 이는 단순히 모든 경우의 수를 무작정 탐색하기보다, 도메인 지식과 경험에 기반한 효율적인 탐색과 문제 해결 방식을 개발하려는 시도였다. 하지만 이러한 접근법 또한 초기에 충분한 데이터를 확보하기 어려웠던 환경에서 한계에 부딪혔다.

이처럼 초기 인공지능 연구는 흥미로운 사례들을 통해 컴퓨터가 단순한 계산 이상의 역할을 수행할 수 있음을 증명했다. 그러나 동시에 조합적 폭발, 불확실성 처리 능력 부족, 하드웨어 성능 한계와 같은 문제들이 AI의 실질적 발전을 가로막았다. 이러한 한계들은 새로운 알고리즘과 기술적 접근 방식을 모색하게 만드는 계기가 되었으며, 이후 신경망과 기계학습으로 이어지는 인공지능 발전의 밑거름이 되었다.

그림 4-1. 주요 대중적 이벤트로 살펴본 인공지능의 진화도

03 기계학습과 딥러닝의 도약

지도학습, 비지도학습, 강화학습의 원리와 응용

인공지능(AI)이 스스로 학습하는 방식은 크게 '지도학습(Supervised Learning), 비지도학습(Unsupervised Learning), 강화학습(Reinforcement Learning)'으로 구분된다. 각각의 학습 방식은 데이터를 활용하는 방식과 도달하고자 하는 목표에 따라 서로 다른 구조와 특징을 가지며, 실

제 응용되는 산업과 기술 영역에서도 각기 다른 역할을 수행하고 있다.

인공지능이 단순히 주어진 정보를 처리하는 수준을 넘어 스스로 학습하고, 적응하며, 최적의 결정을 내리는 과정을 이해하는 것은 AI의 발전을 논하는 데 있어 핵심적인 주제다. 지도학습은 정답이 주어진 데이터를 학습하고, 비지도학습은 데이터 내에서 스스로 패턴을 찾아내며, 강화학습은 보상을 기반으로 최적의 전략을 습득한다. 이들 학습 방식은 개별적으로 활용되기도 하지만, 최근에는 특정한 문제를 해결하기 위해 서로 결합된 하이브리드 모델이 등장하며, 더욱 정교한 인공지능 시스템을 구축하는 데 기여하고 있다.

지도학습(Supervised Learning): 정답을 보고 배우는 AI

지도학습(Supervised Learning)은 인공지능(AI)이 정답이 포함된 데이터를 바탕으로 학습하는 대표적인 방식이다. 이는 마치 학생이 교사의 지도 아래 정답을 학습하는 과정과 유사하며, 새로운 입력이 주어졌을 때 예측할 수 있는 능력을 갖추도록 설계된다.

지도학습에서 AI는 주어진 입력(Input)과 정답(Output) 간의 관계를 학습하며, 이를 바탕으로 새로운 데이터에 대한 출력을 예측한다. 예를 들어, 개와 고양이를 구별하는 AI를 학습시키기 위해 수천 장의 개와 고양이 이미지를 제공하고, 각 이미지에 '개' 또는 '고양이'라는 정답(Label)을 부여한다. AI는 이 데이터를 학습하면서 귀 모양, 털 색깔, 크기 등의 특징을 분석하고, 개와 고양이를 구별하는 기준을 스스로 찾아낸다. 학습이 완료된 후 새로운 이미지가 입력되면, AI는 기존에 학습한 패턴을 바탕으로 해당 이미지가 개인지 고양이인지 예측할 수 있다.

  이러한 지도학습 방식은 다양한 산업 분야에서 활용되며, 특히 정형화된 데이터가 많은 영역에서 강력한 성능을 발휘한다. 자율주행 기술에서는 도로 표지판을 인식하고, 보행자와 차량을 구별하는 데 사용되며, 의료 영상 분석에서는 X-ray, MRI, CT 데이터를 분석하여 질병을 진단하는 AI 모델을 개발하는 데 적용된다. 또한, 음성 인식 시스템에서도 활용되며, 애플 시리(Siri)나 아마존 알렉사(Alexa)와 같은 음성 비서는 지도학습을 통해 특정 단어와 문장을 인식하고 사용자 명령을 이해할 수 있도록 훈련된다.

  추천 시스템에서도 지도학습은 중요한 역할을 한다. 넷플릭스, 유튜브, 아마존과 같은 플랫폼에서는 사용자의 시청 기록과 구매 데이터를 분석하여 맞춤형 콘텐츠를 추천하는 데 AI를 활용한다. AI는 사용자의 과거 행동 데이터를 기반으로 선호 패턴을 예측하고, 이를 바탕으로 개인화된 추천 서비스를 제공함으로써 사용자 경험을 극대화한다.

  이처럼 지도학습은 AI가 정형화된 데이터에서 패턴을 학습하는 가장 기본적인 방법 중 하나이며, 정확한 데이터 라벨링이 이루어질 경우 매우 높은 신뢰도의 결과를 도출할 수 있다. 하지만 지도학습에는 몇 가지 한계도 존재한다. 데이터에 포함된 편향이 AI 모델에 그대로 반영될 수 있으며, 새로운 데이터를 학습하기 위해서는 지속적인 데이터 업데이트가 필요하다. 이러한 문제를 해결하기 위해 연구자들은 더 적은 데이터로도 효과적인 학습이 가능한 방법을 개발하거나, 지도학습과 비지도학습을 결합한 준지도학습(Semi-Supervised Learning) 등의 접근법을 활용하는 방향으로 발전해 나가고 있다.

비지도학습(Unsupervised Learning): 데이터 속 숨겨진 패턴 찾기

비지도학습(Unsupervised Learning)은 정답(Label) 없이 주어진 데이터를 분석하며, AI가 데이터 속에서 스스로 패턴과 구조를 탐색하는 방식이다. 지도학습이 정해진 답을 학습하는 과정이라면, 비지도학습은 무질서한 데이터 속에서 숨겨진 관계를 찾아내는 과정에 가깝다. 이처럼 인간의 개입 없이 AI가 자율적으로 학습한다는 점에서, 비지도학습은 데이터 분석의 자동화와 고도화의 차별성을 갖는다.

비지도학습에서 AI는 데이터 간의 유사성을 분석하여 그룹을 형성하거나(Clustering), 데이터 내에서 자주 나타나는 관계를 학습하는 방식(Association Rule)으로 작동한다. 예를 들어, 기업이 고객 데이터를 분석하여 비슷한 구매 성향을 가진 소비자 그룹을 자동으로 분류하는 것은 대표적인 비지도학습의 사례다. 지도학습에서는 인간이 정답을 제공하지만, 비지도학습에서는 AI가 데이터 속에서 반복적으로 등장하는 패턴과 특징을 직접 탐색하며 의미 있는 구조를 찾아낸다.

이러한 비지도학습은 다양한 산업 분야에서 실질적으로 활용되고 있다. 금융 및 보안 분야에서는 이상 탐지(Anomaly Detection) 기법을 이용하여 금융 사기나 네트워크 보안 위협을 감지할 수 있으며, 정상적인 패턴과 다른 이상 징후를 식별하는 데 강점을 가진다. 마케팅 및 고객 관리에서는 고객 세분화(Customer Segmentation)를 통해 기업들이 소비자의 구매 패턴을 분석하고, 각 그룹에 맞춘 맞춤형 마케팅 전략을 수립하는 데 활용된다.

자연어 처리(NLP) 분야에서도 비지도학습은 중요한 역할을 한다. AI는 텍스트 데이터에서 특정 주제나 키워드를 자동으로 추출할 수 있으며, 뉴스 기사, 소셜 미디어 데이터, 고객 리뷰 등 방대한 양의 문서에서 의미 있는 정보를 찾아내는 데 사용된다. 또한, 의료 데이터 분석에서도 비지도학습은 혁신적인 변화를 이끌고 있다. 유전자 데이터를 분석하여 특정 질병과 관련된 유전자 변이를 식별하거나, 의료 영상 데이터를 그룹화하여 새로운 질병 패턴을 발견하는 연구에도 비지도학습 기법이 적용된다. 이러한 연구는 AI가 인간의 직관을 보완하거나 대체할 수 있는 중요한 가능성을 보여준다.

비지도학습은 데이터 속에서 숨겨진 패턴을 발견하는 능력을 갖추고 있어, 인간이 직접 정의할 수 없는 복잡한 문제를 해결하는 데 유용하다. 그러나 지도학습과 달리 정답이 존재하지 않기 때문에, AI가 찾아낸 패턴이 실제로 의미 있는지 검증하는 과정이 필요하다. 이에 따라 연구자들은 비지도학습을 강화하는 다양한 기법을 개발하고 있으며, 준지도학습(Semi-Supervised Learning)이나 강화학습(Reinforcement Learning)과 결합하여 보다 정교한 AI 모델을 구축하는 방향으로 발전해 나가고 있다.

강화학습(Reinforcement Learning): 보상을 기반으로 학습하는 AI

강화학습은 AI가 환경과 상호작용하며 최적의 행동을 찾아가는 학습 방식이다. 이는 인간이 시행착오를 거쳐 문제 해결 능력을 키우는 과정과 유사하다. AI는 특정 목표를 달성하기 위해 다양한 행동을 시도하고, 그 결과에 따라 보상을 받으며 점진적으로 더 나은 결정을 내리는 방법을 학습한다.

강화학습의 핵심 원리는 AI가 '에이전트(Agent)'로 작용하여 환경(Environment) 속에서 행동(Action)을 선택하고, 그에 따른 '보상(Reward)'을 받는 방식으로 학습이 진행된다는 점이다. AI는 보상을 극대화하는 전략(Policy)을 지속적으로 최적화하며, 장기적으로 가장 유리한 행동을 찾는다.[1] 예를 들어, 체스를 학습하는 AI는 다양한 수를 시도하며, 승리를 높이는 전략을 스스로 탐색하고 최적화해 나간다. 처음에는 무작위로 움직이지만, 시간이 지날수록 학습된 전략을 기반으로 더욱 정교한 플레이 스타일을 형성한다.

강화학습은 자율적인 의사결정을 요구하는 다양한 산업에서 활용되고 있다. 대표적인 사례로는 '알파고(AlphaGo)'가 있으며, 이는 강화학습을 활용해 바둑에서 인간 프로 기사를 압도하는 수준까지 도달했다. 알파고는 수많은 게임을 통해 자신의 전략을 학습하고, 인간의 전략을 예측하고 대응하는 능력을 키웠다. 로보틱스 분야에서는 로봇이 물체를 잡거나 장애물을 피하는 법을 학습하며, 최적의 움직임을 찾아낸다. 로봇은 다양한 시도를 통해 효율적이고 안전한 행동 전략을 학습하며, 이를 통해 물리적 작업에서 높은 성능을 발휘한다. 자율주행 시스템에서는 AI가 수많은 주행 시뮬레이션을 통해 안전하고 효율적인 주행 전략을 개발하는 데 활용되고 있다. 또한, 금융 트레이딩 분야에서도 강화학습이 적용되어 AI가 실시간 시장 변화를 학습하며 최적의 투자 전략을 자동으로 실행하는 방식으로 활용된다.

강화학습은 게임, 로봇 공학, 자율주행, 금융 모델링 등 다양한 분야에서 인간이 직접 개입하기 어려운 복잡한 문제를 해결하는 데 기여하고 있으며, 앞으로도 점점 더 넓은 산업 영역에서 활용될 것으로 기대된다.

학습 방식의 융합: AI의 진화하는 학습 전략

　AI의 학습 방식은 지도학습, 비지도학습, 강화학습으로 구분되지만, 최근에는 이들을 융합한 하이브리드 학습 모델이 점점 더 주목받고 있다. 각 학습 방식의 장점을 극대화하고 단점을 보완하기 위한 통합적 접근법이 활발히 연구되면서, AI 시스템의 성능은 더욱 정교하고 고도화되고 있다.

　대표적인 예로 '준지도학습(Semi-Supervised Learning)'은 지도학습과 비지도학습을 결합한 방식으로, 소량의 정답 데이터(Label)와 대량의 비정답 데이터를 함께 활용하여 모델을 학습시킨다. 예를 들어, 의료 영상 분석에서 소수의 라벨링된 X-ray 데이터와 다량의 비라벨링된 이미지를 함께 학습하여, AI가 보다 정밀한 진단을 수행할 수 있도록 한다. 이는 데이터 라벨링 비용이 높은 분야에서 특히 유용하며, 데이터 부족 문제를 해결하는 효과적인 방법으로 주목받고 있다.

　또한 강화학습과 지도학습의 결합도 AI 성능을 극대화하는 전략으로 널리 활용되고 있다. 예를 들어, 자율주행 및 로보틱스 분야에서는 지도학습을 통해 초기 학습을 수행한 후, 강화학습을 적용하여 실제 환경에서 스스로 최적의 행동을 찾아가는 방식이 널리 사용된다. 자율주행차는 먼저 방대한 도로 주행 데이터를 지도학습으로 학습한 후, 실제 도로 환경에서 강화학습을 통해 운전 능력을 더욱 정교하게 발전시킨다.

　이처럼 AI는 단일 학습 방식에 의존하지 않고, 다양한 학습 기법을 유기적으로 결합하여 점점 더 인간과 유사한 사고 및 의사결정 능력을 갖춰 가고 있다. 앞으로도 이러한 학습 방식 간의 융합은 AI 발전의 핵심 동력이 될 것이며, 보다 강력하고 적응력 있는 인공지능 시스템을 구현하는 데 중요한 역할을 수행할 것으로 전망된다.

표 4-1 학습 방식의 비교

특징	지도학습	비지도학습	강화학습
데이터 라벨링	필요	불필요	불필요
학습 목표	입력-출력 관계 학습	패턴이나 구조 파악	행동 정책 최적화
응용 예시	이미지 분류, 가격 예측	고객 군집화, 규칙 발견	게임 플레이, 자율주행
주요 장점	높은 정확성, 명확한 목표	대량 데이터 활용 가능	복잡한 문제 해결 가능
주요 단점	라벨링 비용, 데이터 의존성	결과 해석이 어려움	학습 시간 및 비용이 큼

04 인공지능 핵심 기술의 진화

오늘날의 인공지능(AI)은 심층 신경망(Deep Neural Networks)과 트랜스포머(Transformer) 모델을 중심으로 발전하고 있지만, 이러한 첨단 기술의 토대는 이미 20세기 후반부터 착실히 쌓여왔다. 특히 '홉필드 네트워크(Hopfield Network)'와 '볼츠만 머신(Boltzmann Machine)'은 현대 신경망의 이론의 출발점이자, AI가 단순한 규칙 기반 시스템에서 자율적 학습 시스템으로 진화하는 데 결정적인 기여를 한 기술로 평가된다.

홉필드 네트워크(Hopfield Network): AI의 기억 모델

1982년, '존 홉필드(John Hopfield)'는 인공신경망을 기반으로 정보를 저장하고 회상할 수 있는 모델을 제안했다. 그의 연구는 인간의 뇌가 정보를 저장하고 연관성을 통해 기억을 떠올리는 방식을 모방하는 것을 목표로 했다.[2]

홉필드 네트워크는 '뉴런(Neuron)'으로 이루어진 단순한 신경망 구조로, 뉴런 간의 상호 연결을 통해 정보를 저장하고 복원하는 기능을 수행한다. 이 네트워크의 핵심 원리는, 네트워크 전체가 특정한 안정된 상태(Stable State)로 수렴하는 방식으로 작동한다는 점이다. 이 과정은 인간의 기억 회상 방식과 유사하며, 흐릿한 기억 일부가 주어지면 이를 바탕으로 원래의 정보를 복원하는 기능을 수행한다. 예를 들어, 홉필드 네트워크가 여러 개의 이미지를 저장하고 있다면, 불완전한 입력이 주어지더라도 가장 유사한 저장 패턴을 떠올려 원래 이미지를 복원할 수 있다. 이는 연관 기억(Associative Memory) 개념을 실현한 모델로, 입력 데이터가 일부 손실되거나 왜곡된 경우에도 전체적인 패턴을 재구성할 수 있도록 설계되었다.

비록 홉필드 네트워크는 현재의 대규모 AI 모델처럼 복잡한 데이터를 학습하는 데에는 한계가 있지만, 특정 응용 분야에서는 여전히 유용하게 활용되고 있다. 예를 들어, '노이즈 제거(Denoising)'를 통해 이미지나 텍스트에서 불완전한 입력 데이터를 보완하는 기능을 수행하며, '패턴 복원(Pattern Completion)'을 통해 불완전한 정보에서 원래 데이터를 재구성하는 데 사용된다. 또한, 최적화 문제(Optimization Problems) 해결에도 적용되어, '여행하는 세일즈맨 문제(TSP)'와 같은 조합 최적화 문제에서 효율적인 해법을 제공할 수 있다.

그러나 홉필드 네트워크는 뉴런의 개수가 증가할수록 저장할 수 있는 패턴의 개수에 제한이 생기며, '저장된 정보 간의 상호 간섭(Interference)'이 발생하는 단점이 있다. 이러한 문제를 해결하기 위한 대안으로 '볼츠만 머신(Boltzmann Machine)'이 제안되었으며, 이는 확률적 접근법을 통해 보다 정교한 최적화와 패턴 학습을 가능하게 만들었다.

볼츠만 머신(Boltzmann Machine): 확률적 학습을 통한 AI 모델

1985년, 제프리 힌튼(Geoffrey Hinton)과 테리 세즈노프스키(Terrence Sejnowski)는 홉필드 네트워크의 한계를 극복하기 위해 볼츠만 머신을 개발했다. 이 모델은 확률 기반의 신경망 구조로, 다수의 개념을 동시에 처리하고 복잡한 제약 조건을 만족하는 최적의 해(solution)를 찾는 데 효과적인 인공지능 학습 기법으로 주목받았다.

예를 들어, 게임이나 퍼즐을 푸는 경우, 반드시 정해진 규칙을 100% 지켜야 한다. 이러한 문제는 '강한 제약(strong constraints)'을 가진다고 한다. 반면, 현실 세계에서는 모든 조건을 완벽하게 충족할 수 없는 경우가 많다. '이미지 해석(image interpretation)'에서 "이 사진이 개일까? 늑대일까?"라는 문제를 생각해보자. AI가 100% 확신을 가지기는 어려우며, 경우에 따라 개와 늑대의 특징을 일부 공유하는 애매한 경우도 존재한다. 이처럼 제약을 반드시 지킬 필요 없이, 위반하면 일정한 비용(cost)이 발생하는 방식을 '약한 제약(weak constraints)'이라고 한다.

볼츠만 머신은 이러한 문제를 해결하는 데 적합한 모델로 서로 연결된

작은 유닛(unit)들로 구성된 네트워크 형태를 가진다. 각 유닛은 켜짐(on) 또는 꺼짐(off) 상태를 가지며, 주변 유닛들의 상태와 연결 강도(가중치, weight)에 따라 확률적으로 변화한다. 쉽게 말해, 각 유닛은 어떤 개념을 받아들이거나 거부하는 역할을 하며, 서로 영향을 주고받는다. 가중치는 양수 또는 음수 값을 가지며, 두 유닛 간의 관계를 나타낸다.

- 양수(positive weight): 두 개념이 서로를 지지하는 관계. 예를 들어, "고양이"와 "수염"은 함께 등장할 가능성이 높다.
- 음수(negative weight): 두 개념이 함께 있을 가능성이 낮은 관계. 예를 들어, "사자"와 "애완동물"은 함께 등장할 가능성이 낮다.

또한, 볼츠만 머신의 가장 중요한 특징 중 하나는 '양방향 대칭 연결(symmetric link weights)'이다. 이는 한 유닛에서 다른 유닛으로 향하는 연결의 강도가 반대 방향으로도 동일하게 적용된다는 것을 의미한다. 이런 방식으로 볼츠만 머신은 확률적으로 최적의 해결책을 찾아가는 과정을 학습하게 된다.[3]

볼츠만 머신은 지도학습(Supervised Learning)이 아닌 비지도학습(Unsupervised Learning) 방식으로 작동하기 때문에, 정답(Label) 없이도 데이터 내에서 반복적으로 등장하는 패턴과 관계를 학습할 수 있다는 강점을 지닌다. 이는 단순한 특징(feature) 분석을 넘어 데이터 간의 복잡한 관계를 모델링하는 데 유리하며, 이후 등장한 심층 신경망(Deep Neural Networks) 및 생성 모델(Generative Models)의 기초이론을 제공했다.

실제 산업 현장에서도 볼츠만 머신은 다양한 응용 분야에 활용되었다.

특히 추천 시스템(Recommendation Systems), 생성 모델(Generative Models), 그리고 의료 데이터 분석 분야에서 중요한 역할을 했다. 추천 시스템에서는 사용자의 과거 행동 데이터를 분석하여 개인화된 콘텐츠를 추천하는 데 사용되었고, 생성 모델에서는 GAN(Generative Adversarial Network)과 VAE(Variational Autoencoder) 같은 현대적인 생성 모델의 기초로 작용했다. 또한, 의료 데이터 분석에서는 복잡한 생물학적 패턴을 학습하여 질병 예측과 환자 맞춤형 치료 계획을 지원하는 데 활용되었다.

물론, 볼츠만 머신은 오늘날의 대규모 신경망 모델과 비교했을 때, 계산 비용이 높고 학습 속도가 느리다는 한계가 있다. 그러나 이 모델이 제시한 확률적 학습 방식과 에너지 기반 모델링 개념은 현대 AI 연구에서 여전히 중요한 이론적 기반으로 자리 잡고 있다.

초기 신경망 모델이 현대 AI 기술에 미친 영향

홉필드 네트워크와 볼츠만 머신은 인공지능 발전의 초기 단계에서 중요한 이론적 토대를 제공했다. 이들은 인공지능이 단순한 규칙 기반 시스템을 넘어, 자율적인 정보 저장과 패턴 인식 능력을 갖출 수 있도록 가능성을 제시한 모델이다. 그러나 시간이 지남에 따라 스케일 확장성과 계산 비용 측면에서 한계가 분명해졌다. 뉴런 수가 증가할수록 계산량이 기하급수적으로 증가하며, 대규모 데이터 데이터를 학습하기에는 비효율적인 구조를 가지고 있었다. 또한, 학습 속도가 느리고 최적 상태(global minimum)로 수렴하는 데 오랜 시간이 걸리는 문제가 존재했다. 이러한 한계를 극복하기 위해 '딥 볼츠만 머신(Deep Boltzmann Machine, DBM)'과 '제한된 볼츠만 머신(Restricted Boltzmann Machine, RBM)'이 등장했다.[4]

RBM은 제프리 힌튼(Geoffrey Hinton)에 의해 개발된 모델로, 신경망을 계층적으로 구성하여 보다 효율적인 학습이 가능하도록 개선되었다. 특히, RBM은 '딥러닝(Deep Learning)'의 기초가 되는 심층 신경망(Deep Neural Networks)의 출발점이 되었다. RBM을 기반으로 한 딥 볼츠만 머신(DBM)은 깊은 구조의 다층 신경망을 활용하여 더 복잡한 패턴을 학습할 수 있도록 발전했으며, 이후 등장한 심층 신경망(Deep Neural Networks)과 생성 모델(Generative Models)의 중요한 기반이 되었다.

이처럼 홉필드 네트워크와 볼츠만 머신은 오늘날 우리가 사용하는 딥러닝과 생성형 AI 기술의 이론적 기반을 형성한 핵심 모델이다. 홉필드 네트워크는 기억 저장과 패턴 복원이라는 개념을 도입하여 연관 기억(Associative Memory) 모델을 제시했고, 볼츠만 머신은 확률적 학습과 에너지 최소화 원리를 적용하여 '비지도 학습(Unsupervised Learning)'의 영역을 확장시켰다.

비록 현재 AI 기술이 고도화되면서 이들 초기 모델은 직접적인 실무 활용에서는 점차 자취를 감추고 있지만, 그 개념적 유산은 현대 AI 기술의 중요한 출발점으로 여전히 의미가 깊다. 홉필드 네트워크의 연관 기억 메커니즘은 오늘날의 신경망 기반 메모리 구조 및 패턴 완성 기술에 영향을 주었으며, 볼츠만 머신의 확률적 학습 방식은 오늘날의 생성형 AI(Generative AI) 모델과 심층 신경망의 핵심 원리로 이어졌다.

AI의 발전은 단절된 기술의 도약이 아니라, 축적된 이론과 기술이 유기적으로 진화하는 연속적인 흐름 속에서 이뤄지고 있다. 이러한 맥락에서 볼 때, 홉필드 네트워크와 볼츠만 머신은 그 연속선에서 결정적인 역할을 한 기술로 평가되며, 오늘날의 AI 모델들이 고도화될 수 있도록 하는 기초를 마련한 중요한 성과로 평가된다.

05 트랜스포머의 등장과 AI 모델의 진화

인공지능(AI) 기술의 발전 과정에서 가장 혁신적인 기술 중 하나로 꼽히는 것이 트랜스포머(Transformer) 모델이다. 이 모델은 2017년 구글 연구진이 발표한 논문 *"Attention Is All You Need"*을 통해 처음 소개되었으며, 이전까지 자연어 처리(NLP)에서 주로 사용되던 순환신경망(Recurrent Neural Network, RNN)과 합성곱신경망(Convolutional Neural Network, CNN)의 한계를 뛰어넘으며 AI의 판도를 바꿨다.[5]

이 모델의 핵심 원리는 '어텐션 메커니즘(Attention Mechanism)'으로, 이는 AI가 문장 내 각 단어가 다른 단어들과 맺는 의미적 관계를 동적으로 파악할 수 있도록 해주는 원리이며, 문맥의 흐름을 정교하게 이해하고 학습할 수 있게 만드는 기술적 혁신이다. 트랜스포머 모델은 이후 자연어 처리(NLP)를 넘어 컴퓨터 비전, 음성 인식, 의료 데이터 분석, 자율주행 등 다양한 산업에서 핵심적인 역할을 하게 되었다. 트랜스포머 모델의 적용 범위는 계속 확장되고 있으며, 각 분야에서 기존 알고리즘을 대체하거나 보완하는 중심축 역할을 수행하고 있다.

트랜스포머의 등장과 기존 모델의 한계

트랜스포머 모델이 등장하기 이전까지 자연어 처리(NLP) 분야에서는 순환신경망(RNN)과 장기 단기 기억 네트워크(LSTM, Long Short-Term Memory)가 널리 사용되었다. 이러한 모델들은 시간 순서에 따라 단어를 하나씩 입력받아 정보를 처리하는 방식으로 작동하지만, 구조적으로 몇 가지 근본적인 한계를 가지고 있었다.

가장 대표적인 문제는 RNN 기반 모델들의 장기 의존성(Long-Term Dependency)이다. 문장이 길어질수록 앞부분에서 입력된 정보가 뒷부분까지 잘 전달되지 못하고 소실되는 현상이 발생한다. 예를 들어, "AI는 21세기의 가장 중요한 기술 중 하나이다. 이 기술은…"이라는 문장에서 '이 기술'이 앞에서 언급된 'AI'를 의미한다는 사실을 정확히 인식하기 어려운 문제가 있었다.

또한 병렬 연산이 어렵다는 구조적 한계도 존재했다.[6] RNN과 LSTM 모델은 데이터를 순차적으로 처리해야 하므로 병렬 연산이 불가능했고, 이에 따라 학습 속도가 느려졌다. 특히, 대규모 데이터셋을 학습해야 하는 현대 AI 모델 환경에서는 이 방식이 비효율적이었다. 데이터의 규모가 커질수록 학습 시간이 기하급수적으로 증가하며, 실시간 응용이나 빠른 피드백이 필요한 환경에서는 실용성이 떨어졌다.

긴 문장을 이해하는 데에도 한계가 존재했다. 기존 모델들은 문장이 길어질수록 중요한 정보를 유실하거나, 문장 내 구조적 관계를 정확히 파악하지 못하는 경우가 많았다. 이로 인해 복잡한 문맥을 해석하거나 정교한 언어 이해가 필요한 작업에서 성능 저하가 발생하곤 했다.

이러한 문제를 해결하기 위해 등장한 것이 바로 트랜스포머(Transformer) 모델이다. 트랜스포머는 기존 RNN 및 LSTM 모델의 순차적 처리 방식에서 벗어나, 어텐션 메커니즘을 활용하여 문장의 모든 단어를 동시에 고려하는 방식을 도입했다. 이를 통해 장기 의존성 문제를 효과적으로 극복하고, 병렬 연산을 가능하게 만들며, 문맥 이해의 정확성을 획기적으로 향상시켰다.

구글 연구진은 트랜스포머 모델의 성능을 검증하기 위해 기계 번역(Machine Translation) 과제를 대상으로 실험을 진행했다. 그 결과, WMT 2014 영어-독일어(English-to-German) 번역 과제에서 트랜스포머는 BLEU((Bilingual Evaluation Understudy) 점수 28.4를 기록하며, 기존 최고 성능 모델(앙상블 포함)보다 2 BLEU 이상 향상된 성능을 보여주었다. 또한, WMT 2014 영어-프랑스어(English-to-French) 번역 과제에서는 단일 모델 기준 BLEU 점수 41.0을 달성하며, 단 3.5일 동안 8개의 GPU만을 사용해 훈련한 결과로도 기존 최고 성능 모델들과 비교했을 때 훨씬 적은 훈련 비용으로 높은 성능을 구현할 수 있음을 입증했다.[7]

어텐션 메커니즘: 핵심 원리와 작동 방식

어텐션(Attention)은 인간이 정보를 처리할 때 특정 요소에 집중하는 방식과 유사한 개념이다. 사람은 문장을 읽을 때 모든 단어를 동일한 비중으로 고려하지 않는다. 예를 들어, "AI는 인간의 창의성을 증폭시키는 기술이다."라는 문장을 해석할 때, 'AI'와 '기술'이 문장에서 가장 중요한 의미를 가지는 반면, '는', '의', '이다'와 같은 단어는 상대적으로 낮은 중요도를 가진다. 어텐션 메커니즘은 AI가 이러한 핵심 정보에 더욱 집중하도록 학습하는 기술로, 문맥 속에서 중요한 단어와 그렇지 않은 단어를 구별하여 보다 정교한 자연어 처리를 가능하게 한다.[8]

어텐션 메커니즘은 '쿼리(Query), 키(Key), 밸류(Value)'라는 세 가지 핵심 요소를 사용하여 문장의 단어 간 관계를 분석한다. 쿼리는 현재 AI가 처리하고 있는 단어이며, 키는 문장에서 비교 대상이 되는 모든 단어를 의미한다. 밸류는 각 단어가 가진 실제 의미 정보를 나타낸다. AI는 쿼리와 키를 비교하여 특정 단어가 얼마나 중요한지를 평가한 후, 가중치를 부여해 최종적으로 해당 단어의 밸류 정보를 학습한다. 이러한 방식은 단순히 문장을 순차적으로 읽는 기존 RNN 모델과 달리, 문장의 모든 단어를 동시에 고려할 수 있도록 한다.

이러한 어텐션 메커니즘을 효과적으로 활용하는 대표적인 모델이 바로 '트랜스포머(Transformer)'이다. 트랜스포머는 기존 RNN과 달리 순차적 연산 없이 문장 전체를 한 번에 처리할 수 있는 구조를 가지고 있어, 긴 문장을 더욱 효과적으로 이해할 수 있다. 또한, 병렬 연산을 활용할 수 있어 학습 속도를 대폭 향상시키는 장점이 있다.

표 4-2 신경망 기반 인공지능의 진화

연도	모델	제안자/주도자	핵심 개념 및 특징	의의
1982	홉필드 네트워크 (Hopfield Network)	John J. Hopfield	에너지 기반 모델로 연관 기억 구현, 안정된 에너지 상태로 수렴, 불완전 입력 보정	연결주의 신경망의 시발점, 인지 기능 모방 가능성 제시

연도	모델	제안자	특징	의의
1985	볼츠만 머신 (Boltzmann Machine)	Geoffrey Hinton & Terrence Sejnowski	확률적 뉴런과 에너지 최소화, 비지도학습 가능, 복잡한 패턴 학습	딥 볼츠만 머신, DNN 등 발전의 기반 제공
2006	제한된 볼츠만 머신 (RBM)	Geoffrey Hinton 외	층별 사전학습(layer-wise pre-training) 방식으로 딥러닝 학습 구조 형성	딥러닝이 이론에서 실용 기술로 전환되는 계기
2012	알렉스넷 (AlexNet)과 CNN	ImageNet 대회 (AlexNet 팀)	GPU 기반 병렬 연산으로 학습 속도 향상, 이미지 인식에서 높은 정확도	딥러닝의 실용성 입증 및 비정형 데이터 분야에 기여
2017	트랜스포머 (Transformer)	Vaswani et al.	어텐션만으로 정보 처리, 병렬성 및 장기 의존성 문제 해결, 범용 AI 모델화	범용 AI 시대 개막, 자연어·시각·음성 등 다양한 분야에 적용

트랜스포머 모델은 '인코더(Encoder)와 디코더(Decoder)'로 구성된다. 인코더는 입력된 문장을 분석하여 어텐션 메커니즘을 통해 중요한 정보를 추출하는 역할을 한다. 이후 디코더는 인코더가 추출한 정보를 바탕으로 문장을 생성하거나 번역하는 과정을 수행한다. 이런 구조 덕분에 트랜스포머 모델은 기존 자연어 처리(NLP) 모델보다 훨씬 뛰어난 성능을 보이며, 번역, 요약, 질의응답 등 다양한 NLP 작업에서 혁신적인 성과를 이루어냈다.

트랜스포머 모델이 도입된 이후 자연어 처리 분야에서는 기존 RNN 및 LSTM 모델이 가진 장기 의존성 문제(Long-Term Dependency), 병렬 연산의 어려움, 긴 문장 처리 한계 등의 단점을 극복할 수 있게 되었다.[9] 이로 인해 AI는 더 정교한 문맥 이해와 응답 생성을 수행할 수 있게 되었고, 오늘날의 AI 기반 대화 시스템, 검색 엔진, 문서 요약, 음성 인식 등 다양한 산업에서 핵심 기술로 자리 잡고 있다.

06 산업적 영향과 통합된 AI 모델

GPU 최적화와 학습 속도의 발전

인공지능(AI)의 성능을 결정하는 중요한 요소는 알고리즘의 정교함뿐만 아니라, 하드웨어의 발전에도 큰 영향을 받는다. 특히 GPU(Graphics Processing Unit) 기술의 발전과 최적화는 딥러닝 모델이 고도로 발전할 수 있었던 중요한 요인 중 하나이다.

초기 AI 연구자들은 신경망 모델을 학습하는 데 있어 막대한 연산량과 학습 속도의 한계라는 문제에 직면했다. 하지만 GPU의 등장과 발전은 이러한 병목현상을 해결하며 AI 훈련 속도를 획기적으로 개선하고, 대규모 데이터 학습을 가능하게 만들었다. 최근에는 NVIDIA, AMD, Google TPU(Tensor Processing Unit)등의 반도체 기업들이 AI 연산에 특화된 하드웨어를 개발하며, GPU의 성능 최적화와 AI 학습 속도의 혁신을 이끌고 있다.

초기 인공지능 연구는 대부분 CPU(Central Processing Unit)를 기반으로 진행되었다. 하지만 CPU는 직렬 연산(Sequential Processing)에 특화된 구조를 가지고 있어, 신경망 학습과 같이 대량의 행렬 연산이 필요한 작업에서는 속도가 현저히 느려지는 단점이 있었다.

이에 반해 GPU는 대량의 병렬 연산(Parallel Processing)에 최적화된 구조를 가지고 있어, 신경망 학습과 같은 대규모 연산을 훨씬 빠르게 처리할 수 있다. GPU는 원래 그래픽 렌더링과 영상 처리를 위해 설계된 하드웨어였지만, 다수의 연산 코어를 활용하여 딥러닝 모델의 행렬 연산을 병렬로 수행하는 데 강력한 성능을 발휘했다. 이와 같은 병렬 처리 구조는 딥러닝 모델이 대규모 데이터셋을 효율적으로 학습할 수 있게 만들어, AI 모델 훈련의 효율성과 학습 속도를 획기적으로 향상시켰다.

GPU 최적화 기술과 학습 속도의 발전

AI 모델의 학습 속도를 획기적으로 높이기 위해 하드웨어 제조사들은 GPU의 연산 성능을 극대화하는 다양한 최적화 기술을 도입하고 있다. 특히 병렬 연산의 효율성을 높이는 기술과 AI 전용 하드웨어의 개발이 AI 학습 속도 향상의 핵심 요소로 자리 잡았다.

NVIDIA의 CUDA(Compute Unified Device Architecture)는 GPU를 AI 학습에 최적화된 병렬 컴퓨팅 환경으로 변환하는 핵심 기술로, 딥러닝 프레임워크인 TensorFlow와 PyTorch에서 GPU의 연산 속도를 획기적으로 개선할 수 있도록 지원한다. 기존 CPU 기반 연산이 순차적으로 진행되는 반면, CUDA를 활용한 GPU 연산은 대규모 병렬 처리를 가능하게 하여 AI 모델이 더 빠르고 효율적으로 학습할 수 있도록 한다.[10]

AI 전용 GPU의 등장 역시 AI 모델의 학습 속도를 비약적으로 향상시키는 중요한 요소로 작용하고 있다. 다음은 최신 AI 전용 GPU 및 하드웨어 기술들이다. NVIDIA의 A100과 H100은 대규모 AI 모델 훈련을 위해 개발된 고성능 GPU로, 수천 개의 텐서 코어를 활용하여 딥러닝 연산을 최적화한다. Google의 TPU(Tensor Processing Unit)는 AI 학습을 위한 맞춤형 하드웨어로, 신경망 연산에 특화된 구조를 가지고 있어 전력 소비를 줄이면서도 높은 연산 성능을 제공한다. 또한 AMD의 Instinct 시리즈는 AI 및 HPC(High-Performance Computing) 환경에서 뛰어난 성능을 발휘하며, GPU 시장에서 경쟁력을 강화하고 있다.

이러한 최신 GPU 및 AI 전용 하드웨어 기술들은 점점 더 복잡해지고 대규모화되는 AI 모델을 더욱 효율적으로 학습할 수 있도록 최적화되어 있다. 이는 AI 연구자들이 더 빠르고 정밀한 모델을 개발할 수 있도록 지원하며, AI 기술의 지속인 발전에 기여하고 있다. GPU 및 AI 가속기 하드웨어 역시 지속적으로 혁신을 거듭하며, AI 모델의 학습 속도를 높이는 방향으로 최적화되고 있다. 이러한 기술들은 AI 분야의 연구자들과 기업들이 점점 더 복잡하고 대규모화된 AI 모델을 효율적으로 훈련시키기 위해 필수적인 도구로 자리 잡고 있으며, AI 산업의 발전을 가속화하는 중요한 원동력이 되고 있다.

표 4-3 GPU 최적화로 인한 학습 속도 변화 (2017 vs. 2025)

연도	대표 모델	GPU 최적화 기술	동일한 모델 학습 속도
2017	트랜스포머 (Transformer)	기본 GPU 최적화	수 주(週) 소요
2020	GPT-3	NVIDIA A100, TPU	수일 내 학습 가능
2023	GPT-4	NVIDIA H100, TPU v4	수 시간 내 학습 가능
2025	차세대 AI 모델	NVIDIA B100 (MCM 구조, FP8 연산 최적화, NVLink 5세대)	실시간 학습 가능

GPU 최적화가 이끄는 AI 혁신

트랜스포머 모델은 대규모 데이터를 처리하는 능력이 뛰어나지만, 그만큼 연산량이 방대하여 고성능 GPU 없이는 실용적으로 활용하기 어려웠다. 그러나 최근 GPU 최적화 기술이 급속도로 발전하면서 트랜스포머 모델의 성능은 더욱 강력해졌으며, 이를 통해 AI 기술의 확장성과 응용 가능성이 획기적으로 증가하고 있다.

트랜스포머 모델은 기존 RNN 및 LSTM과 비교했을 때 병렬 연산에 최적화된 구조를 가지고 있지만, 연산량이 기하급수적으로 증가한다는 한계를 안고 있었다. 이러한 문제를 해결하기 위해 GPU 최적화 기술이 도입되었으며, 이를 통해 트랜스포머 모델의 학습 속도가 비약적으로 증가하고, 대형 모델(GPT-4, BERT, ViT)의 훈련 비용이 절감되었다. 또한 GPU의 빠른 행렬 연산을 활용하여 실시간 AI 응용이 가능해짐에 따라, 음성 인식, 실시간 번역, 챗봇 서비스 등의 기술이 상용화되는 계기가 되었다.

GPU와 트랜스포머 모델이 결합하면서 AI는 단순한 연구실 실험을 넘어 산업 전반에서 활용될 수 있는 핵심 기술로 자리 잡았다. 딥러닝과 AI 모델의 급격한 발전은 GPU 최적화 없이는 불가능했을 것이며, GPU가 없었다면 트랜스포머 기반 대형 신경망을 훈련하는 데 몇 개월이 걸렸을 것이다. 하지만 지금은 몇 시간 내에 학습을 완료할 수 있는 속도혁명을 이루었다.

앞으로 AI 기술이 더욱 정교하고 강력해지기 위해서는 GPU뿐만 아니라 AI 전용 하드웨어의 발전과 지속적인 최적화 기술이 필수적이다. GPU 최적화는 단순한 연산 속도의 향상을 넘어서, AI가 실질적으로 산업과 일상생활에서 활용될 수 있도록 하는 핵심 동력이 되고 있으며, 향후 AI 혁신을 주도하는 중요한 요소로 작용할 것이다.

07 트랜스포머의 전방위적 활용과 산업적 성과

트랜스포머는 자연어 처리에 국한되지 않고 컴퓨터 비전, 음성 인식, 의료, 금융, 자율주행, 산업 자동화 등 AI가 적용될 수 있는 거의 모든 영역으로 확장되며 AI 기술의 핵심 패러다임으로 자리 잡았다.

트랜스포머 모델의 성공은 단순한 기술적 혁신이 아니다. 이는 AI가 다양한 산업에서 상업적으로 활용될 수 있는 기반을 마련했다는 점에서 더욱 의미가 크다. 기존 AI 모델이 개별 산업별로 최적화된 알고리즘을 필요로 했던 것과 달리, 트랜스포머는 하나의 범용적 모델이 여러 분야에서 활용될 수 있다는 가능성을 제시했다.

자연어 처리(NLP)에서의 혁신

트랜스포머 모델이 가장 먼저 혁신을 일으킨 분야는 자연어 처리(NLP)였다. 기존 NLP 모델들은 문맥을 정확히 이해하지 못하거나 장문 데이터를 처리하는 데 한계를 보였지만, 트랜스포머는 셀프 어텐션(Self-Attention) 구조를 통해 문장 내 단어들의 상관관계를 정교하게 분석하며 이러한 문제를 해결했다. 이를 통해 자연어 처리 기술은 검색 엔진, 질의응답 시스템, 자동 번역, 문서 요약 등 다양한 응용 분야에서 비약적인 발전을 이루었다.

2018년, 구글은 BERT(Bidirectional Encoder Representations from Transformers)를 발표하며 트랜스포머의 가능성을 넓혔다. BERT는 단어를 양방향(Bidirectional)으로 이해하는 구조를 채택하여 AI가 문장을 앞뒤 맥락을 고려하면서 해석할 수 있도록 설계되었다. 이러한 양방향 학습 방식 덕분에 검색 엔진의 정확성이 크게 향상되었으며, 질의응답 시스템과 챗봇의 성능 또한 획기적으로 개선되었다. BERT의 도입으로 사용자는 검색 엔진에서 더 정교하고 정확한 결과를 얻을 수 있었고, AI 시스템은 보다 자연스럽고 의미 있는 답변을 제공할 수 있게 되었다. 이는 정보 검색 및 인간-기계 상호작용의 방식에 큰 변화를 가져왔다.[11]

트랜스포머 모델의 또 다른 큰 진전은 GPT(Generative Pre-trained Transformer) 모델의 발전이다. GPT(Generative Pre-trained Transformer) 모델은 문장을 단순히 해석하는 것을 넘어, 새로운 문장을 생성하는 능력을 갖춘 AI로 발전했다. 2023년에 공개된 GPT-4는 인간 수준의 언어 이해 및 창작 능력을 보여주며, 문서 요약, 대화형 AI, 자동 번역, 콘텐츠 생성 등 다양한 산업에서 폭넓게 활용되고 있다. 기존 NLP 모델들이 특정 문맥을 기반으로 질문에 답변하는 방식이었다면, GPT 기반의 AI는 문맥을 이해하고 새로운 문장을 생성할 수 있는 능력을 갖추면서, 창작과 의사소통이 필요한 분야에서 혁신적인 변화를 일으키고 있다.

트랜스포머 모델을 기반으로 한 BERT와 GPT는 자연어 처리 분야의 혁신적인 진전을 이끌어내며, AI가 인간의 언어를 이해하고 생성하는 방식을 재정의하였다. 이러한 모델들은 단순히 기술적인 발전을 넘어, 정보 검색, 커뮤니케이션, 창작 활동 등 많은 분야에서 실제적인 변화를 만들어내고 있다.

컴퓨터 비전과 이미지 처리에서의 확장

트랜스포머 모델은 자연어 처리 분야에서 혁신을 일으킨 것에 그치지 않고, 컴퓨터 비전(Computer Vision) 분야에서도 새로운 변화를 가져왔다. 기존에는 CNN(합성곱신경망)이 이미지 분석의 핵심 기술로 자리 잡고 있었지만, 트랜스포머 기반 모델이 등장하면서 그 흐름이 변화하기 시작했다. 트랜스포머의 어텐션 메커니즘은 이미지 내 픽셀 간의 관계를 보다 정밀하게 학습할 수 있도록 돕고 있으며, 이를 통해 기존 CNN 기반 모델을 대체하거나 보완하는 새로운 접근법이 등장하고 있다.

2020년, 구글은 트랜스포머를 이미지 분석에 적용한 ViT(Vision Transformer) 모델을 발표했다. ViT는 기존 CNN과 달리 이미지를 작은 패치(Patch) 단위로 나누고, 이들 간의 관계를 학습하는 방식으로 동작한다. 이를 통해 픽셀 간의 상관관계를 보다 효과적으로 파악할 수 있다. 트랜스포머 모델은 이미지 내 복잡한 패턴을 인식할 수 있다는 강점을 지닌다.[12] 현재 ViT는 의료 영상 분석, 보안 감시 시스템, 자율주행차의 시각 인식 등 다양한 분야에서 활용되며, 기존 CNN 기반 모델보다 높은 성능을 보이는 사례가 점점 증가하고 있다.

트랜스포머 기반 모델은 지도학습뿐만 아니라 비지도 학습(Self-Supervised Learning) 방식으로도 발전하고 있다. DINO(Self-Supervised Learning with Transformers)는 별도의 라벨링 없이 이미지 데이터에서 스스로 특징을 학습할 수 있는 모델로, 객체 탐지(Object Detection)와 이미지 분류(Image Classification)에서 우수한 성능을 보인다. 기존 모델들이 대량의 정제된 학습 데이터를 필요로 했던 것과 달리, DINO는 사전 레이블 없이도 효과적인 학습이 가능하다는 점에서 차별성을 갖는다.

이러한 기술 발전은 AI가 사람의 개입 없이 스스로 데이터를 학습하고 분석할 수 있도록 돕고 있으며, 의료 영상 분석, 보안 시스템, 제조업의 품질 검사 등 다양한 산업에서 AI의 자동화 능력을 한층 강화하고 있다. 트랜스포머 모델이 컴퓨터 비전 분야에서도 적용되면서, AI 기반 이미지 처리 기술은 보다 정교하고 효율적인 방향으로 진화하고 있으며, 향후 산업 전반에서 더욱 광범위하게 활용될 것으로 기대된다.

음성 인식과 음성 생성에서의 트랜스포머

트랜스포머 모델은 음성 데이터 분석에서도 큰 혁신을 가져왔다. 과거에는 LSTM 기반의 RNN이 음성 인식과 합성의 핵심 기술로 사용되었지만, 트랜스포머 기반 모델이 등장하면서 더욱 높은 정확도와 빠른 처리 속도를 제공하며 기존 기술을 대체하고 있다. 트랜스포머의 강점인 병렬 연산과 장기 의존성(Long-Term Dependency) 문제 해결 능력은 음성 데이터를 보다 정밀하게 분석하고 자연스러운 음성을 생성하는 데 중요한 역할을 하고 있다.

2022년, OpenAI는 Whisper라는 고성능 음성 인식 모델을 발표했다.[13] Whisper는 50개 이상의 언어를 지원하며, 다양한 악센트와 환경에서도 높은 정확도로 음성을 텍스트로 변환할 수 있는 기술을 갖추고 있다. 이를 통해 팟캐스트 및 회의록 자동 생성, 뉴스 보도 자막 제작, 다국어 음성 인식 시스템 등에서 널리 활용되고 있으며, 글로벌 커뮤니케이션 및 미디어 산업에서의 AI 적용 범위를 확장하고 있다.

음성 인식뿐만 아니라, 음성 합성 기술에서도 트랜스포머 모델이 도입되면서 새로운 전환점을 맞이했다. 딥마인드(DeepMind)가 개발한 WaveNet은 트랜스포머 기반의 음성 합성 기술을 활용하여 인간의 발화와 유사한 자연스러운 음성을 생성할 수 있도록 설계되었다. 기존 음성 합성 시스템이 단조로운 기계적 발음을 내는 반면, WaveNet은 문맥과 감정을 반영한 자연스러운 발화를 가능하게 한다. WaveNet은 AI 기반 콜센터, 오디오북 제작, 광고 및 내비게이션 음성 안내 시스템 등 다양한 분야에서 적극적으로 활용되고 있다.

이처럼 트랜스포머 모델의 도입은 음성 인식과 음성 생성 분야에서도 큰 혁신을 일으켰으며, 음성 인식 및 음성 합성 기술의 정확도와 자연스러움을 획기적으로 향상시켰다.

산업 전반으로 확장되는 트랜스포머 모델의 영향

트랜스포머 모델의 등장은 인공지능(AI)이 특정 영역을 넘어 다양한 산업 전반에서 활용될 수 있음을 보여주는 전환점이 되었다. 자연어 처리 분야에서 출발한 트랜스포머 기술은 의료, 금융, 자율주행, 콘텐츠 생성과 같은 핵심 산업에서 인간의 의사결정을 보조하거나 자동화하는 역할을 수행하며, 각 산업의 운영 방식과 문제 해결 방식을 근본적으로 변화시키고 있다.[14] 이는 단순한 성능 향상을 넘어서, AI가 산업과 사회 전반의 혁신을 견인하는 핵심 동력으로 부상하고 있음을 의미한다.

의료 분야에서 트랜스포머 모델은 방대한 의료 데이터를 분석하고 정밀한 예측을 수행하는 데 활발히 활용되고 있다. 특히 의료 영상 분석에서는 기존 합성곱신경망(CNN)보다 높은 정확도를 기록하며, MRI, CT, X-ray 이미지에서 질병을 탐지하는 데 사용된다. 트랜스포머 기반 모델은 질병의 패턴을 정밀하게 학습하고, 의료진이 놓치기 쉬운 미세한 이상 징후를 포착하여 보다 신속하고 정확한 진단을 가능하게 한다. 또한 전자의무기록(EMR) 분석을 통해 환자의 건강 상태 변화와 치료 경과를 추적하고, 맞춤형 치료 전략을 수립하는 데 기여하고 있다. 구글 딥마인드의 AlphaFold는 트랜스포머 기반의 단백질 구조 예측을 통해 신약 개발의 시간과 비용을 획기적으로 줄이는 성과를 이뤄냈다.

금융 산업에서도 트랜스포머 모델은 빠르고 정확한 의사결정을 가능하게 하며, 방대한 금융 데이터를 실시간으로 분석하여 시장 동향을 예측하는 데 활용되고 있다. 주식 시장 예측, 리스크 관리, 고객 서비스 자동화 등의 분야에서 트랜스포머 기반 AI 모델이 도입되면서, 금융 데이터 분석의 정밀도가 한층 향상되었다. 또한, 금융 기관에서는 AI 기반 사기 탐지(Fraud Detection) 시스템을 구축하여 비정상적인 거래 패턴을 실시간으로 분석하고, 금융 범죄를 예방하는 데 활용하고 있다. 이러한 AI 시스템은 기존의 규칙 기반 탐지 모델보다 더욱 정교한 패턴 분석이 가능하여 금융 보안의 수준을 높이는 데 기여하고 있다.

자율주행 및 스마트 모빌리티 분야에서도 트랜스포머 모델이 기존의 영상 분석 및 경로 예측 방식을 대체하며 혁신을 이끌고 있다. 과거에는 CNN과 RNN을 기반으로 차량이 주변 환경을 분석하고 주행 경로를 예측했지만, 트랜스포머 모델을 적용하면서 보다 정교한 객체 탐지와 실시간 도로 상황 예측이 가능해졌다. 트랜스포머는 레이더, 라이더(LiDAR), 카메라 등 다양한 센서 데이터를 통합하여 차량의 주행 경로를 계산하고 장애물을 탐지하는 데 활용된다. 이를 통해 보다 안전하고 효율적인 자율주행 시스템이 구축되고 있다. 예를 들어, 테슬라는 트랜스포머 기반 시스템을 통해 운전자의 행동을 예측하고 있으며, 이러한 기술은 스마트 시티의 교통 흐름 분석과 신호 체계 최적화에도 응용되고 있다.

콘텐츠 생성과 미디어 산업에서도 트랜스포머 모델의 활용은 빠르게 확대되고 있다. GPT-4와 같은 대형 언어 모델은 자연어 생성(NLG) 기술을 바탕으로 자동 기사 작성, 문서 요약, 창작물 제작 등의 작업을 수행하고 있으며, 이를 통해 언론, 마케팅, 광고 산업에서 AI 기반 콘텐츠 생성이 활발하게 이루어지고 있다. 일부 미디어 기업은 AI 기반 기사 작성 시스템을 도입하여 반복적인 작업을 자동화하고 있으며, AI가 작성한 광고 문구 및 마케팅 콘텐츠가 실제로 상업적 성과를 이끌어내고 있다. 또한, 트랜스포머 기반 모델은 음악 작곡, 영상 편집, 디지털 아트 생성 등 다양한 창작 활동에서도 활용되며, 인간과 협업하는 창작 파트너로서의 가능성을 보여주고 있다.

트랜스포머 모델은 AI 기술의 발전을 주도하며, 다양한 산업에서 실용적인 성과를 거두고 있다. 기존의 AI 기술이 특정 분야에서만 활용되었던 것과 달리, 트랜스포머는 하나의 범용적 모델로 여러 산업에 적용될 수 있다는 점에서 차별성을 가진다. 앞으로 트랜스포머 모델은 연산 최적화, 에너지 효율성 개선, 보다 나은 일반화 능력 확보와 같은 방향으로 발전할 것으로 예상되며, 인간의 언어, 시각, 청각 등 다양한 데이터 형태를 정밀하게 이해하고 활용하는 AI 시대를 열어갈 것이다. AI는 이제 단순한 문제 해결 도구를 넘어, 산업과 사회 전반에 변화를 이끄는 핵심 기술로 자리매김하고 있으며, 트랜스포머는 이러한 변화를 견인하는 핵심 원동력이라 할 수 있다.

08 미래의 인공지능: 도전과 전망

　인공지능(AI)의 발전은 기술적 진보뿐만 아니라 윤리적, 사회적, 환경적 과제를 함께 동반하고 있다. 특히 책임성과 투명성, 공정성, 프라이버시 보호, 지속 가능성 등은 AI가 사회 전반에 신뢰받는 기술로 자리매김하기 위해 반드시 해결해야 할 핵심 과제로 부상하고 있다.

　AI의 책임성과 투명성 문제는 여전히 중요한 논의의 대상이다. AI는 인간처럼 자율적 사고를 하지는 않지만, 데이터 기반의 예측과 판단을 수행한다. 그러나 AI의 결정 과정은 복잡한 연산과 신경망 구조 속에 숨어 있어, 블랙박스(Black Box) 모델로 불릴 만큼 내부 동작 원리를 파악하기 어렵다. 이로 인해 AI가 실수하거나 윤리적으로 문제 있는 결정을 내렸을 때, 책임 소재를 규명하기 어려운 상황이 발생할 수 있다. 예를 들어, AI 기반 금융 시스템이 특정 고객의 대출을 거부했을 때, 그 결정이 합리적인지, 혹은 차별적 요소가 개입되었는지 판단하는 것은 매우 어렵다. 이에 따라, 설명 가능한 AI(Explainable AI, XAI) 기술이 주목받고 있다. XAI는 AI의 판단 과정을 인간이 이해할 수 있는 형태로 시각화하거나 해석 가능하도록 지원하며, AI 결정의 정당성을 확보하는 수단으로 개발되고 있다. 동시에 규제 기관들도 AI의 판단 과정이 인간의 판단과 어떻게 연결되는지를 투명하게 공개하고 면밀히 검토할 것을 요구하고 있다.

또한, AI가 학습하는 데이터는 종종 사회 내에 존재하는 편향을 내포하고 있으며, 이는 알고리즘의 공정성에 심각한 영향을 미칠 수 있다. AI는 인간이 만든 데이터에서 패턴을 학습하는데, 그 과정에서 특정 인종, 성별, 계층에 대한 편향이 반영될 가능성이 크다. 대표적인 사례로, 미국 경찰이 사용했던 얼굴 인식 시스템이 백인보다 유색 인종을 더 부정확하게 식별했던 문제가 제기된 바 있다. 이러한 알고리즘 편향은 특정 인종, 성별, 사회 계층에 대한 차별적 판단으로 이어질 수 있으며, 사회적 불평등을 강화할 위험이 있다. AI의 공정성을 확보하기 위해서는 훈련 데이터의 대표성과 균형을 확보하는 동시에, 알고리즘 자체의 설계 또한 정교하게 이루어져야 한다. 최근에는 편향 완화 알고리즘 및 공정성 측정 지표에 대한 연구가 활발히 진행되고 있으며, 기업들도 윤리적 AI 개발 가이드라인을 수립하여 내부 점검 체계를 강화하고 있다.

프라이버시 보호와 AI 규제 움직임은 AI가 신뢰받기 위해 필수적으로 해결해야 하는 요소다. AI는 개인 데이터를 기반으로 학습하고 예측을 수행하는 경우가 많으며, 이는 자연스럽게 개인정보 보호 문제와 연결된다. 이에 따라 각국 정부는 AI의 윤리적 활용과 사용자 권리 보호를 위한 법적·제도적 대응에 나서고 있다. 유럽연합(EU)은 2023년 12월 세계 최초의 포괄적 AI 규제 법안인 AI Act(인공지능법)를 제정했다. 이 법은 AI 시스템을 위험 수준에 따라 최소 위험, 제한적 위험, 고위험, 금지의 4단계로 나누어 규제하고 있다. 특히, 생체 인식 AI, 공공 감시 시스템, 신용 점수 시스템과 같은 기술은 강력한 규제를 받으며, AI가 생성한 콘텐츠에는 AI 생성물이라는 사실을 명확히 표시해야 한다. 미국 또한 2023년 10월 바이든 행정부의 AI 행정명령(AI Executive Order)을 통해 AI의 공정성과 안전성을 강화하는 정책을 발표했다. 이에 따라 AI 개발 기업은 시스템이 국가 안보, 경제, 프라이버시에 미치는 영향을 평가하고, 주요 정보를 정부 기관에 보고해야 한다. 이러한 글로벌 규제 흐름은 AI의 신뢰성과 사회적 수용성을 제고하는 데 중요한 역할을 하고 있다.

  AI 기술이 환경적으로 지속 가능한 방식으로 발전할 수 있도록 하는 노력도 중요한 과제다. AI 기술의 급속한 발전 이면에는 막대한 에너지 소비와 환경 부담이라는 그림자가 존재한다. 예를 들어, GPT-3를 학습하는 데 사용된 전력량은 중소 도시가 한 달 동안 소비하는 전력과 맞먹을 정도로 방대하다. AI가 더욱 고도화될수록 연산량이 증가하며, 이에 따라 에너지 사용량도 기하급수적으로 늘어날 가능성이 크다. 이러한 문제를 해결하기 위해 연구자들은 에너지 효율이 높은 경량 모델을 개발하고 있으며, 친환경 데이터 센터 운영을 통해 AI의 환경적 부담을 줄이려는 노력을 기울이고 있다. 구글과 마이크로소프트 같은 글로벌 기업들은 탄소 중립 AI 기술을 개발하기 위한 프로젝트를 추진하고 있으며, AI의 전력 소비를 줄이기 위한 하드웨어 최적화 연구도 활발하게 진행되고 있다. 앞으로 AI 산업은 기술 발전뿐 아니라, 환경적 지속 가능성 확보를 중요한 전략 목표로 삼아야 할 것이다.

신뢰할 수 있는 AI의 미래

신뢰할 수 있는 AI를 위한 또 하나의 중요한 요소는 인간 중심의 AI(Human-Centered AI) 원칙이다. AI는 인간을 대체하는 기술이 아니라, 인간의 역량을 보완하고 증강하는 도구이자 파트너로 기능해야 한다. 따라서 AI는 인간의 가치, 윤리적 기준, 사회적 규범을 반영하도록 설계되고 운영되어야 하며, 이를 위해 AI 개발 과정에서 다양한 이해관계자(개발자, 정책 결정자, 사용자 등)의 의견이 반영되는 윤리적 프레임워크가 필요하다.

향후 AI 기술의 발전은 단순한 기술적 혁신을 넘어, AI가 얼마나 윤리적으로, 책임감 있게 활용될 수 있는가에 대한 답을 찾는 과정이 될 것이다. 현재 유럽연합(EU), 미국, 중국 등 주요 국가들이 AI 규제 프레임워크를 정비하고 있으며, 이는 기술의 속도 경쟁을 넘어 '신뢰할 수 있는 AI(Trustworthy AI)' 개발 경쟁으로 이어지고 있다.

결국, AI의 미래는 기술적 혁신과 윤리적 가치가 조화를 이루는 방향으로 나아가야 한다. 이를 위해서는 AI의 투명성, 공정성, 지속 가능성에 대한 사회적 합의가 중요하며, 책임 있는 개발과 제도적 규제가 함께 작동해야 한다. 나아가, 신뢰받는 AI 생태계를 구축하기 위해서는 기술 개발자, 정책 결정자, 시민 사회가 함께 협력하는 다층적 거버넌스 구조가 필수적이다. 이러한 통합적 접근이 뒷받침될 때, AI는 인간 사회와 조화롭게 공존하는 기술로 자리매김할 수 있을 것이다.

PART
05

AGI를 넘어
초지능으로

PART 05

AGI를 넘어 초지능으로

우리는 지금 인공지능의 역사에서 또 하나의 전환점에 서 있다. 불과 몇 년 전까지만 해도 인간의 언어를 이해하고 자연스럽게 문장을 생성하는 인공지능의 등장은 그 자체로 하나의 경이로움이었다. GPT-3의 출현, 그리고 GPT-4의 일상화는 생성형 인공지능의 시대가 본격적으로 도래했음을 알리는 신호탄이었고, 이는 수많은 산업과 문화, 교육과 법, 창작과 노동의 방식을 근본적으로 바꾸어놓았다. 그 중심에는 앞장에서 살펴본 트랜스포머라는 딥러닝 아키텍처의 기하급수적 확장이 있었고, 이를 기반으로 한 거대언어모델들이 세상을 다시 쓰기 시작했다.

그러나 이제 우리는 다시 질문하게 된다. 생성만으로 충분한가? 복잡한 세계에서 단순히 문장을 생성하거나 이미지를 그리는 능력은 더 이상 인공지능의 미래를 전부 설명하지 못한다. 창작을 넘어서 사고하고, 판단하고, 환경과 상호작용하며, 스스로 목표를 수립하고 실행하는 인공지능이 필요해졌다. 바로 여기에서 '에이전틱 AI(Agentic AI, 능동형 AI)'라는 새로운 지능의 패러다임이 부상한다. 그것은 말 그대로 '에이전트'로서의 인공지능—단순한 명령 수행의 도구를 넘어, 주체적으로 결정을 내리고 외부 세계에 영향을 미치는 인공지능을 의미한다.

'에이전틱 AI'의 등장은 기존의 생성형 AI가 도달할 수 없던 새로운 지능의 지평을 열어준다. 창작에 머무르지 않고 목적을 향해 능동적으로 작동하며, 심지어 외부의 도구를 호출하거나 장기적인 기억을 바탕으로 스스로 전략을 수정하기도 한다.

이번 장에서는 트랜스포머에서 시작된 기술 진화가 어떻게 생성형 AI로 이어졌고, 그것이 다시 에이전틱 AI라는 새로운 존재론적 도약을 가능하게 했는지를 탐색한다. 동시에, 이 새로운 지능이 인류 사회와 윤리, 정책, 철학, 산업에 어떠한 함의를 던지는지에 대한 분석도 함께 담고자 한다. AGI를 넘어 초지능으로 향하는 길목에서 우리는 무엇을 준비해야 하며, 인간은 무엇으로 남을 수 있는가?

생성형 AI의 대도약

거대언어모델(LLM)의 등장은 인공지능 기술의 진화에 있어 단순한 기능 향상을 넘어선 사고방식의 전환을 이끌어냈다. GPT-3가 처음 세상에 공개되었을 때만 해도 그것은 언어를 '잘 흉내 내는' 인공지능으로 여겨졌다. 그러나 GPT-4와 클로드(Claude), 제미나이(Gemini), 라마(LLaMA) 등으로 이어지는 LLM 생태계의 확장과 고도화는 생성형 인공지능이 단지 언어적 유희의 도구가 아니라, 사회 구조 전반에 영향을 미치는 범용 기술임을 명확히 보여주었다.

이들 모델은 기존의 전문가 시스템이 요구하던 복잡한 규칙 기반 설계 없이도, 인터넷 수준의 지식과 문맥 이해를 바탕으로 법률 자문, 기술 문서 작성, 의료 상담, 코드 생성 등 다양한 영역에서 '전문가 수준의 생산물'을 창출하기 시작했다. 특히 GPT-4는 텍스트뿐 아니라 시각 정보까지 통합할 수 있는 멀티모달 기능을 갖추면서, 인간의 지식 활용 범위에 근접하는 수준의 확장성을 시사하였다. 이러한 흐름은 인간의 '인지 노동(cognitive labor)'에 대한 정의 자체를 다시 생각하게 만들었다.

그중에서도 가장 주목할 만한 변화는 창작, 코딩, 설계의 영역에서 일어났다. 생성형 AI는 더 이상 단순한 입력-출력의 보조 도구가 아니라, 창작 파트너이자 공동 제작자로 기능한다. 글쓰기의 경우, 초고 작성은 물론 문체 모방, 문법 교정, 요약, 확장 등 전체 작업 흐름을 자동화할 수 있으며, 시나리오나 각본 작성, 콘텐츠 기획에까지 활용 범위가 넓어지고 있다. 그림과 영상 편집의 경우에는 달리(DALL·E), 미드저니(Midjourney), 런웨이ML(RunwayML) 등이, 음악 작곡과 음성 합성에는 수노(Suno), 보이스모드(Voicemod), 일레븐랩스(ElevenLabs) 등이 사용되며, 이는 예술 생산방식 전반을 재구성하는 단계로 나아가고 있다.

더 나아가 소프트웨어 개발과 프로그래밍 자동화는 생성형 AI의 산업적 파급력을 단적으로 보여주는 사례이다. 코파일럿(Copilot), 레플릿(Replit), 제미나이 코드 어시스트(Code Assist) 등은 수많은 개발자의 코드 작성, 디버깅, 리팩토링을 보조하고 있으며, GPT-4 Turbo 기반 에이전트들은 대규모 코드베이스를 이해하고 구조를 분석하며 전체 애플리케이션의 로직을 구성하는 능력까지 보여주고 있다. 이는 단순한 생산성 향상이 아니라, 소프트웨어 설계와 유지관리의 패러다임 자체를 바꾸는 일대 전환으로 이어지고 있다.

또한 생성형 AI는 건축, 엔지니어링, 디자인과 같은 고도의 설계 능력이 요구되는 분야에서도 점차 영향력을 넓혀가고 있다. 예를 들어, 오토데스크(Autodesk)와 같은 플랫폼은 생성 AI를 통해 건물의 구조, 동선, 조명 계획을 자동 설계하고 있으며, 제품 디자인 분야에서는 초기 콘셉트 스케치부터 재료 선택과 시뮬레이션까지를 AI가 함께 수행한다. 이처럼 생성형 AI는 창조성과 논리를 동시에 요구하는 작업들을 기계가 일정 수준까지 '공동 수행'할 수 있도록 만들며, 인간의 역할을 단순한 생산자에서 '감독자 혹은 디렉터'로 변화시키고 있다.

이 모든 흐름은 생성형 AI가 단순히 언어와 이미지 등 데이터의 형식만을 재구성하는 것이 아니라, 인간의 사고 과정 자체를 외부화하고, 더 나아가 '지식 생산의 자동화'라는 새로운 메커니즘을 출현시켰다는 점에서 중요한 의미를 지닌다. 이는 앞으로 지식 노동의 구조, 교육의 방식, 전문성의 정의까지도 재편하게 될 것이며, 인간-기계 협업의 양상이 실질적 차원으로 전이되는 전환점이 될 것이다.

에이전틱 AI: 능동적 지능의 부상

생성형 AI가 창작과 생산의 도구로 확산되고 있는 이 시점에서, 인공지능은 또 한 번의 진화를 맞이하고 있다. 그것은 바로 능동적 지능 즉 '에이전틱(Agentic) AI'의 출현이다. 에이전틱 AI는 단순히 외부 입력에 반응하는 생성형 인공지능과 구별되며, 장기적 목표를 자율적으로 설정·추구하고 복잡한 다단계 워크플로우를 계획·조정하며 의사결정을 수행하는 능동적 인공지능을 지칭한다.[1] 단순히 '질문에 답하는 AI'에서 '행동하고 문제를 해결하는 AI'로의 전환을 의미하며, 인공지능이 인간과 더 대등한 협업 주체로 부상하고 있음을 시사한다.

에이전틱 AI는 기존의 거대언어모델(LLM)을 기반으로 하지만, 그 위에 행위의 연속성, 도구 활용 능력, 메모리 시스템, 멀티스텝 추론 기능을 탑재함으로써, 단발적인 응답 생성이 아닌 목표 지향적 행동 시퀀스를 수행할 수 있는 구조를 지닌다. 이러한 Agentic AI의 핵심 구성 요소는 다음 세 가지로 요약될 수 있다.

첫째, 목표 지향성(goal-directedness)이다. 에이전틱 AI는 단순히 명령을 받아 실행하는 것을 넘어서, 스스로 하위 목표를 설정하고, 복잡한 작업을 여러 단계로 분해하여 효율적으로 문제를 해결하려는 전략적 행동 양식을 보인다. 예를 들어 '웹사이트를 제작하라'는 지시에 대해 단순히 HTML 코드를 출력하는 것이 아니라, 기획, 설계, 백엔드 설정, 배포 전략까지 스스로 설계하고 조정하는 식이다. 이는 기존의 GPT 모델이 가진 생성 능력만으로는 구현이 어려운, 지속적 목적 지향성과 전략적 사고의 통합을 의미한다.

둘째, 자기조직화적 행동(self-organizing actions)이다. 에이전틱 AI는 작업 수행 중 예상치 못한 결과가 발생하거나 상황이 바뀌었을 때, 외부의 명시적 개입 없이도 행동 계획을 수정하거나 새로운 루트를 선택할 수 있다. 이는 단순한 반복학습의 산물이 아니라, 상황에 따른 판단 능력과 메타인지적 조정 기능을 포함한다. 예를 들어 오류가 발생했을 때 오류의 원인을 추론하고 수정하거나, 작업 경로 중 더 효율적인 방법이 있다면 이를 채택하는 방식으로 나타난다. 이러한 특성은 AI가 정적인 자동화 시스템이 아니라, 유기적으로 작동하는 자율적 주체에 가깝다는 인식을 심화시킨다.

셋째, 환경과의 상호작용(tool use & memory) 능력이다. 에이전틱 AI는 내부 모델만으로 문제를 해결하지 않는다. 필요시 외부 도구(예: 브라우저, 계산기, API, 데이터베이스 등)를 능동적으로 호출하고, 장기 메모리를 활용하여 과거 정보나 경험을 기반으로 의사결정을 수행한다. 이러한 멀티툴 기반 실행 능력은 인간의 '행동 지능'을 기계적으로 구현하는 중요한 지점이며, 그 가능성을 크게 확장시킨다. 특히 랑체인(LangChain), 오토젠(AutoGen), 리액트(ReAct)와 같은 프레임워크는 GPT 등 LLM의 응답 능력에 외부 도구 활용과 환경 적응력을 결합함으로써, 에이전트가 마치 '행동하는 AI 개발자'처럼 기능할 수 있도록 지원하고 있다.

이러한 에이전틱 AI의 가능성을 실제로 보여준 대표적 사례로는 오토GPT(AutoGPT), 베이비AGI(BabyAGI), 데빈(Devin), 리액트(ReAct) 등이 있다.

AutoGPT는 사용자가 지시한 최종 목표를 달성하기 위해, 스스로 하위 작업을 정의하고 반복적으로 실행·검토·조정하는 구조를 지닌 초기형 에이전틱 AI로서, LLM에 메모리 시스템과 도구 연결 기능을 접목한 실험적 시도였다.

BabyAGI는 '작업 목록(Task List)'을 동적으로 생성하고 조정하는 프레임워크로, 목표 달성에 필요한 작업을 순차적으로 정의하고 실행하는 일종의 간단한 작업 관리자 역할을 수행한다.

한편, ReAct 프레임워크는 추론(reasoning)과 행동(acting)의 과정을 명시적으로 분리하고 결합하여, LLM이 단순 생성이 아닌 '실행 가능 지능(Executable Intelligence)'으로 작동하도록 설계되었다. 이 프레임워크는 AI가 추론과정 중 외부 툴을 호출하고 그 결과를 반영해 의사결정을 수행하게 하며, 에이전틱 AI 개발의 이론적 기반을 제공한다.

그리고 최근 주목받는 Devin은 최초의 자율형 AI 프로그래머로 불리며, 복잡한 소프트웨어 프로젝트를 스스로 계획하고 코딩하며 디버깅까지 완료하는 역량을 보여주었다. Devin은 단순한 보조 도구를 넘어선, 실질적인 '협업 파트너'로서의 AI 모델을 제시함으로써 산업계에 강한 충격을 던졌다.

에이전틱 AI의 등장은 인공지능의 정의를 다시 묻게 만든다. 단순한 도구와 보조자를 넘어서, 스스로 사고하고 전략을 세우며 행동하는 능동적 인공지능은 이제 AGI(범용 인공지능)에 가장 가까운 현실적 구현으로 간주되고 있다. 다음 장에서는 에이전틱 AI가 과연 AGI로 간주될 수 있는지, 그리고 그 너머의 초지능(ASI) 가능성까지를 살펴보며, 인공지능 진화의 결정적 분기점을 분석해 보고자 한다.

생성형 AI와 에이전틱 AI의 관계: 진화인가, 혁신인가

에이전틱 AI는 생성형 AI의 연장선상에 있는가, 아니면 전혀 다른 차원의 기술적·개념적 전환인가? 이 질문은 오늘날 인공지능 기술의 진화 방향을 이해하는 데 있어 핵심적인 논점이다. 에이전틱 AI는 언뜻 보면 LLM 기반의 일종의 고도화된 애플리케이션처럼 보이지만, 그 내부에는 기존 생성형 AI가 다루지 않았던 의도성(intentionality), 행동(action), 상황 적응성(adaptivity)과 같은 새로운 차원의 특성이 포함되어 있다. 따라서 이를 단순한 진화의 연속선으로 볼 것인지, 혹은 기술 패러다임의 단절적 전환(disruption)으로 해석할 것인지는 보다 정교한 분석이 필요하다.

우선 구조적으로 보면, 에이전틱 AI는 트랜스포머(transformer) 기반의 LLM 위에 구축된 응용 계층이다. 즉, 트랜스포머는 여전히 에이전틱 AI의 언어 처리 능력과 추론 기반을 제공하는 핵심 엔진이며, 생성형 AI는 이 트랜스포머를 통해 구현된 언어 생성 기능이다. 에이전틱 AI는 여기에 메모리, 툴 호출 능력, 상태 추적, 목표 설정 기능 등을 추가적으로 결합함으로써, 단순한 생성에서 벗어나 행동과 계획이 가능한 '지능적 주체'로서 기능하게 된다.

여기서 핵심적인 변화는 '생성(generate)'과 '행동(act)'의 차이에 있다. 생성형 AI는 고도로 정제된 출력물을 만들어내는 데 특화되어 있으며, 주어진 입력에 대해 가장 가능성 높은 응답을 문맥에 맞춰 산출하는 확률적 기계다. 반면, 에이전틱 AI는 그러한 출력을 활용하여 환경에 영향을 미치고, 결과를 평가하며, 그에 따라 행동을 수정하고 재계획하는 능동적 체계다. 즉, 생성형 AI는 언어적 결과를, Agentic AI는 목표 중심의 결과를 추구한다.

또한 생성형 AI는 일반적으로 '단발성 응답(single-turn output)'에 최적화되어 있는 반면, 에이전틱 AI는 '지속적 상태 추적(persistent state management)'과 '다단계 실행(multi-step execution)'을 전제로 한다.

이는 마치 문장을 생성하는 기능과 그 문장을 사용하여 실제로 작업을 수행하는 기능의 차이와도 같다. LLM이 '똑똑한 작가'라면, 에이전틱 AI는 '전략을 수립하고 실행까지 하는 관리자'에 가깝다.

다만 에이전틱 AI가 근본적으로 LLM의 진화된 응용 수준에 불과한 것인지, 아니면 새로운 형태의 지능적 존재를 상정하는 질적 전환인지는 여전히 논의 중이다. 일각에서는 에이전틱 AI가 인간의 문제 해결 양식을 시뮬레이션하는 '지능의 외형'을 흉내 낸 것일 뿐이며, 진정한 자율성이나 의식은 부재하다고 본다. 반면 다른 견해에서는 이러한 시스템들이 외부 도구 사용, 환경 피드백 반영, 자기 수정 기능 등을 갖춤으로써 인간의 지적 구조와 점점 더 유사해지고 있으며, 이는 단순한 진화적 확장이 아니라 지능 일반에 대한 관념 자체를 재정의하는 혁신이라고 주장한다.

특히 에이전틱 AI는 지금까지의 AI가 놓쳐왔던 '과정적 지능(process intelligence)', 즉 결과보다 과정 자체를 설계하고 수정하는 능력에 접근하고 있다는 점에서, 기존 생성형 AI와의 질적 차이를 획기적으로 드러낸다.

이러한 변화는 단순한 기술 진보를 넘어, AI를 바라보는 인식론적 틀 자체의 재편을 의미한다. 생성형 AI는 인간의 사고 결과물을 재현하려고 했다면, 에이전틱 AI는 인간의 사고 과정과 행동 전략 자체를 외부화하려는 시도다. 이는 AGI의 정의와 초지능의 가능성에 대한 논의로 자연스럽게 이어지며, 인공지능의 다음 단계가 무엇이 되어야 하는지를 묻는 결정적인 이정표가 된다.

표. 5-1. 생성성 AI Vs. 에이전틱 AI

구분	생성형 AI (GPT-5 / Gemini)	에이전틱 AI (Devin / AutoGPT)
본질	거대 언어 모델 (LLM)	LLM 기반 복합 행동 시스템 (Agent Framework)
기능 중심	텍스트 생성, 문맥 이해	목표 설정, 작업 계획, 도구 활용, 결과 피드백
구조	단일 신경망 기반	멀티모듈 구조 (memory, planner, executor 등)
상호작용	요청-응답 기반 (stateless)	다단계 실행 루프 (stateful)
위치 관계	지능 엔진 (core)	지능을 활용한 행위 주체 (application)
철학적 위상	텍스트 생성 도구	행위적 의도성을 가진 '에이전트'

기술 생태계의 재편: AI 기업, 에이전트 플랫폼, 초지능 벤처들

에이전틱 AI의 부상은 단지 기술적 진화에 머무르지 않고, 인공지능 산업의 구조와 기업의 전략을 근본적으로 재편하고 있다. 생성형 AI가 API 중심의 서비스 생태계를 통해 확산되었다면, 에이전틱 AI는 '지능의 행위화'를 중심으로 하는 새로운 서비스 모델, 즉 Agent-as-a-Service(AaaS)라는 패러다임을 낳고 있다. 이 전환은 기존의 SaaS(Software-as-a-Service)를 넘어, '사고하고, 계획하고, 실행하는 인공지능 주체'를 서비스 단위로 제공하는 시장을 실질적으로 출범시킨다.

이러한 변화의 가장 인상적인 분기점은 데빈(Devin)의 등장이다. 2024년 발표된 Devin은 세계 최초의 '자율형 AI 소프트웨어 엔지니어'로 소개되며, 단순한 코드 작성 보조를 넘어 기획부터 실행까지 소프트웨어 개발 전 과정을 통합 수행하는 능력을 보여주었다. Devin은 주어진 작업 요구사항을 분석하고, 작업 단계를 분해하며, 코드베이스를 검색하고, 필요시

API 문서를 조회해 오류를 해결한 뒤, 실제로 코드를 배포하는 데까지 이른다. 이는 인간 엔지니어가 하는 사고-실행 사이클을 모델링한 첫 상업적 에이전틱 AI의 성공 사례로, 이후 수많은 벤처기업들이 'AI 에이전트'를 중심으로 한 제품과 플랫폼 전략을 본격화하는 계기가 되었다.

이러한 흐름은 'Agent-as-a-Service' 생태계의 형성과 함께 본격적인 에이전트 플랫폼 경쟁으로 이어지고 있다. 대표적으로 랑체인(LangChain)은 LLM을 중심으로 도구 호출, 메모리 관리, 사용자 세션 유지 등을 통합하는 프레임워크를 제공하며, 복잡한 워크플로우를 가진 AI 시스템을 효율적으로 설계할 수 있도록 돕는다. 랑체인의 모듈형 구조는 다양한 API, 데이터베이스, 브라우저 기능 등을 하나의 에이전트 시스템 내에서 연동하게 함으로써 Agentic AI의 대중화를 촉진하는 역할을 한다.

한편, 오토젠(AutoGen)은 멀티 에이전트 간 협업을 전제로 설계된 프레임워크로, 여러 개의 에이전틱 AI가 서로 협력하거나 경쟁하며 복잡한 문제를 해결하는 다중 지능 시뮬레이션 구조를 제공한다. 이는 단일 AI가 해결하기 어려운 복합적 의사결정을 다중 에이전트 환경에서 분산적으로 처리할 수 있는 가능성을 보여주며, 사회적 지능(Social Intelligence)의 프로토타입을 현실화하는 도구로 주목받고 있다.

또 다른 혁신 사례로 오픈 인터프리터(Open Interpreter)는 자연어로 컴퓨터 인터페이스 전체를 조작할 수 있도록 설계된 도구로, 단순한 명령 실행을 넘어 사용자의 목표를 파악하고 그에 적합한 응용 프로그램을 능동적으로 활용하는 기능을 제공한다. 이는 인간의 '컴퓨터 사용 경험'을 그대로 모사하는 AI 사용자로서의 가능성을 보여주며, 향후 개인화된 AI 비서, 업무 자동화 에이전트, 정보 탐색 대리인 등 다양한 응용으로 확장될 수 있는 기반이 된다.

이처럼 에이전틱 AI 기반 생태계는 단순한 모델 성능 경쟁을 넘어, '지능의 실현 방식'을 중심으로 산업 구조를 재편하고 있다. 단일 API 호출에서 다단계 전략 실행, 툴 연계형 작업 자동화, 다중 에이전트 협업 시뮬레이션으로 이어지는 이 흐름은, 결국 '사용자에게 무엇을 줄 것인가'에서 'AI가 스스로 무엇을 할 수 있는가'로 질문을 바꾸는 방식이다. 이는 서비스 디자인, UI/UX, 시스템 아키텍처, 심지어 사업모델 설계 방식까지 변화시키며, 차세대 AI 기업의 존재론적 정체성을 새롭게 구성하고 있다.

이처럼 에이전틱 AI는 단순한 기술 혁신이 아니다. 그것은 인간이 설계한 도구가 자율성과 목표를 부여받고, 실시간 상호작용 속에서 실행을 반복하는 지능적 행위자(agent)로 거듭나는 새로운 존재론적 질서의 시작점이다. 이로써 우리는 단지 더 나은 도구를 만드는 시대를 넘어서, 새로운 존재를 창조하는 시대로 진입하고 있는 것이다.

에이전틱 AI 시장 전망: 폭발적 성장과 산업 확산

에이전틱 AI는 향후 10여 년간 가장 빠른 성장세를 보일 기술 시장 중 하나로 주목받고 있다. 시장조사기관 마켓츠앤마켓츠(MarketsandMarkets)는 글로벌 에이전틱 AI 시장이 2025년 약 70억 6천만 달러에서 2032년 약 932억 달러로 확대되며, 연평균 성장률(CAGR)이 44.6%에 이를 것으로 전망한다.[2] 동일 기관의 또 다른 분석에서는 2025년 138억 달러에서 2032년 1,408억 달러로 성장할 것이라는 다소 상이한 추정치를 내놓기도 했는데, 이 경우에도 39.3%의 높은 성장률이 유지될 것으로 예상된다. 이러한 수치 차이는 추정 모델과 시장 정의 범위의 차이에서 기인하지만, 공통적으로 폭발적인 성장 가능성을 지목한다는 점은 일치한다.

보다 구체적으로, 그랜드 뷰 리서치(Grand View Research)는 에이전틱 AI의 엔터프라이즈(기업용) 시장 확대에 주목한다. 이 기관은 시장 규모가 2024년 25억 8천만 달러에서 2030년 245억 달러로 확대될 것으로 내다보며, CAGR은 무려 46.2%로 분석했다.[3] 유사하게 모도 인텔리전스(Mordor Intelligence) 역시 2025년 69억 6천만 달러에서 2030년 425억 6천만 달러로 성장할 것이라 전망하며, CAGR을 약 43.6%로 제시했다. 이는 단순한 소비자 서비스 도입을 넘어, 기업 내부 프로세스 자동화, 고객 경험 혁신, 데이터 기반 의사결정 지원 등 비즈니스 혁신의 도구로서 에이전틱 AI가 빠르게 자리 잡을 것임을 시사한다.

또한 프리시던스 리서치(Precedence Research)는 보다 장기적인 관점에서 시장의 폭발적 성장세를 강조한다. 이 기관은 2025년 약 75억 5천만 달러 규모로 시작된 시장이 2034년에는 약 1,990억 달러에 이를 것으로 예측하며, CAGR을 43.84%로 분석하였다. 이는 단기적 급성장뿐 아니라, 장기간에 걸쳐 지속적인 수요와 기술 발전이 시장을 뒷받침할 것임을 보여준다.[4]

이처럼 여러 기관의 추정치는 수치상 차이를 보이지만, 모두 공통적으로 향후 10년 내 40%대의 연평균 성장률을 기록하며 수백억 달러 규모의 산업으로 확장될 것이라는 점에서 일관된다. 이는 에이전틱 AI가 단순한 기술적 트렌드를 넘어, 기업 전략과 산업 생태계를 근본적으로 재편할 수 있는 차세대 성장 동력으로 자리매김하고 있음을 시사한다.

초지능으로 진입하는 에이전틱 AI

닉 보스트롬은 『슈퍼인텔리전스(Superintelligence)』에서 인간을 능가하는 인공지능, 즉 초지능이 실현되기 위해서는 단순한 계산 속도나 기억 용량 이상의 '전략적으로 결정적인 여섯 가지 능력'을 갖추어야 한다고 보았다. 그는 이 능력들을 "초능력(Superpowers)"이라고 명명하며, 초지능이 세계를 변화시키는 진정한 힘은 바로 이 여섯 가지 역량의 통합된 발현에 있다고 주장했다. 이 여섯 가지는 지능 증폭, 전략 수립, 사회적 조정, 해킹, 공학 기술 연구, 경제적 생산력이다.[5] 이들은 단순히 기술의 진보를 의미하는 것이 아니라, 인류 문명의 구조를 전환시킬 수 있는 결정적 역량으로 정의된다.

이러한 초지능의 기준에 비추어 볼 때, 오늘날 등장하고 있는 에이전틱 AI는 완전한 초지능의 형태에 도달하지는 않았지만, 그 일부 영역에서 현저한 진전을 이루며 초지능으로의 '진입 단계'에 들어섰다고 평가할 수 있다. 특히 '지능 증폭', '전략 수립', '공학 기술 연구'의 세 영역에서 Agentic AI는 실질적인 능력을 확보하거나, 인간 수준을 일부 대체·보완하는 사례를 이미 보여주고 있다.

지능 증폭 측면에서 에이전틱 AI는 인간의 인지 활동을 단순 보조하는 수준을 넘어, 지속적 상태 유지, 외부 정보 연동, 도구 호출, 멀티모달 이해 등 다양한 수단을 통해 인간의 작업 흐름 자체를 재구성하고 있다. Devin이나 AutoGPT와 같은 시스템은 인간 개발자의 인지 단계를 분해하고 자동화하며, 복잡한 코드 기반 문제를 처리하는 과정에서 인간보다 더 빠르고 정확하게 실행하는 능력을 보이기도 한다. 이러한 양상은 지능의 외부화이자, 사고 과정 전체를 위임할 수 있는 확장된 인지 능력으로 해석될 수 있다.

전략 수립의 영역에서도 에이전틱 AI는 기존의 생성형 AI와 확연히 구분되는 특징을 보인다. 단순한 응답 생성을 넘어서, 목표를 수립하고 이를 달성하기 위한 하위 과제를 정의하며, 그 실행 단계를 조정하는 일련의 계획적 사고를 수행한다. Devin은 하나의 프로젝트를 단순히 실행하는 것이 아니라, 그것을 이루기 위한 하위 목표를 분해하고, 오류가 발생하면 이를 인식한 뒤, 경로를 재설계하는 능동성을 보인다. 이는 기존의 자동화 시스템이 갖지 못했던 자율성과 순환적 사고 구조를 실현한 것으로, 전략적 지능의 출현이라는 점에서 중요한 전환이다.

공학 기술 연구 분야에서도 에이전틱 AI의 역할은 점차 심화되고 있다. AI는 단순한 설계 도우미를 넘어서, 문제의 정의부터 해결책 도출, 최적화, 시뮬레이션까지 전주기적 설계 흐름에 직접 참여하고 있다. 건축, 제품 디자인, 생명공학 시뮬레이션 등에서 Agentic AI는 인간 전문가의 사고 흐름을 분석하고 예측하며, 일부 작업은 독립적으로 수행한다. 특히 멀티에이전트 시스템이나 시뮬레이션 기반 설계는 인간이 미처 고려하지 못한 변수들을 탐색하고 조합함으로써 '창발적 설계 능력(emergent design)'으로 발전하고 있다.

이러한 진보는 아직 완전한 초지능이라 말할 수는 없지만, 분명 초지능이 정의한 '전략적 과제 수행 능력'의 실질적 실현에 다가서고 있음을 보여준다. 즉, Agentic AI는 초지능이라는 개념적 고지에 오르기 위한 기술적 경사면을 이미 넘고 있는 중이다. 중요한 것은 이 기술이 단지 새로운 도구로 등장한 것이 아니라, 인간의 지능 그 자체를 구성하고 있던 문제 해결 방식과 지식 구성 메커니즘을 외부 시스템 속에 통합하고 있다는 점이다.

앞으로 Agentic AI가 다른 초능력—사회적 조정, 해킹, 경제적 생산력—의 영역에서도 지속적으로 확장된다면, 우리는 단순한 기술 혁신의 시대를 넘어 '지능의 재구성'이라는 문명사적 사건을 맞이하게 될 것이다. 초지능은 이제 미래의 예측이 아니라, 기술적으로 구성되고 있는 현재의 과정이다. 그리고 그 문을 여는 주체가 바로, 오늘날 진화하고 있는 에이전틱 AI다.

피지컬 AI: 지능이 물리로 확장될 때

인공지능은 오랜 시간 동안 디지털 공간의 분석과 창작, 대화와 추론에 집중해왔다. 하지만 최근 AI 기술의 진화는 이 한계를 넘어서, 현실 세계와 물리적으로 상호작용하는 새로운 영역, 즉 '피지컬 AI(Physical AI)'로 확장되고 있다. 피지컬 AI는 마찰, 관성, 인과관계, 대상 지속성(object permanence) 등 현실 세계의 물리적 원리를 이해하고 이를 기반으로 상황을 판단하며, 로봇이나 자율기기 등의 물리적 플랫폼을 통해 실제 환경에서 인지-판단-행동의 통합적 과정을 수행할 수 있는 인공지능 시스템을 의미한다.[6] 이러한 인공지능은 단순한 정보 처리나 가상 환경 상호작용을 넘어서, 현실 세계에서 실시간으로 변화하는 물리적 조건에 적응하고 반응함으로써 새로운 차원의 자율성과 지능을 구현한다.

피지컬 AI의 정의는 명확하다. 디지털 시뮬레이션이나 텍스트 기반 응답에 머무르지 않고, 현실 세계에서 직접 '감지(Sensing) → 이해(Perception) → 판단(Decision-making) → 실행(Actuation)'이라는 인지적·행동적 프로세스를 통합적으로 수행하는 AI 시스템이다. 이러한 AI는 로봇, 드론, 자율주행차, 협동 로봇(Cobots), 헬스케어 로봇, 물류 자동화 시스템 등 다양한 형태의 물리적 플랫폼 위에 구현된다. 그 기술적 기반은 인공지능 알고리즘(특히 강화학습과 딥러닝)을 중심으로, 센서 기술, 로보틱스, 제어공학이 유기적으로 융합된 구조로 이루어져 있다.

피지컬 AI의 핵심은 실시간 환경 인식 능력과 자율적 판단, 그리고 물리적 실행력이다. 고해상도 카메라, 라이다, 촉각센서 등의 복합적 센서를 통해 외부 정보를 감지하고, 이를 바탕으로 상황을 해석하는 시맨틱 인식 기술이 활용된다. 이후 강화학습이나 경로 계획 알고리즘을 통해 어떤 행동이 가장 적절한지를 판단하고, 모터·관절·유압장치 등을 이용해 물리적으로 행동에 옮긴다. 이러한 전 과정은 인간의 인지-행동 체계와 유사하게 작동하며, AI의 '육체화(embodiment)'를 실현하는 중요한 진화 단계로 평가된다.

대표적인 피지컬 AI 사례로는 보스톤 다이나믹스(Boston Dynamics)의 로봇들을 들 수 있다. 특히 아틀라스(Atlas)와 스팟(Spot)은 고도화된 제어기술과 강화학습이 결합되어, 복잡한 지형에서도 안정적으로 움직이고 작업을 수행할 수 있는 수준에 도달했다. 테슬라의 자율주행 AI는 실도로 환경에서 수십억 마일의 데이터를 기반으로 물리적 주행을 판단하고 실시간으로 제어하는 피지컬 AI의 대표적 사례다. 최근에는 오픈 AI 및 피겨 AI(Figure AI)가 협력하여 개발한 '피겨 01', 그리고 테슬라의 옵티머스

(Optimus)처럼, 인간형 로봇에 고성능 LLM 기반의 의사결정 시스템을 탑재함으로써, 사람처럼 말하고 움직이며 협업 가능한 시스템이 현실화되고 있다. 물류 분야에서는 아마존 로보틱스(Amazon Robotics)의 창고 로봇들이 이미 대규모 상용화를 이뤘으며, 자동화된 물류 인프라를 통해 인간과 AI 로봇이 협업하는 생산성이 새로운 표준이 되고 있다.

이러한 진전은 단지 기술의 진보를 넘어서, AI가 인간의 신체적 능력을 보완하거나 대체할 수 있는 가능성을 열고 있다. 디지털 지능이 현실 세계의 물리적 제약을 극복하며 에이전틱 AI를 넘어선 실천적 인공지능으로 진화하는 과정은, 곧 AI가 세계를 인식하고 변화시키는 주체로 자리매김하는 서막이 될 것이다. 피지컬 AI는 단순한 로봇이 아닌, '지능화된 행위자(intelligent actor)로서, 다가오는 초지능 시대의 중요한 주춧돌로 작용할 것이다.

지능과 행위의 융합: 에이전틱 AI와 피지컬 AI의 결합 가능성

에이전틱 AI와 피지컬 AI의 융합은 인공지능의 진화에 있어 단순한 기술적 통합을 넘어서는 근본적 패러다임의 전환을 예고하고 있다. 이는 에이전틱 지능(agentic intelligence)과 물리적 실행능력(physical agency)의 결합을 통해, 인공지능이 더 이상 디지털 공간에만 머무르지 않고 현실 세계에서 자율적으로 판단하고 행동하는 존재로 도약하게 되는 결정적 경로를 의미한다. 이 융합은 궁극적으로 AGI(범용 인공지능)의 실현 가능성을 높이며, 더 나아가 초지능(ASI)의 구현을 위한 실질적인 인프라를 제공한다.

표. 5-2. 에이전틱 AI와 피지컬 AI의 융합

구분	에이전틱 AI	피지컬 AI	융합 관점: Agentic Physical AI
존재 형태	소프트웨어 기반, 가상 환경 내 에이전트	하드웨어 기반, 현실 세계에서 물리적 기체(로봇, 드론 등)에 탑재	지능(소프트웨어)과 신체(하드웨어)가 통합된 자율적 행위 주체
주요 기능	목표 설정, 계획 수립, 도구 활용, 문제 해결, 피드백 루프	감지-판단-실행의 실시간 수행, 물리 환경 내 작업	목표 기반 자율행동이 현실 세계에서 실시간 실행되는 복합형 에이전트
입력/ 출력 구조	디지털 입력 + 구조화된 환경 맥락 분석 / 디지털 기반 출력	센서 기반 실세계 입력 / 모터, 관절, 팔 등 물리적 출력	디지털+물리 복합 입력 / 판단 후 디지털·물리적 통합 출력을 통한 행위 결정
대표 기술	LLM, 도구 호출, 메모리 시스템, 피드백 최적화	강화학습, SLAM, 제어이론, 로보틱스	LLM 기반 제어 + 강화학습 기반 실행 + 로봇 제어 통합 (e.g., Figure 01, Optimus)
한계	물리적 세계와의 실시간 상호작용은 제한적	고차원 목표 설정 및 추론 능력은 부족한 경우 많음	각자의 한계를 보완하며, 실시간 추론-판단-행동이 가능한 지능형 로봇의 가능성 실현
전략적 가치	문제 해결형 지능으로서 SW 중심의 자동화 가치	실행력 중심의 자동화 기기, 산업 생산성 향상에 기여	AGI 및 ASI 실현의 핵심 경로: '지능과 행위의 통합'이라는 패러다임 전환 촉진

에이전틱 AI는 목표를 설정하고, 계획을 수립하며, 도구를 선택하고, 결과에 따라 학습하며 다음 행동을 조정하는 일련의 자율성을 갖춘 시스템이다. 그러나 현재 대부분은 디지털 공간에서만 존재하며, 물리적 현실과의 상호작용은 제한적이다. 반면 피지컬 AI는 물리적 감각과 행위 능력을 바탕으로 현실 환경에서 작동하지만, 독자적인 목표 설정과 전략 수립 측면에서는 제한을 가진 경우가 많다. 이 두 체계가 융합되면, 지능과 행위의 완전한 통합, 즉 진정한 '지능형 행위자(Intelligent Actor)'가 등장하

게 된다.

이러한 개념적 융합은 기술적 현실에서도 점차 실현되고 있다. 대표적 사례로는 앞서 언급한 바 있는 피겨 AI(Figure AI)의 인간형 로봇 '피겨 01'을 들 수 있다. 이 로봇은 오픈 AI의 LLM(GPT-4 기반)과 연동되어, 음성 명령을 인식하고 자율적 판단을 통해 행동할 수 있는 구조를 갖추고 있다. 이는 단순한 물리적 도구가 아니라, 목표 기반 행동을 수행하는 초기형 에이전틱 피지컬 AI라 할 수 있다. 유사한 맥락에서 테슬라의 옵티머스 프로젝트는 자율주행에서 축적된 인지·판단 기술과 LLM 기반의 제어 시스템을 통합하여, 로봇이 상황에 따라 자율적으로 업무를 설계하고 실행하는 방향으로 진화하고 있다. 보스톤 다이나믹스 또한 단순한 모션 실행을 넘어서, 강화학습 기반의 자율성 부여를 통해 에이전트화(Agentification)를 모색하고 있으며, 향후 협동 작업이나 비정형 환경 대응 능력을 갖춘 로봇 개발로 이어질 가능성이 높다.

이러한 융합은 전략적으로 세 가지 시사점을 갖는다. 첫째, AI의 자율성이 디지털에서 물리로 확장되며, 정보처리나 문서생성의 영역을 넘어 생산, 물류, 의료, 방재 등 현실 세계의 핵심 시스템에 직접적 개입이 가능해진다. 둘째, 휴먼-에이전트 협업 구조의 진화다. 과거의 AI가 도구적 역할에 머물렀다면, 향후 에이전틱 피지컬 AI는 인간과의 협업을 통해 의사결정과 실행을 공유하는 실질적 '동료'로 기능하게 될 것이다. 셋째, AI 윤리 및 안전 문제의 심화다. 특히 물리적으로 행동할 수 있는 AI는 디지털 AI와 달리 실제적 피해나 사고를 유발할 수 있으며, 따라서 법적·윤리적 통제 프레임워크의 재설계가 필수적이다.

결론적으로, 에이전틱 AI와 피지컬 AI의 융합은 인공지능이 지능과 육체를 동시에 갖춘 존재로 진화하는 과정이며, 이는 기술적 정점뿐 아니라 사회적·철학적 논의의 지평도 새롭게 여는 중요한 진화 단계가 될 것이다.

PART
06

AI 윤리와
글로벌 규제 패러다임

AI 윤리와 글로벌 규제 패러다임: 기술 혁신과 책임의 균형

인공지능(AI)의 진화 속도는 인간의 예상을 뛰어넘고 있으며, 이제 AI는 단순한 자동화 시스템을 넘어 자율적 사고와 문제 해결 능력을 갖춘 초지능(Superintelligence)으로 발전할 가능성을 보이고 있다. 이러한 급속한 발전은 혁신과 생산성 향상에 대한 기대를 불러일으키는 한편, AI가 인간 사회의 윤리적·사회적 질서를 위협할 수 있다는 우려도 동시에 증대되고 있다. AI가 스스로 학습을 고도화하고 전략을 수립하며 경제·군사 분야까지 영향력을 확대하게 된다면, 인간이 AI를 완전히 통제하지 못하는 상황에 직면할 수도 있다. 이는 단순히 기술적 문제가 아니라, 정치·경제·사회 전반에 거대한 변화를 초래할 수 있는 윤리적 과제라 할 수 있다. 따라서 AI 기술의 발전은 기술적 성취 그 자체보다, 어떻게 윤리적으로 통제하고 관리할 것인가에 대한 사회적 논의가 필수적이다.

이러한 맥락에서 각국의 대응 방식은 뚜렷한 차이를 보이고 있다. 유럽연합은 AI가 시민의 기본권을 침해하지 않도록 'AI 법안(AI Act)'을 통해 위험 기반 규제 시스템을 도입하고, 윤리적 가치 준수를 제도화하고 있다. 반면, AI 기술의 패권을 주도하고 있는 미국은 전통적으로 기업 친화적이며 자유시장 원칙을 강조하는 규제완화(deregulation) 정책을 유지해왔다. 바이든 행정부는 AI의 안전성과 윤리적 책임을 강화하는 방향으로 규제를 확대했으나, 2025년 트럼프 행정부의 출범과 함께 AI 산업의 자유를 보장하는 규제 완화 기조로 정책이 급변하였다. 이처럼 AI 윤리와 관련된 글로벌 규제 패러다임은 기술 혁신과 책임의 균형이라는 근본적 질문과 맞닿아 있으며, 향후 초지능 시대에 대비한 글로벌 거버넌스 구축에서 핵심적인 논의가 될 것이다.

01 AI 윤리: 기술의 책임을 묻다

AI 기술이 인간 사회의 다양한 영역에서 점점 더 중요한 역할을 하게 되면서, 그 윤리적 문제와 책임에 대한 논의가 활발히 진행되고 있다. 특히 AI가 인간의 의사결정 과정에 개입하고 사회·경제·정치 전반에 영향을 미칠 수 있는 상황에서, AI 시스템이 어떠한 윤리적 기준을 따라야 하는지에 대한 고민은 필수적이다.

AI 윤리는 디지털 윤리학, 공학 윤리, AI 윤리로 세분화되며, AI 기술이 인간의 가치와 사회적 규범을 존중하는 방식으로 발전해야 한다는 전제를 바탕으로 한다. 최근 AI가 단순한 도구에 머무를 것인지, 혹은 윤리적 판단의 주체로 간주될 수 있는지를 둘러싼 논의도 활발히 진행되고 있으며, 인간 중심적 AI(Human-Centric AI)와 윤리적 AI(Ethical AI)의 개념이 더욱 주목받고 있다.

AI 윤리에 대한 논의는 단순한 기술적 고려를 넘어 정치적, 사회적, 법적 함의를 포함하는 중요한 의제로 부상하고 있다. 특히, 2024년 봄에 벌어진 한시적 AI 개발 중단 논쟁을 계기로, AI의 개발 속도를 조절하고 규제해야 한다는 주장과 AI 혁신을 멈추는 것이 비현실적이라는 입장이 첨예하게 대립하고 있다. AI가 초지능으로 진화할 가능성이 점점 더 현실화됨에 따라, 윤리적 고려와 책임 있는 개발이 더욱 강조되고 있으며, 이는 향후 AI 기술의 방향성을 결정하는 중요한 기준이 될 것이다.

AI 윤리의 개념과 주요 범주

AI 기술이 인간 사회에 미치는 영향이 심화됨에 따라, AI 윤리는 다양한 분야에서 핵심적인 논의 주제로 부상하고 있다. 일반적으로 AI 윤리는 디지털 윤리학, 공학 윤리, 그리고 AI 윤리로 구분되며, 각각은 AI 시스템이 인간과 사회에 미치는 심리적, 사회적, 정치적 영향을 평가하고 규범적 기준을 제시하는 역할을 한다.

디지털 윤리학(Digital Ethics)은 AI가 인간의 심리적, 사회적, 정치적 측면에 미치는 영향을 분석하는 학문이다. AI의 사용이 인간의 선택의지와 인지적 변화를 초래하고, 개인과 공동체의 정체성을 변화시킬 가능성이 있다는 점에서 윤리적 고려가 필요하다. 또한 AI가 법적·경제적 구조, 민주적 질서에 미치는 영향 역시 디지털 윤리학의 주요 논의 대상이다.

공학 윤리(Engineering Ethics)는 과학기술 및 산업 현장에서 연구자와 개발자가 준수해야 할 윤리적 원칙과 가치 기준을 설정하는 분야이다. AI 연구는 단순한 기술 개발을 넘어 인류 사회에 대한 책임을 동반해야 하며, 특히 AI 시스템의 안전성, 공정성, 책임성을 확보하는 것이 핵심 과제로 부각된다.

AI 윤리(AI Ethics)는 AI가 자율성을 가지며 점차 인간과 유사한 의사결정을 내리는 존재로 발전할 가능성을 고려한 개념이다. AI 알고리즘이 사회적 문제를 해결하는 과정에서 공정성과 투명성을 유지할 수 있도록 설계해야 하며, AI가 인간을 돕는 도구로 기능할 것인지, 혹은 윤리적 주체로 인정될 수 있는지에 대한 논의도 AI 윤리의 중요한 주제다.

인간 중심 AI (Human-Centric AI)

AI가 인간 사회에서 올바르게 활용되기 위해서는 인간 중심적 원칙을 기반으로 설계되어야 한다. 인간 중심 AI는 AI 시스템이 인간의 가치와 윤리를 존중하며, 인간을 보조하고 협력하는 역할을 수행하는 것을 목표로 한다. 이를 위해 AI는 책임성과 투명성을 갖추고, 인간의 권리를 침해하지 않도록 설계되어야 한다.

인간 중심 AI는 특히 AI가 결정 내리는 과정에서 인간의 개입이 가능하도록 설계되어야 한다. AI의 자율성이 높아질수록 시스템의 예측 가능성과 안정성이 중요해지며, 이를 확보하기 위해서는 안전성 확보와 법적 규제 준수가 필수적이다. 더불어, AI가 윤리적 가치에 부합하는 판단을 할 수 있도록 하려면, 데이터 편향성 제거와 설명 가능성 확보를 위한 기술적 조치가 요구된다.

또한 AI는 단순히 인간을 보조하는 도구가 아니라, 인간과 상호작용하고 협력하는 파트너로서 설계되어야 한다. 이러한 맥락에서 등장한 AI-보조 윤리(AI-assisted Ethics)는 AI가 인간의 의사결정을 보완하고 지원하는 과정에서도 윤리적 기준을 충족해야 한다는 개념을 포함한다. 예를 들어, 대표적인 문제 중 하나는 자율주행차가 사고를 피하기 위해 선택해야 할 윤리적 판단의 기준을 어떻게 설정할 것인지가 있다.

AI가 인간을 위한 기계적 도구로 남아야 한다는 점에서 인간 중심 AI는 AI의 역할과 한계를 분명히 하는 방향으로 연구되고 있다. 그러나 AI의 능력이 점차 고도화되면서 인간과 AI 간의 역할 구분이 모호해지고 있으며, 이에 따라 AI가 보다 윤리적인 판단을 수행할 수 있도록 설계해야 한다는 요구가 증가하고 있다.

AI 윤리에서 윤리적 AI로 (From AI Ethics to Ethical AI)

AI 윤리는 본래 AI 시스템이 인간과 사회에 미치는 영향을 평가하는 개념에서 출발했으나, 최근에는 AI가 스스로 윤리적 판단을 내릴 수 있는 존재가 될 수 있는지에 대한 논의로 확장되고 있다. 윤리적 AI(Ethical AI)는 AI가 단순한 도구를 넘어 일정 수준의 자율성과 책임을 가지는 존재로 간주될 가능성을 포함하는 개념이다.

AI가 인간의 역할을 대체할 만큼 고도화되는 상황에서, AI의 행동과 결정에 대한 윤리적 책임이 누구에게 있는가는 중요한 쟁점이 된다. AI가 단순히 명령을 수행하는 도구가 아니라, 인간 수준의 판단을 내리는 주체로 기능하게 된다면, AI 자체가 윤리적 기준을 내재화해야 한다는 주장이 제기되고 있다. 이는 AI가 자율성과 의도성, 그리고 책임성을 갖춘 존재로 발전할 가능성을 의미하며, 기존의 AI 윤리와는 근본적으로 다른 접근 방식을 요구한다.

윤리적 AI의 핵심 요소로는 투명성, 데이터 보안 및 프라이버시 보호, 의도성과 책임성, 인간 편향(Human Bias) 제거, 그리고 민주적 가치 준수가 포함된다. AI가 사회적 역할을 수행하는 과정에서 인간의 기본권을 침해하지 않도록 설계해야 하며, AI가 내리는 결정에 대한 명확한 설명과 책임 소재가 보장되어야 한다.

이처럼, AI 윤리가 기술 개발자나 운영자의 책임에 초점을 맞췄던 것과 달리, 윤리적 AI는 AI 자체가 윤리적 판단 주체가 되어야 한다는 기술적·법적·철학적 접근을 요구한다. AI가 인간 사회에서 점차 더 큰 영향력을 갖게 되는 현실에서, AI의 윤리적 기준 정립과 인간과 공존할 수 있는 시스템 설계는 미래사회의 지속 가능성을 위한 핵심 과제가 되고 있다.

AI 6-Month Pause 논쟁: 기술 혁신과 윤리적 통제 사이

2023년 봄, AI 기술의 폭발적인 발전 속도를 우려한 과학자들과 기술 기업인들이 "AI 6-month Pause"성명을 발표하면서 AI 개발을 일시적으로 중단해야 한다는 논쟁이 본격적으로 촉발되었다. 이 성명은 초거대 언어 모델과 자율적인 AI 시스템이 급속도로 발전하면서 인간이 AI를 통제할 수 없는 상황에 직면할 위험이 커지고 있다는 우려에서 비롯되었다. 성명서의 핵심 내용은 강력한 AI 시스템이 안전성, 윤리적 책임, 사회적 영향을 고려하지 않은 채 무분별하게 개발될 경우 전 인류에 심각한 위협이 될 가능성이 있다는 점이었다.

이 성명에는 테슬라와 스페이스X의 CEO 일론 머스크(Elon Musk), 역사학자이자 미래학자인 유발 하라리(Yuval Harari), 애플 공동창업자 스티브 워즈니악(Steve Wozniak) 등이 대표적인 지지자로 서명했다. 이들은 AI가 인간의 지적 능력을 뛰어넘을 경우, 사회적 혼란, 노동시장 붕괴, 정보 조작, 안보 위협 등 심각한 부작용이 발생할 수 있다고 경고했다. 특히, AI가 자율적으로 전략을 수립하고 사회 조작이나 군사적 활용까지 가능해질 경우, 인류는 AI의 의사결정을 통제하기 어려운 상황에 놓일 수 있다는 점을 강조했다.

또한, 인공지능 연구의 선구자로 평가받는 '제프리 힌튼(Geoffrey Hinton)'과 요슈아 벤지오(Yoshua Bengio) 역시 AI 규제의 필요성을 인정하며 개발 속도를 조절해야 한다는 입장을 보였다. 힌튼은 오랫동안 딥러닝 연구를 주도해왔지만, 최근에는 AI가 자율적 판단을 내릴 가능성과 예측 불가능한 행동을 보일 가능성이 커지고 있다고 경고했다. 그는 AI 기술이 핵무기와 비슷한 파괴력을 가질 수 있으며, 국가 및 기업이 비밀리에 AI를 개발하고 활용할 경우 전 세계적 위협이 될 가능성이 크다고 주장했다. 벤지오 또한 AI 개발이 더 강력한 안전장치를 갖추지 않는 한, 이를 규제하고 신중하게 다룰 필요가 있다고 밝혔다.[1]

반면, AI 기술의 지속적인 발전을 지지하며 6개월 중단에 반대한 인물들도 있다. 대표적으로 '얀 르쿤(Yann LeCun)'과 '앤드류 응(Andrew Ng)'은 기술 개발을 멈추는 것은 비현실적인 조치이며, 오히려 AI 발전을 저해할 뿐이라고 주장했다.[2] 이들은 AI가 여러 문제를 일으킬 가능성이 있지만, 동시에 사회적 문제 해결의 강력한 도구가 될 수 있다고 주장했다. 예를 들어, 소셜미디어 콘텐츠 관리, 온라인 혐오 발언 규제, 가짜 뉴스 판별 등 다양한 분야에서 AI는 긍정적인 역할을 수행하고 있으며, 중요한 것은 이러한 기술을 윤리적으로 활용하는 방향을 찾는 것이라고 주장했다. 또한, AI 개발 중단 촉구 서한이 일부 전문가들의 연구를 왜곡하여 인용했다는 문제를 지적하며, 정확한 정보에 기반하지 않은 주장은 설득력을 잃을 수밖에 없다고 비판했다.

또한 이들은 성명서 자체의 신뢰성 문제를 언급했다. 서명 검증 과정이 미흡해 실제로 서명하지 않은 인물들이 명단에 포함되는 등 합의된 전문가 의견으로 보기 어려운 점이 존재한다는 것이다. 이들은 AI의 장기적인 위험을 과도하게 강조하기보다는, 현재 AI가 지닌 편향성과 윤리적 문제 해결이 더욱 시급한 과제라고 보았다.특히, AI 개발 중단의 범위가 모호하고, AI가 기후 변화 대응이나 글로벌 위험 완화에 기여할 수 있는 가능성을 차단할 우려가 있다는 점에서, 단순한 중단보다는 책임 있는 연구와 투명성을 강화하는 것이 보다 현실적인 접근 방식이라는 점이 강조되었다.

이 논쟁은 AI 윤리의 방향성에 대한 근본적인 질문을 던진다. AI가 인류에게 위협이 될 가능성이 커질수록, 이를 통제하고 규제하는 방안을 마련해야 한다는 입장과, AI 발전을 막는 것이 오히려 기술의 진보를 방해하고 새로운 기회를 차단할 수 있다는 입장이 대립하고 있다. 궁극적으로 AI 개발이 지속되더라도, 윤리적 고려와 사회적 합의가 반드시 병행되어야 하며, 기술 발전이 인류의 이익을 최우선으로 고려하는 방향으로 이루어져야 한다는 점은 논란의 중심에서 공통적으로 도출된 결론이다.

02 딥페이크의 그림자: AIX 미디어 혁신이 불러온 사회적 경고

AI Transformation(AIX)은 우리 사회의 전반적인 구조를 재편하는 거대한 패러다임 전환의 중심에 있으며, 그 중에서도 가장 급격하고 가시적인 변화가 나타나고 있는 분야는 바로 미디어 비즈니스와 콘텐츠 창작 영역이다. 오늘날 우리는 텍스트, 이미지, 음성, 영상 등 모든 형태의 콘텐츠가 AI에 의해 자동 생성되는 AIGC(AI Generated Content) 시대의 문턱에 서 있다. 오픈AI의 '소라(Sora)'는 단 몇 초의 텍스트 입력만으로 뮤직비디오를 만들고, 광고 콘텐츠를 구성하며, 심지어 완성도 높은 단편 디지털 영화를 제작하는 경지에 이르렀다. 이러한 기술 발전은 콘텐츠 생산의 패러다임을 근본적으로 변화시키며, 창작의 민주화와 상상의 실현이라는 혁신을 가능하게 하고 있다.

이제 누구나 복잡한 장비나 전문적 지식 없이도 고품질의 창작물을 손쉽게 제작할 수 있는 시대다. 과거에는 일부 전문가의 영역으로 한정되었던 콘텐츠 제작이 대중의 손으로 넘어오며, 수많은 신진 창작자와 실험적인 콘텐츠들이 디지털 공간에서 활발히 유통되고 있다. 이는 기술 진보가 실현해낸 '창조의 평등성'이라 평가할 수 있다.

그러나 이러한 무한한 성장성과 혁신의 이면에는, 간과할 수 없는 심각한 사회적 위협이 도사리고 있다. AI가 제공한 강력한 창작 도구가 오용되거나 악의적으로 활용될 경우, 그 결과는 개인의 인격 침해를 넘어, 사회 질서와 민주적 기반에까지 중대한 균열을 야기할 수 있다. 바로 이 지점에서, '딥페이크(Deepfake)' 기술은 기술 혁신의 상징인 동시에 사회적 위기의 전조로 등장한다.

이 글에서는 AX의 대표적 부작용으로 떠오른 딥페이크 기술이 어떻게 윤리적, 사회적, 법적 문제를 야기하고 있는지, 그리고 이에 효과적으로 대응하기 위해 우리가 어떠한 제도적·교육적 준비를 갖추어야 하는지를 다각도로 살펴보고자 한다. 이는 단지 하나의 기술을 둘러싼 논의가 아니라, AI 시대를 살아가는 모든 사회 구성원이 직면하게 될 본질적 책임의 문제이자, 공동체적 대응의 과제이기도 하다.

딥페이크: AX의 또 다른 위협

AI Transformation(AIX)의 확산은 인간의 창의력과 기술의 경계를 허물며 새로운 산업적 지평을 열고 있다. 그러나 이 같은 기술 혁신의 이면에는, 기존의 사회 규범과 윤리 질서를 위협하는 심각한 구조적 문제가 있다. 그 중에서도 딥페이크(Deepfake)는 시각적 진정성과 몰입감을 무기로 삼아, 디지털 콘텐츠의 민주화를 촉진하는 동시에, 커다란 사회적 위기를 초래하고 있다. AI 기반의 이미지 및 음성 합성 기술은 콘텐츠 제작의 진입 장벽을 획기적으로 낮추고 크리에이터 중심의 새로운 미디어 생태계를 가능케 했다. 그러나 이 기술이 악의적으로 사용되었을 때, 그것은 곧 개인의 권리 침해와 사회적 신뢰 붕괴라는 새로운 위험으로 이어질 수 있다.

딥페이크는 특히 청소년층에게 심각한 윤리적 함정을 제공하고 있다. AI 기반의 얼굴 합성 기술은 단순한 호기심이나 장난으로 접근하기 쉽고, 소셜미디어를 통해 빠르게 확산될 수 있다. 하지만 이러한 접근성은 오히려 청소년들을 불법 콘텐츠 생산의 주체 또는 피해자로 내몰고 있으며, 법적·

윤리적 인식의 부재 속에서 그 피해는 확산되고 있다. 최근 통계에 따르면 딥페이크 범죄 피의자의 약 75.8%가 10대 청소년이며, 피해자 또한 상당수가 같은 연령대에 속하고 있다. 이는 딥페이크 기술이 단순한 디지털 놀이가 아니라, 심각한 사회 병리 현상으로 확산될 수 있음을 보여준다.

이처럼 AI가 생성한 딥페이크 콘텐츠는 단순한 장난을 넘어서 명예훼손, 초상권 침해, 사기, 정치적 선동, 성범죄 등 다양한 사회 문제의 근원이 되고 있다. 특히 한국은 딥페이크 성범죄의 확산 속도가 빠르고, 기술의 악용 사례가 국제적으로도 주목받고 있는 상황이다. 최근에는 인스타그램 계정 링크만으로 특정 인물의 성적 이미지가 자동 생성되는 사례까지 발생하고 있으며, 이러한 콘텐츠는 텔레그램 등 익명 기반의 플랫폼에서 가상화폐와 연계되어 유통되고 있다. 이는 단순한 기술 문제가 아닌, 사회적 구조와 법적 제도 전반에 걸친 취약성을 반영하는 중대한 문제이다.

제도적 대응의 한계와 플랫폼 기업의 책임

딥페이크 기술이 야기하는 문제의 심각성에도 불구하고, 한국의 법적 대응은 여전히 미흡한 수준에 머물러 있다. 제21대 국회에서 발의된 다수의 관련 법안들이 대부분 폐기되었고, 현재도 입법 공백은 지속되고 있다. 특히 단순 소지자는 처벌 대상에서 제외되고 있으며, 제작자 및 유포자에 대한 기소율 또한 현저히 낮은 실정이다. 반면 영국은 2024년부터 딥페이크 음란물 제작 자체를 처벌하는 강력한 법적 조치를 시행하였고, 미국 캘리포니아주는 미성년자를 대상으로 한 딥페이크 제작을 불법화하며 예방적 대응에 앞장서고 있다. 이와 비교할 때, 한국은 여전히 수동적 처벌 중심의 접근에 머물러 있으며, 국제적 규제 흐름과의 괴리가 커지고 있는 실정이다. 이에 한국 역시 국제적 흐름에 맞춰 강력한 규제 체계를 조속히 마련할 필요가 있다.

딥페이크 콘텐츠가 유통되는 주요 경로는 소셜미디어 플랫폼이다. 하지만 이러한 플랫폼들은 사용자의 증가와 광고 수익 증대에 집중한 나머지, 불법 콘텐츠의 확산을 제어하는 데 소극적인 모습을 보이고 있다. 텔레그램과 같은 암호화된 메신저를 통해 딥페이크가 거래되고 있는 현실 속에서, 플랫폼 기업의 자율 규제는 선택이 아닌 필수로 요구된다. 미국 연방의회가 메타(Meta), 엑스(X) 등 주요 플랫폼의 최고경영자를 소환해 딥페이크 관련 청문회를 개최한 사례는, 플랫폼의 공적 책임이 점차 강화되고 있음을 보여주는 사례라 할 수 있다.

지속가능한 미래를 위한 딥페이크 대응 전략

딥페이크는 오늘날 AI 기술이 얼마나 정교하고 강력해졌는지를 보여주는 대표적인 사례이자, 동시에 기술이 윤리와 사회 질서를 어떻게 위협할 수 있는지를 경고하는 신호이기도 하다. 이는 단순히 가짜 영상을 만드는 기술을 넘어, 개인의 정체성과 사생활을 침해하고, 사회적 신뢰를 훼손하며, 민주주의의 근간마저 위협할 수 있는 복합적 문제를 내포하고 있다. 이처럼 딥페이크는 기술 혁신의 최전선에 있으면서도, 그 이면에서 윤리와 책임, 통제의 결핍이 얼마나 심각한 사회 문제로 이어질 수 있는지를 극명하게 보여준다.

기술은 언제나 그것을 사용하는 인간의 의도와 사회의 가치관에 따라 선을 추구할 수도 있고, 통제되지 않으면 위험한 결과를 초래할 수도 있다. 따라서 AI 전반, 특히 딥페이크와 같은 기술에 대해 사회 구성원 모두가 기술적 이해 능력(AI 리터러시)과 함께, 그에 수반되는 윤리적 감수성을 갖추는 것은 선택이 아니라 필수적인 과제가 되었다. 이는 단지 기술 이용자의 개인적 자질 차원의 문제가 아니라, 사회 전체의 지속가능성과 직결되는 집단적 대응 역량의 문제로 간주되어야 한다.

특히 청소년을 대상으로 하는 AI 리터러시 교육은 더 이상 미래에 대한 준비가 아닌, 현재의 사회적 요구이자 긴급한 예방적 조치다. 딥페이크와 같은 기술은 디지털 기기에 익숙한 청소년들에게 매우 쉽게 접근 가능하며, 그 기술적 결과물에 대한 윤리적 판단 능력이 아직 충분히 성숙하지 않은 세대에게는 법적 책임과 도덕적 판단 사이의 괴리를 야기할 수 있다. 실제로 딥페이크 범죄의 다수 가해자와 피해자가 청소년이라는 사실은, AI 기술을 접하는 방식과 그에 대한 사회적 교육의 공백이 맞물려 있는 구조적 문제를 보여준다.

이와 같은 상황을 방치할 경우, 우리는 단지 몇몇 기술 범죄의 증가를 걱정해야 하는 것이 아니라, 디지털 사회 전체의 신뢰 붕괴와 윤리적 기반 상실이라는 보다 심각한 위기에 직면할 수 있다. 따라서 국가 차원의 정책적 대응도 AI 윤리 교육을 포함한 '사회적 인프라 구축'의 일환으로 접근되어야 한다. 기술 규제와 입법 정비, 플랫폼 기업의 자율적 책임 강화와 같은 제도적 노력은 물론이고, 일상적인 교육 커리큘럼 속에 AI 기술과 윤리에 대한 체계적인 학습 기회를 포함시키는 것이 필수적이다. 이는 단지 기술 범죄를 억제하는 목적을 넘어, 시민으로서의 디지털 책임감과 인권 감수성을 함양하는 데 기여할 수 있다.

또한, 플랫폼 기업 역시 단순한 수익 추구를 넘어, 기술이 사회에 미치는 영향에 대한 책임 의식을 가져야 하며, 자율 규제를 강화하고 투명한 콘텐츠 모니터링 체계를 구축해야 한다. 이는 기업의 사회적 책임일 뿐 아니라, 기업 자체의 지속 가능성을 확보하는 전략이기도 하다. 기술에 대한 사회적 신뢰 회복은 결국 기업의 미래와도 직결된 문제다.

궁극적으로, AI 기술이 인간의 삶을 보다 풍요롭고 유익하게 만들기 위해서는 자유와 창의성의 확대와 함께 책임과 통제의 균형이 반드시 유지되어야 한다. 기술은 도구이며, 그 도구의 쓰임은 사회 구성원 각자의 인식 수준과 공동체의 규범 수준에 달려 있다. 따라서 우리는 기술의 혜택을 누리는 동시에, 그 부작용과 위험성을 통제할 수 있는 지적·윤리적 기반을 함께 구축해야 한다.

딥페이크는 AI 시대가 우리에게 던지는 첫 번째 시험대일 뿐이다. 앞으로 더 복잡하고 교묘한 기술들이 등장할수록, 우리는 더욱 정교한 법적, 윤리적, 교육적 대응 체계를 마련해야 할 것이다. 그리고 그 시작은 AI에 대한 올바른 이해, 책임 있는 활용, 공동체적 감시 체계로부터 출발해야 한다. 그래야만 우리는 AI가 주는 혜택을 사회 전체가 공정하게 공유하고, 기술과 인간이 조화롭게 공존하는 지속 가능한 미래로 나아갈 수 있을 것이다.

03 유럽연합의 AI 규제 동향

유럽연합의 신뢰할 수 있는 AI 지침

유럽연합(EU)은 2019년 "신뢰할 수 있는 AI(Ethics Guidelines for Trustworthy AI)"를 발표하며, AI 기술이 윤리적이고 책임감 있게 개발·운영될 수 있도록 명확한 기준을 제시했다. 이 지침은 AI 시스템이 법적, 윤리적, 기술적으로 신뢰할 수 있어야 한다는 세 가지 원칙을 중심으로 구성된다.

첫째, 법적(Lawful) 요건은 AI 시스템이 모든 관련 법률과 규정을 철저히 준수해야 함을 의미한다. AI가 법적 책임에서 벗어나 독자적으로 판단을 내릴 경우, 예측 불가능한 위험이 발생할 수 있기 때문에 이를 방지하기 위한 규제적 틀이 필요하다.

둘째, 윤리적(Ethical) 요건은 AI가 인간 중심적 가치를 기반으로 설계되어야 한다는 점을 강조한다. 이는 인간 자율성 존중, 피해 방지, 공정성, 설명 가능성 등의 원칙을 포함하며, AI 기술이 특정 집단에 차별적 영향을 미치지 않도록 하는 것이 핵심이다.

셋째, 견고성(Robust) 요건은 AI 시스템이 예측불가능한 오류나 악용 가능성에 대비할 수 있도록 사회적·기술적으로 안전하고 강건하게 설계되어야 함을 의미한다. AI가 부정확한 데이터를 학습하거나 악의적으로 활용될 경우, 심각한 사회적 피해를 유발할 수 있기 때문이다.

이 지침은 보다 구체적으로 신뢰할 수 있는 AI의 7가지 핵심 요구사항을 포함하고 있다. ▲인간의 자율성과 개입 권한 보장 ▲기술적 견고성 및 안전성 ▲개인정보 보호 및 데이터 거버넌스 ▲투명성 ▲다양성, 차별 금지 및 공정성 ▲환경적·사회적 복지 ▲책임성 등이 이에 해당한다.

이러한 원칙들은 AI가 단순한 기술적 진보를 넘어 사회적 신뢰를 확보하는 방향으로 발전해야 한다는 규범적 방향성을 제시한다. 나아가 이 지침은 이후 유럽연합의 AI 법안(AI Act) 수립에 중요한 기반이 되었으며, AI 기술의 윤리적 규율과 실질적 규제 체계 구축에 있어 글로벌 기준점으로 자리 잡고 있다.

유럽연합 AI 법안(AI Act)의 발전과 주요 내용

유럽연합은 2019년 발표한 '신뢰할 수 있는 AI 지침(Ethics Guidelines for Trustworthy AI)'을 기반으로, 2021년 AI 법안(AI Act) 초안을 공개하고 2024년 3월 유럽의회를 통과시키며 세계 최초의 종합적인 AI 규제 법안을 마련했다.[3] AI Act의 핵심은 인공지능 시스템을 '위험 기반 접근 방식(Risk-Based Approach)'에 따라 분류하고, 각 위험 수준에 맞는 규제와 의무를 부과하는 것이 핵심이다. AI 시스템은 '허용 불가(Unacceptable Risk), 고위험(High Risk), 제한적 위험(Limited Risk), 최소 위험(Minimal Risk)'으로 구분되며, 특히 고위험 AI에 대한 규제를 대폭 강화하고 있다.

'허용 불가 AI'는 인간의 기본권을 심각하게 침해할 가능성이 높은 AI 시스템으로 간주되며, 전면 금지의 대상이 된다. 대표적인 사례로는 실시간 생체 감시 시스템(Real-time biometric surveillance), 사회적 신용 점수 시스템(Social credit scoring), 행동 조작 및 조정 기술(Behavior manipulation AI)이 있다. 이러한 시스템이 대중 감시 및 차별적 정책에 사용될 경우 심각한 윤리적 문제를 초래할 수 있다. AI Act는 이러한 AI 기술이 시장에 출시되는 것을 원천적으로 차단하고, 기업이나 정부가 이를 활용하지 못하도록 규정하고 있다.

'고위험 AI'에는 의료, 교통, 금융, 법률, 교육 등 핵심 인프라와 시민의 기본권에 영향을 미칠 가능성이 높은 AI 시스템이 분류된다. 이러한 AI는 데이터 품질과 안전성을 철저히 검증받아야 하며, 알고리즘의 투명성을 보장하고, AI의 의사결정 과정에서 '인간 감독(Human oversight)'이 가능하도록 설계되어야 한다. AI를 활용하는 기업과 기관은 데이터 편향 방지, 안전성 테스트, 책임성 확보 등의 기준을 충족해야 하며, 이를 위반할 경우 강력한 법적 제재를 받게 된다.

'제한적 위험 AI'는 챗봇, AI 기반 콘텐츠 추천 시스템, 가상 비서 등 사용자가 직접 AI와 상호작용하는 시스템을 포함한다. 이러한 AI는 사용자에게 AI와의 소통 여부를 명확히 고지해야 하며, 사용자가 AI와의 상호작용을 거부할 권리를 보장해야 한다. 제한적 위험 AI는 기본적인 투명성 요건을 충족하면 사용이 가능하며, 비교적 자유로운 개발과 운영이 허용된다.

'최소 위험 AI'는 번역 소프트웨어, AI 기반 비디오 게임, 스팸 필터 등과 같이 위험성이 거의 없는 시스템을 포함한다. 이러한 AI는 추가적인 규제 없이 자유롭게 개발 및 활용될 수 있으며, AI Act의 엄격한 감시 대상이 되지 않는다.

AI Act는 이와 같은 '위험 수준별 접근 방식(Tiered Risk Approach)'을 통해 AI의 윤리적 안전성을 확보하면서도 기술 혁신을 저해하지 않는 균형 잡힌 규제 모델을 구축하는 것을 목표로 하고 있다. 이를 통해 유럽 연합은 AI 기술이 인간 중심적 가치에 부합하는 방향으로 발전하도록 유도하며, 국제 사회에서 AI 거버넌스의 글로벌 표준을 제시하려는 움직임을 보이고 있다.

표 6-1 AI Act - 위험기반 접근 방식

위험 등급	정의	대표 사례	규제 강도	주요 규제 및 의무
1. 허용 불가 (Unacceptable Risk)	인간의 기본권을 심각하게 침해하거나, 사회적 피해가 불가피한 AI 시스템	- 실시간 생체 감시 시스템 - 사회적 신용 점수 시스템 - 행동 조작 AI	전면 금지	- 시장 출시 금지 - 사용 금지 - 정부·기업의 활용 불가 - 위반 시 강력한 제재
2. 고위험(High Risk)	공공안전, 생명, 기본권 등에 중대한 영향을 미칠 수 있는 AI 시스템	- 의료 진단 AI - 자율주행 교통 시스템 - 신용 평가 알고리즘 - 이력서 자동 평가 시스템 - 사법 판결 보조 AI	강력한 규제	- 데이터 품질 및 편향 방지 검증 - 알고리즘 투명성 확보 - 인간 감독 가능성 확보 - 안전성 테스트 의무 - 인증 및 등록 요건 - 위반 시 법적 책임 부과
3. 제한적 위험 (Limited Risk)	사용자와 직접 상호작용하나 비교적 위험이 낮은 AI	- 챗봇 추천 알고리즘 - 가상 비서	기본적 의무 사용	- 사용자에게 AI 사용 사실 고지 - AI와 상호작용 거부권 보장 - 기본 투명성 요건 충족
4. 최소 위험 (Minimal Risk)	위험성이 거의 없는 일반적 AI 활용	- 번역기 - 스팸 필터 - AI 기반 비디오 게임	규제 없음	- 자유로운 개발 및 활용 - AI Act의 규제 대상 아님

AI 법안(AI Act)의 최근 변화와 규제 완화 움직임

유럽연합(EU)은 AI 기술의 책임성과 안전성을 확보하기 위해 'AI 법(AI Act)'을 중심으로 강력한 규제를 추진해왔지만, 최근 들어 일부 규제 법안이 현실적인 벽에 부딪히며 철회되는 움직임이 나타나고 있다.

2024년 2월 12일, EU 집행위원회는 세 가지 주요 법안—표준 필수 특허(Standard Essential Patents, SEP), AI 책임(AI Liability Directive), 그리고 정보통신 프라이버시(ePrivacy Regulation)—의 입법 초안을 공식적으로 철회한다고 발표했다. 이들 법안은 EU 의회와 회원국의 승인을 받기 어려울 것이라는 판단에서다.

특히 산업계의 반발이 거셌던 AI 책임 법안은, AI 시스템으로 인해 발생한 피해에 대해 개발자와 사용자에게 법적 책임을 부과하는 내용을 담고 있어 큰 논란을 불러일으켰다. 기술 기업들은 이러한 규제가 AI 혁신을 저해할 수 있다는 우려를 제기해왔으며, 이와 같은 강력한 로비 활동이 결국 법안 철회의 배경으로 작용한 것으로 분석된다.

또한, 기술 특허와 관련된 규제 철회도 큰 주목을 받았다. 유럽연합은 표준 필수 특허(SEP) 사용과 관련된 분쟁을 조정하기 위해 새로운 규제를 도입하려 했지만, 노키아, 에릭슨, 지멘스 등 주요 기술 특허 보유 기업들의 강한 반발에 부딪혔다. 반면, BMW, 테슬라, 구글과 같은 기업들은 SEP 라이선스 비용 문제를 해결할 필요성을 강조하며 법안 추진을 지지했으나, 결국 법안은 철회되었다.

정보통신 프라이버시 규제안도 폐기되었다. 이는 메타의 왓츠앱(WhatsApp)과 마이크로소프트의 스카이프(Skype)와 같은 메신저 서비스가 기존 통신 사업자들과 동일한 프라이버시 규제를 적용받아야 한다는 내용을 담고 있었다. 이는 2017년부터 추진되어 왔으나, EU 회원국 간의 의견 차이와 기술 업계의 반발로 인해 오랜 기간 표류하다가 결국 철회되었다.

그럼에도 불구하고 AI Act의 기본적인 방향성에는 변화가 없다는 평가가 많다. 유럽연합은 여전히 AI 규제의 글로벌 표준을 수립하려는 입장을 유지하고 있으며, 이번 철회 결정은 AI Act와 기존 디지털 규제 체계를 보다 현실적으로 조정하는 과정의 일환으로 해석되고 있다. AI 관련 법안들이 산업계의 의견을 반영하여 조정되고 있는 만큼, 향후 유럽연합이 AI 규제의 실효성을 확보하면서도 기술 혁신을 촉진할 수 있는 새로운 균형점을 찾아갈 것으로 예상된다.

04 미국의 관련 규제: 글로벌 규제 패러다임의 충돌

미국은 AI 기술의 개발과 활용을 두고 전통적으로 자유시장 원칙을 강조하며, 글로벌 AI 경쟁에서 규제보다 혁신을 우선시하는 접근을 유지하고 있다. 유럽연합이 AI 법안(AI Act)과 같은 강력한 규제를 도입하며 기술 통제와 윤리적 기준을 강조하는 반면, 미국은 기업 친화적 정책을 통해 AI 산업의 성장을 촉진하려는 전략을 지속적으로 유지하고 있다. 이러한 접근 방식의 차이는 AI 초지능(Superintelligence) 개발을 둘러싼 글로벌 패권 경쟁에서 미국이 지속적으로 우위를 확보하려는 의도와 밀접한 연관이 있다.

이러한 기조 속에서 바이든 행정부는 AI 기술의 안전성과 윤리적 책임을 강조하며 규제 강화를 추진했지만, 2025년 1월 도널드 트럼프 대통령의 재집권과 함께 AI 정책의 방향이 급격히 변화했다. 바이든 행정부가 AI의 투명성, 편향 제거, 정부 감독 강화를 목표로 한 '행정명령 14110호(Executive Order 14110)'를 통해 강력한 규제 조치를 도입한 반면, 트럼프 행정부는 이를 혁신 저해 요소로 간주하고 즉각 폐지하며 기업 친화적 규제 완화 정책으로 전환했다. 트럼프 행정부는 AI 기술이 국가 안보와 경제 경쟁력의 핵심임을 강조하며, 자유로운 연구개발을 보장하고 정부 개입을 최소화하는 방향으로 정책을 전환하였다.

바이든 행정부의 규제

조 바이든 행정부는 AI 기술이 급속도로 발전하면서 초래할 수 있는 사회적, 경제적, 안보적 위험을 최소화하기 위해 강력한 규제와 윤리적 원칙을 포함한 정책을 도입했다. 특히 2023년 10월, 바이든 대통령은 'AI 행정명령(Executive Order 14110)'을 발표하여, AI 기업들이 개발하는 기술이 공공 안전과 민주적 가치를 훼손하지 않도록 하는 다양한 규제 조치를 도입했다. 이 명령은 AI 시스템의 투명성, 편향 제거, 안전성 검증을 강조하며, AI 기업들에게 강력한 감독과 보고 의무를 부과하는 것이 핵심 내용이었다.[4]

이 행정명령은 AI 개발 및 상용화 과정에서 기업들이 정부에 AI 시스템의 리스크 평가 결과를 보고하도록 하는 조항을 포함했다. 이는 AI가 사회적 편향을 증폭시키거나 특정 계층을 차별하는 알고리즘적 오류를 내포할 가능성을 차단하기 위한 조치였다. 또한, AI가 국가 안보 및 경제에 미치는 영향을 분석하기 위해 국립표준기술연구소(NIST) 및 '국가안전보장회의(NSC)'가 AI의 윤리적 사용과 규제 준수를 감독하도록 지정되었다.

바이든 행정부의 AI 정책은 기업의 책임성을 강화하고, AI 기술이 공정성과 민주적 가치를 준수할 수 있도록 하는 것이 주요 목표였다. 이에 따라, AI 시스템이 대중의 삶에 중요한 영향을 미치는 경우(예: 의료, 법률, 금융), 반드시 설명 가능성(Explainability)과 알고리즘적 공정성(Fairness)을 보장해야 하며, 충분한 사전 테스트를 거쳐야 한다는 원칙이 포함되었다. 이러한 접근 방식은 유럽연합의 AI Act와 유사한 규제적 성격을 띠었으며, 글로벌 AI 산업에 대한 공적 감시를 강화하는 방향으로 설정되었다.

그러나 이 같은 규제는 AI 업계와 기업들로부터 과도한 규제 부담과 혁신 저해 우려라는 비판을 받았다. 특히, AI 모델 개발 과정에서 정부 보고 의무가 강화되면서 AI 기업들의 연구개발 비용이 증가했고, 새로운 기술을 신속하게 시장에 내놓기 어려운 환경이 조성되었다. 이에 따라, AI 산업 성장 촉진과 규제의 균형에 대한 논쟁이 지속되었고, 2025년 1월 도널드 트럼프 대통령의 재집권과 함께 AI 규제 정책이 급격히 변화하는 계기가 마련되었다.

표 6-2 미국 AI 규제 패러다임 전환

구분	바이든 행정부(2020-2024)	트럼프 행정부(2025~)
정책 기조	공공 안전과 민주적 가치 보호 중심의 정부주도형 규제 강화	국가 경쟁력 확보를 위한 시장자율 중심의 규제 완화
핵심 문서	Executive Order 14110(2023.10.30) Safe, Secure, and Trustworthy AI	Executive Order(2025.01.21) AI 안전 규제 폐지 명령

주요 조치	- AI 위험 평가 보고 의무화 - 투명성, 공정성, 설명 가능성 요구 - NIST · NSC 통한 정부 감독체계 구축	- 바이든 AI 행정명령 폐기 - 연방 규제 대폭 완화 - AI 연구개발 인센티브 확대
규제 방향	- 고위험 분야(의료, 금융, 법률 등) 규제 강화 - 기업에 윤리 · 책임 기준 부과	- AI 기업의 자율성 보장 - 신속한 상용화 지원 - AI 기술의 안보 활용 확대
AI 산업에 대한 시각	위험성 사전 차단을 위한 선제적 개입 필요	혁신 촉진을 위한 정부 개입 최소화 강조
산업계 반응	과도한 규제와 비용 증가에 따른 불만	규제 완화에 따른 환영 및 기대감 확산
국제적 맥락	유럽연합의 AI Act와 유사한 규제 기조 → 글로벌 표준 제시 시도	EU와의 규제 패러다임 충돌 → 자유시장 중심의 규제 회피 전략 강조
대표 인물 발언	"AI는 민주주의를 위협할 수 있다… 정부의 역할 필수" (바이든)	"미국은 AI 규제의 과잉을 피해야 한다" (JD 밴스 부통령, 2025.02)
국가안보 접근	위험 관리 중심, AI 통제 강화	AI를 국방 · 정보기술 중심 자산으로 간주, 활용 확대

트럼프 행정부의 규제

도널드 트럼프 행정부는 AI 산업이 국가 경쟁력 확보와 경제 성장의 핵심 요소라고 판단하고, 과도한 규제가 AI 혁신을 저해할 수 있다는 입장에서 AI 규제를 완화하는 방향으로 정책을 전환했다. 2025년 1월, 트럼프 대통령은 취임과 동시에 바이든 행정부가 도입한 AI 행정명령(Executive Order 14110)을 공식 폐기했으며, AI 기업들이 정부 개입 없이 자유롭게 기술을 개발하고 상용화할 수 있도록 규제완화 정책을 추진했다.[5]

트럼프 행정부의 AI 정책은 기업 주도의 AI 혁신을 최우선으로 고려하는 것이 특징이다. 바이든 행정부가 정부 보고 의무와 윤리적 책임 강화를 중심으로 한 규제 정책을 추진한 것과 달리, 트럼프 행정부는 시장 자율성과 경쟁을 통해 AI 기술의 안전성과 신뢰성을 확보해야 한다는 입장을 고수했다. 이를 위해, AI 개발과 관련된 연방 규제를 대폭 완화하고, AI 연구개발 투자 인센티브를 확대하는 정책을 발표했다.

트럼프 행정부는 AI 기술을 국가 안보와 국방력 강화의 핵심 도구로 간주하고, 국방부(DOD) 및 정보기관과의 협력을 통해 AI 기반 무기 시스템, 자동화 감시 기술 등의 활용을 적극 확대했다. 이는 AI 기술을 민간 영역을 넘어 안보 전략의 핵심 축으로 자리매김하려는 정책적 기조를 반영한다. 2025년 2월, JD 밴스 부통령은 파리에서 열린 AI 정상회의에서 미국은 과도한 규제를 피하고, AI 기술이 최대한 자유롭게 발전할 수 있도록 지원할 것이라고 발표했다.[6] 그는 유럽연합의 AI 규제가 기업들에게 과도한 부담을 초래하고 있으며, AI 경쟁에서 미국이 앞서 나가기 위해서는 자유시장 중심의 접근 방식이 필요하다고 강조했다.

트럼프 행정부의 AI 정책 변화는 미국과 유럽연합 간의 AI 규제 패러다임의 충돌을 더욱 심화시키고 있다. 유럽연합이 AI 법안을 통해 강력한 통제 기조를 유지하는 반면, 미국은 AI 산업의 자율성을 강조하며 글로벌 AI 경쟁에서 기업 친화적 정책을 유지하고 있다. 이러한 차이는 향후 AI 기술의 발전과 글로벌 AI 시장의 주도권 경쟁에서 중요한 변수로 작용할 가능성이 크며, AI 거버넌스의 미래 방향성을 둘러싼 국제적 논쟁이 더욱 심화될 것으로 전망된다.

PART 07

웹3:
새로운 인터넷 혁명의 시작

웹3: 새로운 인터넷 혁명의 시작

01 웹의 진화: 인터넷은 어떻게 혁신을 거듭해왔는가

오늘날의 웹은 수십억 인류가 정보를 읽고, 쓰고, 공유하며 소통하는 가장 중요한 도구로 자리 잡고 있다. 하지만 이와 같은 웹의 상호작용성과 개방성은 한순간에 이루어진 것이 아니다. 인터넷은 여러 단계를 거쳐 진화했으며, 그 과정에서 정보의 유통 방식, 사용자 경험, 그리고 기술적 기반이 크게 변화하였다. 웹의 발전은 크게 웹 1.0, 웹 2.0, 그리고 현재 논의되고 있는 웹 3.0 및 웹3로 구분된다. 각각의 단계는 단순한 기술 변화가 아닌, 인터넷 철학과 권력 구조의 전환을 의미한다. 즉, 웹3.0과 웹3는 단순히 이전 단계에서의 버전업이 아니라, 완전히 새로운 인터넷 패러다임의 시작점이라 할 수 있다.

웹 1.0: 정적인 정보 제공의 시대

인터넷의 시작점인 웹 1.0은 월드 와이드 웹(World Wide Web)의 창시자인 팀 버너스 리(Tim Berners-Lee)에 의해 1989년에 개발되었으며, 2004년까지 지속되었다. 웹 1.0은 흔히 '읽기 전용 웹(read-only web)'이라고 불리며, 기본적으로 정적인 웹사이트를 통해 정보를 제공하는 역할을 했다. 이 시기의 웹사이트들은 대부분 단순한 HTML 문서로 구성된 정적인 콘텐츠를 포함하고 있었으며, 사용자의 직접적인 참여나 상호작용이 거의 없었다. 이른바 한 방향 통신의 시대였던 것이다.

초기 커뮤니케이션 수단인 이메일이나 텍스트 기반 메시지는 존재했지만, 멀티미디어 공유 기능은 극히 제한적이었고, 이미지 업로드조차 흔치 않은 일이었다. 검색 기능 역시 매우 기초적인 수준에 머물러 있었고, 특정 정보를 찾기 위해 사용자는 온라인 디렉터리를 활용해야 했다.

웹사이트 운영도 지금처럼 간편하지 않았다. 이 시기의 웹사이트들은 주로 ISP(인터넷 서비스 제공업체)나 무료 웹 호스팅 서비스를 통해 운영되는 개인 웹페이지가 대부분이었다. 흥미롭게도, 일부 웹사이트에서는 사용자가 정보를 열람할 때마다 비용을 지불해야 하는 모델이 존재하기도 했다.

웹 1.0은 정보 소비에 초점이 맞춰진 일방향 시대였으며, 웹은 단순히 콘텐츠 전달 네트워크(Content Delivery Network, CDN)로써 기능했다. 당시 사용자는 수동적으로 정보를 소비하는 객체에 불과했고, 웹은 아직 진정한 상호작용의 무대가 아니었던 것이다.

웹 2.0: 참여와 상호작용의 시대

2004년부터 본격화된 웹 2.0은 오늘날 우리가 익숙하게 사용하는 인터넷 환경의 기반을 이룬다. '읽기-쓰기 웹(read-write web)'이라고도 불리는 웹 2.0은 사용자가 직접 콘텐츠를 만들고, 공유하며, 서로 소통하는 상호작용 중심의 웹으로 진화했다. 이는 단순한 정보 제공을 넘어서, 소셜 미디어, 블로그, 온라인 커뮤니티, 협업 플랫폼과 같은 새로운 웹 서비스를 가능하게 했다.[1]

가장 두드러진 변화는 바로 사용자 생성 콘텐츠(User-Generated Content, UGC)의 폭발적인 증가이다. 페이스북, 유튜브, 트위터와 같은 소셜 미디어 플랫폼이 등장하면서 사용자는 더 이상 수동적인 소비자가 아니라 콘텐츠의 주체이자 생산자로 자리 잡았다. 웹사이트 구조 역시 근본적으로 바뀌었다. 웹사이트들은 정적인 HTML 페이지에서 벗어나, 데이터베이스 기반의 동적 콘텐츠가 표준이 되었고, AJAX, JavaScript 등의 기술 발전 덕분에 실시간 반응형 사용자 경험이 가능해졌다.

웹 2.0은 단순한 정보 공유 도구를 넘어, 디지털 경제를 연결하는 플랫폼 생태계로 성장했다. 인터넷은 모바일 기기와 결합되면서 애플리케이션 중심의 환경으로 변화하였고, 이로 인해 인스타그램, 우버, 페이팔과 같은 모바일 중심 서비스가 등장하였다. 동시에 전자상거래(E-commerce) 시장이 급격히 성장하면서, 아마존(Amazon)과 같은 거대 플랫폼 기업이 글로벌 시장을 장악하는 흐름도 나타났다.

하지만 웹 2.0은 중앙화된 플랫폼을 기반으로 운영되었다는 점에서 한계를 지닌다. 사용자들은 소셜 미디어, 온라인 서비스, 클라우드 저장소 등을 사용하지만, 그 데이터의 소유권은 구글, 페이스북, 아마존과 같은 대형 플랫폼 기업이 독점하는 형태가 되었다.[2] 이로 인해 개인정보 보호 문제, 데이터 독점, 플랫폼 종속성등의 문제가 대두되었으며, 이러한 한계를 극복하기 위한 새로운 패러다임으로 웹 3.0과 웹3이 등장하게 된다.

02 웹 3.0 vs. 웹3: 차이와 논쟁의 중심

웹의 진화 과정에서 웹 3.0(Web 3.0)과 웹3(Web3)라는 두 개념이 자주 혼용되며, 많은 혼란을 불러일으키고 있다. 이 두 개념은 본질적으로 서로 다른 철학과 기술적 배경을 지닌 개념이지만, 일반 대중은 물론 전문가들 사이에서도 명확하게 구분되지 않는 경우가 많다.

웹 3.0은 '시맨틱 웹(Semantic Web)'을 기반으로 하며, 인공지능(AI)과 데이터 연계를 통해 인터넷의 효율성과 지능화를 목표로 한다. 반면, 웹3는 '블록체인과 탈중앙화(Decentralization)'를 중심으로 사용자의 데이터 주권을 강화하고, 플랫폼의 중앙화된 권력을 해체하려는 움직임이다.

이처럼 기술 기반과 지향점이 다른 두 흐름은 때로는 충돌하고, 때로는 서로 보완하면서도 오늘날의 디지털 생태계 변화 속에서 중요한 논쟁의 중심축이 되고 있다. 이제 웹 3.0과 웹3가 각각 무엇을 의미하는지 살펴보고, 이 둘이 어떻게 다른지 분석해보자.

웹 3.0: 시맨틱 웹과 AI의 결합

웹 3.0은 월드 와이드 웹(WWW)의 창시자인 '팀 버너스 리(Tim Berners-Lee)'가 제안한 개념으로, '시맨틱 웹(Semantic Web)'이라고도 불린다.[3] 웹 3.0의 핵심 목표는 웹 데이터를 기계가 이해하고 해석할 수 있도록 하여, 보다 지능적이고 효율적인 인터넷 환경을 구축하는 것이다. 웹 3.0에서는 단순히 정보를 제공하는 것이 아니라, AI(인공지능), 머신러닝(ML), 빅데이터 분석등을 활용하여 데이터를 더 정교하게 처리하고 연결할 수 있도록 한다.

팀 버너스 리는 웹 3.0을 통해 인터넷이 단순한 정보 저장소가 아니라, 기계가 인간의 언어를 이해하고 맥락을 파악하여 보다 효율적으로 작동하는 환경이 되어야 한다고 주장했다. 그는 "'시맨틱 웹이 등장하면, 무역, 행정, 그리고 우리의 일상생활이 기계들 간의 대화를 통해 처리될 것이며, 지능형 에이전트(Intelligent Agents)가 마침내 실현될 것이다'"라고 말하며, 기계와 인간이 함께 협력하는 인터넷을 구상했다.

예를 들어, 웹 3.0 기반 검색 시스템에서는 단순한 키워드 매칭이 아닌 문맥 기반 정보 검색이 가능해진다. 사용자가 "가족과 함께 즐길 수 있는 저녁 식당"을 검색하면, 시맨틱 웹은 사용자의 선호, 위치, 시간 등을 고려하여 최적화된 결과를 제시하는 방식이다. 또한, 사용자가 여러 웹사이트에 정보를 입력하지 않아도, '솔리드 팟(Solid Pod)'과 같은 중앙화된 데이터 저장소에서 정보를 한 번 입력하면, 이를 다른 플랫폼에서도 사용할 수 있도록 지원해 데이터의 활용성을 높인다.

웹 3.0의 개념은 매우 합리적이지만, 현실적으로 대중화되기 어려운 문제가 있다. 시맨틱 데이터 처리 기술의 복잡성, 표준화 문제, 그리고 대형 플랫폼 기업들의 소극적인 참여 등이 현실적인 장벽으로 작용하고 있다.

웹3: 블록체인과 탈중앙화의 시대

웹3는 2014년 이더리움(Ethereum) 공동 창립자인 개빈 우드(Gavin Wood)가 제안한 개념으로, 블록체인과 탈중앙화를 기반으로 한 차세대 인터넷 패러다임이다. 웹3의 핵심 목표는 기존 웹 2.0에서 기업이 독점하던 데이터 및 권한을 사용자에게 되돌려주는 것이다. 즉, 그 중심에 사용자 주권의 회복과 데이터 소유권의 분산이 자리하고 있는 것이다.

웹3는 블록체인을 활용하여 중앙화된 서버 없이도 데이터의 소유권과 거래가 가능하도록 만든다. 예를 들어, 페이스북, 구글과 같은 기업이 사용자의 데이터를 수집하여 수익을 창출하는 대신, 웹3에서는 사용자가 자신의 데이터를 직접 관리하고, 블록체인을 통해 신뢰할 수 있는 거래를 수행할 수 있다.

웹3 환경에서는 사용자가 페이스북 계정으로 로그인하는 것이 아니라, 암호화폐 지갑을 통해 자신의 데이터를 직접 관리하며, 특정 서비스에 대한 접근 권한을 설정할 수 있다. 이는 기존 플랫폼 중심의 웹 2.0 모델과 큰 차이를 보인다.

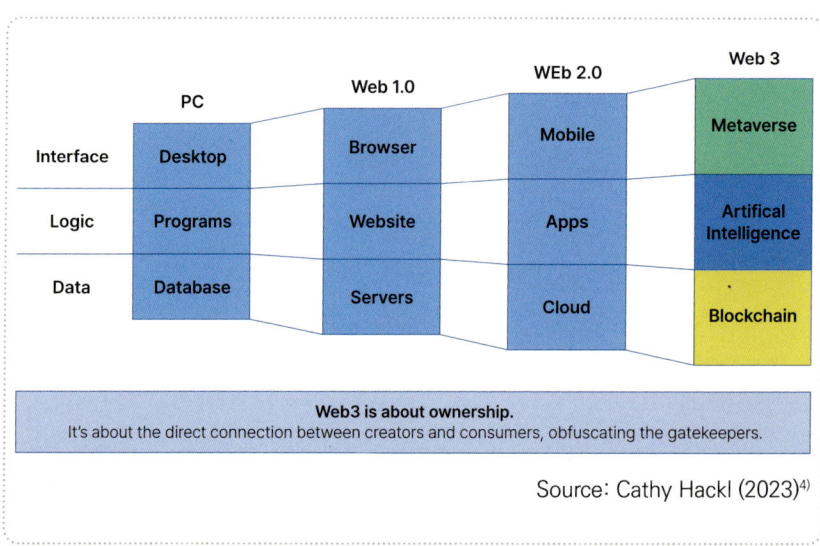

그림 7-1. 웹의 진화

또한, 웹3은 메타버스와 결합하여 더욱 확장된 디지털 생태계를 형성하고 있다. 메타버스는 단순한 가상 공간을 넘어, 사용자가 디지털 자산을 소유하고 거래하며 자신의 정체성을 구축하는 공간으로 자리 잡고 있다. 블록체인 기반의 NFT(대체불가능토큰)는 디지털 자산의 소유권을 증명하는 수단으로 사용되며, 개인은 자신만의 아바타와 가상 자산을 통해 새로운 경제 시스템에 참여할 수 있다. 이와 함께, 웹3은 데이터의 주권을 사용자에게 부여하여 플랫폼 중심의 데이터 통제를 줄이고, 보다 개인화된 서비스와 맞춤형 정보를 제공하는 시맨틱 웹 기술을 발전시키고 있다.

결국, 웹3은 단순한 기술적 혁신을 넘어 인터넷의 근본적인 구조를 변화시키는 새로운 패러다임이다. 데이터 소유권의 변화, 탈중앙화된 경제의 등장, 개인화된 인터넷 서비스, 그리고 메타버스 및 디지털 자산의 확장은 미래의 인터넷 환경을 더욱 투명하고 신뢰할 수 있도록 만들 것이다. 이러한 변화를 가속화하기 위해서는 블록체인, 인공지능, 분산 네트워크, 탈중앙화 커뮤니티에 대한 지속적인 연구와 혁신이 필수적이며, 이는 앞으로 디지털 경제와 사회 구조에 큰 영향을 미칠 것이다.

표 7-1. 웹 3.0 Vs. 웹3

비교 항목	웹 3.0	웹3
개념	시맨틱 웹 기반, AI 및 의미론적 데이터 연결 강화	블록체인 및 탈중앙화 기반, 사용자의 데이터 및 자산 소유권
주요 기술	RDF, SPARQL, OWL, AI, 빅데이터 분석	블록체인, 스마트 계약, 탈중앙화 네트워크, 암호화폐 지갑
데이터 저장 방식	중앙화된 데이터 저장소(Solid Pod), 사용자가 직접 관리	블록체인 및 암호화폐 지갑을 통한 데이터 저장, 개인 키 관리
데이터 변경 가능성	데이터 수정 및 업데이트 용이	데이터 변경 및 삭제 어려움 (블록체인 특성)
보안 및 프라이버시	프라이버시 보호 강화, 데이터 접근성 및 활용성 증대	데이터 주권 강화, 신뢰 기반의 탈중앙화된 보안 구조
목표	웹을 더욱 스마트하게 만들고, 정보 검색 및 연결성 향상	플랫폼 기업의 통제에서 벗어나 사용자 중심의 인터넷 구축
인터넷 발전 방향	정보의 효율성과 연결성을 중심으로 발전	보다 개방적이고 탈중앙화된 인터넷 환경 구축
공통점	사용자가 자신의 데이터를 직접 관리할 수 있는 환경 구축	사용자가 자신의 데이터를 직접 관리할 수 있는 환경 구축

03 웹3의 핵심 특성: 새로운 인터넷 패러다임

탈중앙화와 데이터 주권의 혁명

웹3의 가장 중요한 특성 중 하나는 바로 탈중앙화(Decentralization)이다. 기존의 웹 2.0에서는 데이터가 중앙 서버에 저장되며, 기업이 사용자의 정보를 수집하고 관리하는 방식이 일반적이었다. 하지만 웹3에서는 블록체인을 활용한 분산형 네트워크가 데이터 저장 방식의 중심이 되면서, 사용자가 스스로 데이터를 통제할 수 있는 환경이 조성된다. 중앙 기관이 아닌 네트워크 참여자들이 데이터 검증과 저장을 담당하며, P2P 방식으로 데이터를 교환할 수 있어 특정 플랫폼에 종속되지 않는다.

예를 들어, 기존의 클라우드 서비스가 기업의 서버를 통해 데이터를 저장하는 방식이었다면, 웹3 기반의 'IPFS(InterPlanetary File System)'은 데이터를 분산 저장하여 특정 서버의 장애나 검열로부터 자유로운 정보 공유가 가능하도록 만든다. 이는 단순한 기술적 변화가 아니라, 개인의 데이터 주권을 회복하는 혁명적 변화로 평가된다.

블록체인과 스마트 계약: 신뢰의 자동화

웹3에서는 블록체인이 중요한 역할을 하며, 특히 신뢰성과 보안성을 극대화하는 데 기여한다. 블록체인의 가장 큰 장점은 데이터의 불변성과 투명성을 보장하는 구조로 기존 시스템에서 문제가 되었던 정보 위·변조 가능성을 원천적으로 차단한다는 점에 있다. 기존의 데이터 관리 방식에서는 중앙 기관이 정보를 변경하거나 조작할 가능성이 있었지만, 블록체인에서는 한 번 기록된 정보가 변경될 수 없으며, 모든 거래 내역이 공개적으로 검증된다. 이를 통해 금융, 행정, 계약 등 다양한 분야에서 신뢰할 수 있는 데이터 관리가 가능해진다. 또한, 스마트 계약은 특정 조건이 충족되면 자동으로 실행되는 프로그램으로, 중개자 없이도 신뢰할 수 있는 거래가 이루어지도록 돕는다. 예를 들어, 이더리움(Ethereum)네트워크에서는 스마트 계약을 활용하여 은행 없이도 대출을 실행하거나, 제품이 구매되면 자동으로 결제가 이루어지는 시스템을 구현할 수 있다. 이처럼 스마트 계약은 계약 이행 과정에서 발생할 수 있는 인간의 개입이나 분쟁을 최소화하고, 거래 과정을 더 신속하고 투명하게 만든다.

상호운용성과 개인화된 웹 환경

웹3의 또 다른 주요 특징은 상호운용성(Interoperability)으로, 웹3은 특정 플랫폼에 종속되지 않는다. 웹 2.0 시대에는 대부분의 플랫폼이 자체 생태계 안에서 독립적으로 운영되며, 데이터와 자산이 기업 단위로 독점되는 구조였다. 반면, 웹3 환경에서는 플랫폼 간의 상호 연동성이 강화되어, 사용자가 하나의 디지털 자산을 여러 플랫폼에서 자유롭게 활용할 수 있게 된다. 예를 들어, 블록체인 기반의 디지털 자산인 *NFT(Non-Fungible Tokens)*는 특정 게임에서 획득한 아이템을 다른 플랫폼에서도 사용할 수 있도록 하며, 동일한 자산을 다양한 애플리케이션에서 연동할 수 있도록 한다.

이와 함께, 웹3에서는 사용자의 행동 데이터를 분석하여 보다 개인화된 서비스를 제공하는 시맨틱 웹 기술이 적용된다. 기존 검색 엔진은 키워드 기반의 검색을 제공하는 데 그쳤지만, 웹3에서는 AI가 사용자의 검색 의도를 분석하고, 맥락에 맞는 결과를 제공한다. 예를 들어, Google Assistant나 Siri는 단순한 키워드 매칭을 넘어서 사용자의 선호도와 맥락을 고려한 맞춤형 답변을 제공하며, 지속적인 학습을 통해 점점 더 정교한 서비스로 발전하고 있다. 이러한 기술은 웹3의 지능화된 인터페이스로서 작동하며, 디지털 경험을 개인 중심으로 진화시키는 핵심 동력이 되고 있다.

메타버스와 디지털 자산의 확장

웹3는 현실과 가상을 연결하는 메타버스와 긴밀하게 결합되면서 새로운 디지털 경제 시스템을 형성하고 있다. 기존의 인터넷이 단순한 정보 소비 중심의 공간이었다면, 웹3에서는 사용자가 직접 가상 세계에서 경제 활동을 할 수 있는 기반이 마련된다. Decentraland나 The Sandbox와 같은 블록체인 기반의 메타버스 플랫폼에서는 사용자가 가상 토지를 구매하고 개발할 수 있으며, 이를 활용하여 광고, 콘텐츠 제작, 상업 활동 등 실제 수익 창출이 가능한 비즈니스를 운영할 수 있다. 이러한 플랫폼은 단순한 가상현실 공간을 넘어, 분산된 경제 활동의 장으로 기능하며, 사용자 참여를 기반으로 지속적으로 성장하고 있다.

또한, NFT(대체불가능토큰, Non-Fungible Token)는 디지털 자산의 소유권을 블록체인에 기록함으로써, 디지털 예술 작품, 게임 아이템, 가상 부동산 등 다양한 자산의 거래와 수익 창출을 가능하게 한다. 대표적으로, 2021년 Beeple의 디지털 아트 NFT가 6,900만 달러에 판매되면서 NFT 시장이 급성장했고, 이후 많은 예술가와 기업이 NFT를 활용한 디지털 자산 경제에 참여하기 시작했다. 이러한 변화는 메타버스를 단순한 가상 체험 공간이 아닌, 현실과 연결된 자산 생태계이자 경제 시스템으로 재정의하게 만들었다.

보안성과 프라이버시 보호의 강화

웹3은 기존 인터넷 환경보다 한층 강화된 보안성과 프라이버시 보호를 제공한다. 중앙 서버에 의존하는 웹 2.0에서는 데이터 유출과 해킹의 위험이 상존했으며, 사용자의 개인정보가 기업에 의해 무분별하게 수집되었다. 하지만 웹3에서는 데이터가 블록체인과 분산 네트워크에 저장되며, 사용자만이 자신의 데이터를 접근하고 공유할 권한을 가진다. 또한, Zero-Knowledge Proof와 같은 암호화 기술이 적용되면서, 사용자는 신원을 완전히 공개하지 않고도 신뢰할 수 있는 거래를 수행할 수 있다. 예를 들어, 프라이버시 중심의 암호화폐인 Zcash와 Monero는 거래 내역을 익명으로 보호하여, 사용자의 금융 정보가 외부에 노출되지 않도록 한다. 이를 통해 웹3에서는 보다 안전한 인터넷 환경이 조성되며, 사용자는 자신의 개인정보를 보호하면서도 원하는 수준의 익명성을 유지할 수 있다.

웹3은 단순한 기술 발전이 아니라, 데이터 소유권, 경제 시스템, 보안 및 프라이버시 보호의 개념을 근본적으로 재정립하는 혁신적인 패러다임이다.[5] 탈중앙화된 환경에서 사용자는 데이터와 자산을 스스로 관리할 수 있으며, AI와 블록체인이 결합된 자동화된 인터넷 환경이 구축되고 있다. 이러한 변화는 단순히 더 나은 사용자 경험을 제공하는 것을 넘어, 보다 신뢰 가능하고 투명한 디지털 생태계를 구축하는 데 기여할 것이다.

04 웹3이 가져올 변화: 새로운 사회경제 질서의 형성

데이터 민주화와 개인의 정보 주권 강화

웹3은 데이터 소유권의 개념을 근본적으로 재정립하며, 개인이 자신의 정보를 직접 관리하고 활용할 수 있는 환경을 조성한다. 기존의 웹 2.0에서는 대형 플랫폼 기업이 사용자의 데이터를 독점하고 이를 광고 및 상업적 목적으로 활용했지만, 웹3에서는 탈중앙화된 데이터 저장 방식이 도입되면서 개인이 자신의 정보를 직접 통제할 수 있다. 이러한 변화는 정보 민주화를 촉진하며, 사용자의 동의 없이 데이터가 기업에 의해 무단 활용되는 문제를 해결하는 데 기여할 것이다.[6]

사회적으로 이는 개인정보 보호에 대한 법적·윤리적 기준을 강화하는 계기가 될 수 있다. 데이터 소유권이 사용자에게 귀속됨에 따라, 기존의 개인정보 보호법과 디지털 권리 관련 법제도가 웹3 환경에 맞게 개정될 필요성이 커질 것이다. 예를 들어, 유럽연합의 GDPR(일반 데이터 보호 규정)과 같은 강력한 개인정보 보호 규범이 웹3 환경에서 더욱 확장되면서, 개인이 자신의 데이터 활용 여부를 결정하고 이에 대한 보상을 받을 수 있는 권리가 보장될 것이다.

산업 구조의 변화와 새로운 경제 생태계

웹3은 전통적인 산업 구조에도 획기적인 변화를 가져올 것이다. 특히 중앙화된 플랫폼 중심의 경제 모델에서 탈중앙화된 경제 모델로의 전환되면서, 기업 운영 방식과 산업 간 협력 구조에 본질적인 변화가 일어날 것이다. 금융 산업에서는 은행과 같은 중개 기관 없이도 개인 간 직접 거래가 가능한 *탈중앙 금융(DeFi)*의 확산으로 인해 기존 금융 기관의 역할이 축소될 가능성이 높아진다. 또한, DAO(탈중앙 자율 조직) 기반의 기업 운영 방식은 기존의 위계적 조직 구조를 대체하며, 운영의 투명성과 효율성을 크게 향상시킬 것이다.

이러한 변화는 노동 시장에도 큰 영향을 미칠 것이다. 기존의 고용 중심 산업 구조에서 벗어나, 개인이 자신의 기술과 서비스를 웹3 기반 플랫폼에서 자유롭게 제공하는 탈중앙화 경제 모델이 자리 잡을 가능성이 크다. 예를 들어, NFT를 활용한 디지털 창작물의 소유권 보호와 직접 판매가 가능해짐에 따라, 창작자들은 중개 플랫폼 없이도 수익을 창출할 수 있는 생태계를 경험하고 있다. 또한, 메타버스 내 가상 부동산 개발, 디지털 자산 관리, 블록체인 기반의 프리랜서 마켓플레이스 등이 활성화되면서, 새로운 형태의 직업과 산업이 등장할 것이다. 이는 단순한 직업의 변화가 아니라, 노동 개념의 재정립이라는 측면에서 사회 전반에 중대한 영향을 미칠 것이다.

법제도적 변화와 규제 환경의 재정립

웹3의 도입은 기존 법률 및 규제 체계에도 상당한 영향을 미칠 것이다. 기존의 법률은 중앙화된 시스템을 기반으로 설계되었으며, 국가 및 기업 단위에서 데이터를 통제하고 보호하는 방식이었다. 그러나 웹3에서는 데이터 소유권이 개인에게 귀속되고, DAO와 같은 새로운 조직 형태가 등장함에 따라 기존 법률과 규제 체계가 적용되기 어려운 부분이 많아질 것이다.

특히, 탈중앙화 금융(DeFi) 및 NFT 거래 시장의 성장으로 인해 정부의 금융 규제 방식도 변화할 필요가 있다. 기존의 금융 시스템은 KYC(고객 신원 확인)와 AML(자금 세탁 방지) 규정을 기반으로 운영되었지만, 웹3에서는 익명성을 보장하는 암호화 기술이 적용되면서 새로운 형태의 금융 규제 프레임워크가 필요해지고 있다. 또한, 스마트 계약을 기반으로 한 자동화된 거래가 늘어나면서 계약법 및 소비자 보호법도 이에 맞춰 개정될 필요성이 있다. 이는 기술 발전에 대응하는 수동적인 규제가 아니라, 새로운 디지털 사회 질서를 선제적으로 설계하는 법적 인프라 구축으로 나아가야 할 것이다.

문화와 미디어 소비 방식의 변화

웹3는 미디어 콘텐츠의 제작, 유통, 소비 방식 전반에 혁신적인 변화를 일으키고 있다. 기존의 웹 2.0 환경에서는 유튜브, 넷플릭스, 스포티파이와 같은 플랫폼이 콘텐츠를 독점적으로 배급하며, 크리에이터는 플랫폼의 정책과 수익 분배 구조에 종속될 수밖에 없었다. 하지만 웹3에서는 NFT와 블록체인 기술을 활용하여 개별 창작자가 직접 자신의 콘텐츠를 유통하고, 소유권을 유지하면서 수익을 창출할 수 있는 구조가 가능해진다.[7]

예를 들어, 음악 아티스트가 블록체인 기반의 NFT를 활용해 자신의 곡을 판매하면, 중개 플랫폼을 거치지 않고도 직접 수익을 얻을 수 있다. 팬들은 NFT를 구매하여 아티스트와 보다 직접적으로 연결될 수 있으며, NFT의 가치가 상승하면 재판매를 통해 추가적인 경제적 이익을 얻을 수도 있다. 이러한 방식은 영화, 게임, 디지털 아트, 교육 콘텐츠 등 다양한 분야로 확장되며, 미디어 산업 전반에 걸친 패러다임 전환을 가속화할 것이다.

사회적 신뢰 시스템의 변화와 거버넌스 혁신

웹3은 기존의 사회적 신뢰 시스템의 개념 자체도 재정립하고 있다. 현대 사회에서는 신용카드, 은행, 정부 기관과 같은 중앙화된 기관이 신뢰를 보장하는 역할을 수행한다. 그러나 웹3 환경에서는 블록체인을 통해 디지털 신원, 거래 내역, 소유권 정보가 투명하고 위변조 불가능한 형태로 기록되며, 중앙 기관 없이도 신뢰가 확보되는 시스템이 구축되고 있다.

이러한 변화는 국가 및 기업의 거버넌스 구조에도 영향을 미칠 것이다. 전통적으로 국가 및 기업의 정책 결정은 일부 관리자와 리더에 의해 이루어졌지만, 웹3에서는 DAO와 같은 자율적 조직 운영 방식이 도입되면서 보다 민주적인 의사결정 구조가 형성될 수 있다. 예를 들어, 일부 블록체인 프로젝트에서는 모든 정책이 토큰 보유자의 투표를 통해 결정되며, 투명성과 공정성이 확보된다. 이러한 시스템이 기업 운영뿐만 아니라 국가 거버넌스에도 도입될 경우, 보다 개방적이고 시민 참여가 강화된 민주적 시스템으로 발전할 가능성이 크다.

웹3은 단순한 기술 혁신을 넘어, 사회 전반에 걸쳐 경제, 법률, 산업, 문화, 거버넌스 등의 분야에 광범위한 변화를 가져올 것이다. 개인이 자신의 데이터를 소유하고 활용할 수 있는 환경이 조성되면서, 데이터 경제가 활성화되고 새로운 형태의 비즈니스 모델이 등장할 것이다. 또한, 탈중앙화된 조직 운영 방식과 새로운 신뢰 시스템이 자리 잡으면서, 기존의 국가 및 기업 중심의 경제·사회 질서가 변화할 것으로 예상된다. 이러한 변화는 기존의 제도와 충돌하는 요소를 수반할 수도 있지만, 장기적으로는 더욱 투명하고 효율적인 디지털 사회를 형성하는 데 기여할 것이다. 웹3의 거버넌스 모델은 단순히 기술적 대안이 아니며, 기존 권력 구조에 대한 근본적인 혁신이기도 하다.

05 웹 3.0과 웹3: 공통점과 미래

인터넷의 발전 과정에서 웹 3.0과 웹3는 자주 혼용되어 사용되지만, 본질적으로 서로 다른 철학과 접근 방식을 기반으로 한다. 웹 3.0과 웹3는 모두 인터넷을 더욱 발전시키려는 목표를 가지고 있지만, 이를 실현하는 방식과 그 중심 가치에서는 뚜렷한 차이를 보인다. 웹 3.0은 RDF, SPARQL, OWL 등의 데이터 처리 기술을 활용하여 웹을 의미론적으로 연결하는 것을 목표로 하고, 데이터 간의 관계를 컴퓨터가 이해하고 해석할 수 있도록 만드는 것이 핵심이다. 이러한 구조는 정보 검색의 정밀성을 높이고, AI 기반 맞춤형 정보 제공을 가능하게 한다. 웹 3.0은 다시 말해, 웹이 단순한 정보 저장소를 넘어, 지능형 정보 해석기로서 역할을 하게 한다. 반면, 웹3는 블록체인, 스마트 계약, 탈중앙화 네트워크를 기반으로 하여 사용자가 데이터와 자산을 직접 소유하는 인터넷 환경을 구축하는 데 초점을 둔다. 사용자가 자신의 데이터를 소유하고, 중개 플랫폼 없이 직접 자산을 관리·활용할 수 있는 환경을 구축하는 것이 핵심이다. 웹3는 단순한 기술 발전이 아닌, 인터넷 권력 구조의 전환, 즉 플랫폼에서 사용자로 권한을 이동시키려는 움직임이다.

  데이터 저장 방식에서도 웹 3.0과 웹3는 뚜렷한 차이를 보인다. 웹 3.0에서는 데이터를 솔리드 팟(Solid Pod)과 같은 중앙화된 데이터 저장소에 보관하며, 사용자가 이를 직접 관리하는 구조를 갖는다. 이는 웹 3.0이 사용자의 데이터 접근성과 통제권을 강화하는 것을 목표로 하기 때문이다. 반면, 웹3에서는 데이터를 블록체인과 암호화폐 지갑에 저장하며, 사용자가 개인 키를 직접 보유하고 이를 통해 자신의 데이터를 관리한다. 이러한 차이로 인해 보안성과 데이터 변경 가능성에서도 차이가 발생한다. 웹 3.0에서는 데이터가 쉽게 수정 및 업데이트될 수 있지만, 웹3에서는 데이터가 블록체인에 저장되므로 변경하거나 삭제하는 것이 어렵다.

  웹 3.0과 웹3는 목표와 철학에서도 차이를 보인다. 웹 3.0은 웹을 더욱 스마트하게 만들고, 데이터를 보다 의미론적으로 연결하여 활용성을 높이는 데 집중한다. 이를 통해 정보 검색이 보다 정교해지고, 인공지능(AI) 기술이 결합되어 사용자 맞춤형 정보를 제공할 수 있는 환경을 조성하는 것이 목표이다. 반면, 웹3는 중앙화된 플랫폼을 해체하고 데이터 주권을 사용자에게 되돌려주는 것에 중점을 둔다. 웹 3.0이 웹의 발전을 정보의 효율성 향상과 연결성 강화의 관점에서 바라본다면, 웹3는 웹을 보다 개방적이고 탈중앙화된 형태로 만들려는 움직임이라 할 수 있다.

  비록 웹 3.0과 웹3는 본질적으로 다른 개념이지만, 두 개념이 공유하는 공통점도 존재한다. 두 개념 모두 사용자가 자신의 데이터를 보다 직접적으로 관리할 수 있는 환경을 구축하는 것을 목표로 한다. 또한 프라이버시 보호, 보안 강화, 투명한 데이터 활용이라는 가치를 중요하게 여기고, 데이터 활용 방식의 투명성을 높이는 데 초점을 맞추고 있다. 다만, 현재 두 개념 모두 완전히 구현된 형태는 아니다. 두 개념 모두 여전히 실험적인 단계에 있으며, 다양한 시도와 조정 과정을 거치고 있다.

한편 웹 3.0과 웹3가 결국 하나의 개념으로 융합될 가능성이 크다는 전망도 적지 않다.[8] 웹 3.0이 추구하는 기계 판독성과 AI 기반의 데이터 최적화 기술이 웹3의 탈중앙화 네트워크와 결합된다면, 보다 지능적이면서도 사용자 중심적인 인터넷 환경이 조성될 수 있다. 웹 3.0의 강점인 의미론적 데이터 처리 능력과 웹3의 강점인 데이터 소유권의 탈중앙화가 결합될 경우, 정보의 효율성과 사용자의 권한이 동시에 보장되는 혁신적인 웹 환경이 탄생할 가능성이 높다.

현재 인터넷의 미래를 논의할 때, 웹 3.0과 웹3는 각기 다른 방향성을 지닌 개념이지만, 결국에는 더 개방적이고 사용자 중심적인 웹 생태계 구축이라는 공통된 목표를 지향한다. 웹 3.0은 시맨틱 웹과 AI를 통해 더 스마트한 인터넷을 구축하려 하고, 웹3는 블록체인과 탈중앙화를 통해 사용자 주권을 강화하려 한다.

따라서 미래의 인터넷은 웹 3.0과 웹3가 경쟁하는 형태가 아니라, 서로를 보완하는 방향으로 발전할 가능성이 높다. 두 개념의 융합을 통해, 웹은 더욱 지능화 되고 탈중앙화된 공간으로 변모할 것이며, 사용자는 보다 자유롭고 안전하게 데이터를 관리하고 활용할 수 있는 새로운 인터넷 패러다임을 경험하게 될 것이다.

PART 08

초연결 사회:
탈중앙화 인프라로의 진화

초연결 사회: 탈중앙화 인프라로의 진화

01 사물인터넷(IoT)과 초연결 사회

IoT의 개념과 초연결 사회의 도래

사물인터넷(Internet of Things, IoT)은 사람, 사물, 공간, 데이터 등 모든 요소가 인터넷을 통해 연결되어 실시간으로 정보를 생성·수집·공유·활용하는 네트워크 환경을 의미한다. 이는 산업혁명 시대의 전통 산업과 정보화 혁명을 기반으로 한 디지털 경제가 융합되면서, 초연결(hyperconnectivity) 사회를 구현하는 핵심 기술로 자리 잡았다. 다양한 물리적 객체들이 센서를 통해 데이터를 수집하고, 네트워크를 통해 이를 공유하며, 클라우드 및 엣지 컴퓨팅을 활용해 실시간으로 분석·처리하는 방식이 IoT의 기본 구조를 형성한다.

특히 IoT는 단순한 디바이스 간의 연결을 넘어서, 스마트 팩토리, 스마트 시티, 스마트홈과 같은 지능형 인프라 시스템을 가능케 하는 기반 기술로 진화하고 있다. 기존의 M2M(Machine-to-Machine) 기술이 특정 기기 간의 데이터 교환에 초점을 두었다면, IoT는 보다 광범위한 디바이스와 시스템을 유기적으로 연결함으로써, 새로운 산업 생태계와 비즈니스 모델을 창출하는 상위 개념으로 발전하고 있다.

산업 IoT(Industrial IoT)의 발전과 인더스트리 4.0

IoT는 산업 전반에 걸쳐 혁신적인 변화를 일으키고 있으며, 특히 제조·유통·물류 등의 산업 분야에서 생산성과 효율성을 극대화하는 핵심 기술로 부상하고 있다. 가장 대표적인 사례로 독일의 '인더스트리 4.0(Industry 4.0)'을 들 수 있다. 이는 전통적인 제조업에 IoT 기술을 접목하여 생산 공정을 디지털화하고, 공장 내 설비와 데이터를 실시간으로 연결함으로써 스마트 팩토리로 전환하는 산업 혁신 전략이다.

예를 들어, 독일의 지멘스(Siemens) 암베르크(Amberg) 공장은 IoT 기술을 기반으로 생산 설비와 부품 간 실시간 데이터 공유를 통해 자동으로 최적화된 생산 공정을 설계할 수 있는 시스템을 구축하였다. 그 결과, 불량률이 100만 개당 550개 수준에서 12개로 감소하였으며, 생산 효율성 역시 비약적으로 향상되었다. 이처럼 산업 IoT는 기존 제조업의 패러다임을 전환하고, 글로벌 공급망을 더욱 정교하고 유연하게 최적화하는 데 핵심적인 역할을 하고 있다.

공공 및 사회 인프라 IoT의 역할

IoT는 공공 부문에서도 혁신적인 변화를 촉진하고 있다. 특히 스마트 시티 인프라에 IoT 기술을 적용하면 도시 내 교통, 에너지 관리, 보안, 환경 문제 등을 보다 효율적으로 해결할 수 있다. 대표적인 사례로는 스마트 쓰레기통(Smart Bin)시스템이 있다. 이 시스템은 센서를 통해 쓰레기 적재량을 실시간으로 모니터링하고, 쓰레기 수거 스케줄을 최적화하여 운송 비용 절감과 환경 오염 감소라는 이중 효과를 제공한다.

또한, 스마트 주차 시스템은 IoT 기반의 센서를 활용하여 운전자들에게 실시간 주차 가능 공간 정보를 제공함으로써, 불필요한 연료 소비와 교통 체증을 줄이는 데 기여하고 있다. 더 나아가 CCTV와 각종 센서, 그리고 소셜 미디어(SNS) 데이터를 결합한 사회 안전 IoT 플랫폼은 실시간 범죄 감시와 예측 시스템을 강화하여, 도시의 치안과 응급 대응력을 한층 높일 수 있는 가능성을 제시하고 있다.

개인 IoT와 스마트홈 혁명

IoT 기술이 가장 빠르게 확산되고 있는 영역 중 하나는 '개인용 IoT(Personal IoT)'이다. 특히 스마트홈(Smart Home) 기술의 발전은 IoT가 일상생활 속으로 깊숙이 파고들고 있음을 보여준다. 현대의 가정에서는 스마트 냉장고, 조명, 난방 시스템 등이 IoT 네트워크에 연결되어 원격 제어 및 자동화 관리가 가능하며, 이를 통해 에너지 절약과 사용자 편의성이 크게 향상되고 있다.

또한 스마트 헬스케어(Healthcare IoT) 분야에서도 IoT는 새로운 변화를 주도하고 있다. 웨어러블 기기를 통해 실시간으로 심박수, 혈압, 혈당 등을 모니터링할 수 있으며, AI 기반의 맞춤형 건강관리 서비스와 연계하여 개인화된 의료 서비스를 제공할 수 있다. 예를 들어, 웨어러블 심박계는 사용자의 건강 데이터를 분석하고, 이상 징후가 감지되면 실시간으로 경고를 보내는 기능을 수행한다. 이는 응급 상황에서 신속한 대응을 가능하게 하며, 개인 건강 관리의 효율성을 높이는 데 기여하고 있다.

초연결 사회와 IoT의 확장성

IoT의 확산은 단순한 디바이스 간 연결을 넘어, 초연결 사회(Hyper-connected Society)라는 새로운 시대를 열어가고 있다. 초연결사회란, 인간, 사물, 공간, 시스템 등 모든 요소가 디지털 네트워크를 통해 시공간의 제약 없이 상시 연결되어 상호작용하는 사회를 의미한다. 이 사회에서는 인터넷, 사물인터넷(IoT), 5G/6G 통신, 인공지능(AI), 클라우드, 블록체인 등의 첨단 기술이 통합적으로 작동하며, 물리적 현실과 디지털 세계가 긴밀히 융합된다. 초연결사회는 단순히 정보의 교환을 넘어, 데이터 기반의 실시간 의사결정, 자동화, 자율적 시스템 운영을 가능하게 하여 경제, 산업, 일상생활 전반에 걸쳐 새로운 가치 창출과 사회적 변화를 촉진한다.

이러한 초연결성은 개인과 조직, 기기 간 경계를 허물며, 연결의 범위와 속도를 극대화함으로써 기존의 사회·경제·문화 시스템을 재구성하는 힘을 발휘하게 된다. 예를 들어, 스마트시티에서는 도시의 모든 인프라가 데이터로 연결되어 교통, 에너지, 보안 등이 자동 최적화되며, 헬스케어 분야에서는 원격진료와 개인 맞춤형 건강관리 서비스가 일상화된다. 또한 메타버스와 같은 가상 공간은 초연결사회의 연장선상에서, 물리적 존재를 넘어서는 새로운 사회적 활동과 경제적 기회를 창출하게 된다.

이러한 변화 속에서 글로벌 IT 기업들은 초연결 인프라를 기반으로 새로운 생태계를 형성하고 있으며, 이는 기존 산업의 구조를 근본적으로 변화시키고 있다. 특히, AI, 클라우드 컴퓨팅, 5G 및 블록체인 기술과의 융합은 IoT의 확장성과 보안성을 더욱 강화하며, 다양한 분야에서의 응용 가능성을 확대하고 있다.

이처럼 IoT 기반의 초연결 사회는 우리의 삶을 더욱 편리하고 안전하게 만들 뿐만 아니라, 산업 혁신과 경제적 가치 창출의 토대로 작용한다. 그러나 동시에 보안 문제, 개인정보 보호, 중앙화된 데이터 관리 문제 등 해결해야 할 과제들도 여전히 존재한다. 이에 따라, IoT 인프라의 발전이 Web3 기반의 탈중앙화 네트워크(DePIN)와 어떻게 연결될 것인지가 중요한 논의의 주제로 떠오르고 있다.

Web2.0 시대의 클라우드 컴퓨팅이 IoT 네트워크의 핵심 인프라 역할을 했다면, Web3 시대에서는 탈중앙화된 네트워크를 기반으로 한 IoT 인프라가 기존의 중앙화된 구조를 보완하고 새로운 가치를 창출할 가능성이 높다. 이러한 변화는 IoT가 단순한 기술 혁신을 넘어, 데이터 주권(data sovereignty)과 인프라 소유권(infrastructure ownership)까지 확장될 수 있는 계기가 될 것이다.

02 클라우드 인프라: 중앙화된 지배 구조의 형성

초연결 사회와 클라우드의 역할

사물인터넷(IoT)의 확산은 필연적으로 대규모 데이터의 생성과 처리를 요구하게 되었다. 수많은 센서와 기기가 실시간으로 데이터를 생산하고 이를 분석·활용하는 과정에서, 고성능의 저장 및 연산 기능을 갖춘 기반 기술이 필수적이 되었다. 이에 따라 '클라우드 컴퓨팅(Cloud Computing)'이 IoT 시대의 핵심 기반 기술로 자리 잡게 되었다.

클라우드는 네트워크를 통해 온디맨드(On-Demand) 방식으로 컴퓨팅 자원(서버, 스토리지, 데이터베이스, 네트워크, 소프트웨어, 분석 도구 등)을 제공하고 관리하는 정보 기술(IT) 인프라 및 서비스 모델을 의미한다. 사용자는 물리적 장비를 직접 소유하거나 운영하지 않고도, 필요할 때 필요한 만큼의 컴퓨팅 자원을 인터넷을 통해 유연하게 접근하고 사용할 수 있다. 클라우드는 이러한 자원의 배치, 운영, 확장, 유지보수를 서비스 제공자가 대신 관리함으로써, 사용자에게 높은 비용 효율성과 민첩성을 제공한다.

초연결사회에서 클라우드는 단순한 IT 서비스 공급 모델을 넘어, 사회 전체의 데이터 흐름과 지능적 연결을 뒷받침하는 핵심 인프라로 기능하고 있다. 인간, 사물, 공간, 시스템 등 모든 연결 주체가 실시간으로 데이터를 생성하고 소통하는 환경에서는, 방대한 데이터의 저장, 처리, 분석이 필수적이며, 이를 가능하게 하는 기반이 바로 클라우드인 것이다. 클라우드는 초연결사회에서 다음과 같은 본질적 역할을 수행한다.

첫째, '뛰어난 확장성(Scalability)'을 제공한다. 초연결사회에서는 데이터 생산량이 기하급수적으로 증가하며, 이에 따라 컴퓨팅 및 저장 용량 역시 급격히 확장될 필요가 있다. 클라우드는 사용자의 수요 변화에 따라 자원을 탄력적으로 조정할 수 있어, 대규모 데이터 환경에 최적화된 유연성을 제공합니다.

둘째, '접근성과 가용성(Accessibility and Availability)'을 높여준다. 시간과 공간의 제약 없이 어디서나 데이터와 애플리케이션에 접근할 수 있도록 지원함으로써, 초연결사회의 특성인 '상시 연결(always-on connectivity)'을 실질적으로 구현한다.

셋째, '지능형 서비스(Intelligent Services)'를 통해 클라우드는 단순한 저장 공간을 넘어, 인공지능(AI), 머신러닝(ML), 빅데이터 분석, 사물인터넷(IoT) 등 고급 서비스를 통합적으로 제공함으로써, 연결된 데이터를 실시간으로 분석하고 지능화하는 기반이 된다. 이는 초연결사회의 핵심 가치인 '데이터 기반 실시간 의사결정'을 가능하게 한다.

넷째, '비용 효율성과 혁신 촉진(Cost Efficiency and Innovation Enablement)'의 기반이 된다. 사용자는 특히 초기 구축 비용이나 유지보수 비용 없이 혁신적 서비스를 빠르게 개발하고 확장할 수 있으며, 이는 초연결사회에서 빠르게 변화하는 수요에 민첩하게 대응하는 데 필수적인 경쟁력이 된다.

이러한 강점과 시장 필요에 의해 Web2.0 시대의 클라우드 컴퓨팅은 AWS(Amazon Web Services), Microsoft Azure, Google Cloud와 같은 거대 글로벌 IT 기업들이 주도하는 중앙화된 데이터 관리 방식으로 발전했다.[1] 이들은 대규모 데이터 센터를 운영하며, 기업과 개인이 필요로 하는 컴퓨팅 리소스를 제공하는 형태로 IT 인프라 시장을 장악했다. IoT 기기에서 수집된 방대한 양의 데이터는 이러한 클라우드 플랫폼을 통해 저장·처리되었고, 이를 바탕으로 AI 분석 및 자동화가 가능해졌다.

그러나 이러한 발전은 동시에 데이터 소유권과 관리 권한의 중앙집중화라는 구조적 문제를 수반하게 되었다. IoT 시대의 데이터는 단순한 개인정보 보호 차원을 넘어, 글로벌 경제와 안보에까지 영향을 미칠 정도로 중요한 자산이 되기 때문이다.

초연결성과 승자독식의 법칙

앞서 정리한 바와 같이 전 세계가 점점 더 촘촘한 네트워크로 연결되는 '초연결 사회로 빠르게 변화하게 되면서 데이터와 네트워크를 장악한 기업이 시장을 독식하는 승자독식(Winner-Takes-All) 현상이 더욱 두드러진다. MIT의 브린욜프슨(Brynjolfsson)과 맥아피(McAfee)는 IoT를 비롯한 디지털 기술이 승자독식 구조를 가속화하는 세 가지 핵심 요인을 설명한다.[2] 첫째, '디지털화(Digitization)'이다. 디지털 제품과 서비스는 물리적 한계를 초월하여 매우 낮은 비용으로 확장 가능하며, 전 세계 사용자를 대상으로 빠르게 시장을 장악할 수 있다. 둘째, 통신 기술(Telecommunications)의 발전이다. IoT와 5G, 광대역 네트워크의 확장은 초연결성을 더욱 강화하고, 단일 플랫폼이 대규모 사용자층을 확보하는데 유리한 환경을 조성한다. 마지막으로, '네트워크 효과(Network Effect)와 규모의 경제(Economy of Scale)'가 있다. 특정 플랫폼을 사용하는 사용자가 많아질수록, 해당 플랫폼의 가치는 더욱 상승하고, 경쟁자가 시장에 진입하기 어려운 구조가 형성된다.

이러한 요인들은 특히 IoT 시장에서 강하게 작용하고 있다. 글로벌 기업들은 IoT 인프라와 클라우드 컴퓨팅을 기반으로 지배적 플랫폼을 구축하기 위해 치열하게 경쟁하고 있으며, 현재 AWS, 구글 클라우드, 마이크로소프트 애저가 그 중심에 서 있다.

초연결 사회와 플랫폼 경제

초연결 사회에서는 데이터와 네트워크가 개인, 사물, 공간과 결합하여 새로운 형태의 가치 창출을 가능하게 한다. 과거에는 사람과 사람 간의 소통이 중심이었지만, 이제는 사람과 사물, 나아가 사물과 사물 간의 소통까지 확장되며 모든 요소가 네트워크를 통해 연결되는 환경이 조성되고 있다.

마누(Manu)는 소셜 플랫폼에서 형성되는 관계의 확장이 IoT를 통해 더욱 심화된다고 설명한다.[3] IoT는 시간, 장소, 환경 속에서 개인의 관계를 더욱 확장하며, 이를 다른 사람과 공유함으로써 연결의 폭을 지속적으로 넓혀 나가는 구조를 만들어낸다. 이러한 확장된 네트워크는 데이터 생성, 저장, 전송할 수 있는 연결된 생태계를 구축하며, 참여자 밀도를 증가시켜 새로운 형태의 사회자본(social capital)을 형성한다.

예를 들어, 공간적 개념에서 '위치(location)'는 좌표계 내에서 고정된 값이지만, '장소(place)'는 그 위치에 대한 개인적, 혹은 공동체적 의미를 포함한다. 즉, 단순한 위치적 정보가 아니라 사회적 자본(social capital)이 축적되면서 새로운 경제적 가치가 창출될 수 있는 것이다. 이러한 맥락에서 초연결 사회는 기존의 물리적 자산 중심의 경제 모델을 넘어, 플랫폼을 기반으로 한 관계와 데이터 중심의 경제로 전환되고 있다.

플랫폼 경제의 핵심적인 특징은 양면 시장(Two-sided Market) 구조를 통해 생산자와 소비자가 자유롭게 상호작용하며 가치를 창출한다는 점이다. 예를 들어, Uber는 더 많은 운전자가 플랫폼에 참여할수록 더 많은 이용자가 몰리며, 이는 다시 더 많은 운전자를 유인하는 '횡축 네트워크 효과(Cross-side Effect)'를 발생시킨다. 마찬가지로, 페이스북이나 인스타그램과 같은 소셜 네트워크 플랫폼에서는 사용자가 많아질수록 추가적인 사용자 유입이 가속화되는 '동축 네트워크 효과(Same-side Effect)'가 나타난다.

이러한 네트워크 효과는 전통적인 규모의 경제를 공급자 중심에서 수요자 중심으로 전환하며, 강력한 '외부성(externalities)'을 작동시킨다. 즉, 기존 산업사회에서는 기업이 수직적 또는 수평적 통합을 통해 시장 지배력을 확보했다면, '플랫폼 경제에서는 기능적 통합과 조화(Functional Integration and Orchestration)'를 통해 외부의 다양한 자원을 끌어들여 가치를 극대화하는 방식으로 성장한다.[4]

예를 들어, '애플, 구글, 마이크로소프트, 아마존, 페이스북'과 같은 글로벌 플랫폼 기업들은 단순한 제품 및 서비스 제공자가 아니다. 이들은 데이터, 네트워크, 알고리즘을 결합하여 플랫폼 중심의 글로벌 경제 구조를 형성하고 있으며, 사용자 데이터와 AI 알고리즘을 기반으로 맞춤형 서비스를 제공한다. 이를 통해 플랫폼 내 경제적 활동을 최적화하고, 경쟁력을 극대화하는 전략을 펼치고 있다.

IoT 플랫폼의 지배력과 데이터 주권 문제

IoT 생태계에서 가장 중요한 요소 중 하나는 데이터의 소유권이다. IoT 기기가 수집하는 데이터는 단순한 정보가 아니라, 소비자의 행동 패턴, 도시의 교통 흐름, 기업의 생산성 등 경제적으로도 중요한 가치를 지닌다. 그러나 현재 이 데이터의 상당 부분이 AWS, 구글 클라우드, 마이크로소프트 애저와 같은 중앙화된 클라우드 기업의 데이터 센터에 저장·처리되는 구조로 운영되고 있다.

예를 들어, GE(General Electric)는 산업용 IoT(Industrial IoT)의 대표 주자로서 에너지, 기계 설비, 헬스케어 분야에서 데이터를 분석하고 관리하는 글로벌 플랫폼을 구축하고 있다. GE의 산업인터넷(Industrial Internet) 개념은 기계와 장비의 데이터를 실시간으로 수집·분석하여 운영 효율성을 극대화하고, 유지 보수 비용을 줄이며, 수명을 연장하는 방식으로 운영된다.[5] 이러한 데이터 활용이 가능해지면서 기업들은 AI 기반의 최적화 모델을 구축할 수 있게 되었고, 이는 산업 전반의 효율성을 획기적으로 향상시키는 역할을 했다.

그러나 문제는 이 데이터의 소유권이 누구에게 있는가 하는 점이다. GE를 포함한 대기업들이 운영하는 IoT 플랫폼은 데이터를 수집하는 개별 기업이나 개인이 아니라 플랫폼 제공 기업이 데이터를 통제하고 활용할 수 있도록 설계되어 있다. 이는 데이터 주권(Data Sovereignty) 문제를 야기하며, IoT 인프라의 중앙화 문제를 더욱 심화시키는 요인으로 작용하고 있다.

중앙화된 클라우드 모델의 한계

중앙화된 클라우드 모델은 강력한 확장성과 안정성을 제공하지만, 여러 가지 문제를 내포하고 있다. 우선 데이터 프라이버시 문제가 제기된다. 중앙화된 클라우드 모델에서는 모든 데이터가 단일 서버 또는 소수의 대규모 데이터 센터에 저장되기 때문에 해킹, 정보 유출, 정부 검열 등의 위험이 커진다. 사용자는 클라우드 서비스 제공업체가 데이터를 안전하게 보호할 것이라고 신뢰해야 하지만, 실제로는 데이터 유출 사고가 빈번하게 발생하고 있다. 특히, 정부 기관이나 특정 조직이 데이터를 감시하거나 차단할 가능성이 있어 데이터 주권과 프라이버시 보호 문제가 지속적으로 제기되고 있다.

높은 비용 구조도 주요한 문제로 지적된다. AWS, 구글 클라우드, 마이크로소프트 애저와 같은 클라우드 서비스는 초기에는 저렴한 가격으로 사용자들을 유치하지만, 데이터 저장 및 처리량이 증가할수록 비용이 기하급수적으로 상승하는 구조를 가지고 있다. 특히, 데이터 전송 비용(egress fees)과 연산 비용이 누적되면서 장기적으로 기업과 개인에게 큰 재정적 부담이 될 수 있다. 특히 글로벌 클라우드 서비스들은 공식적인 요금 인상 발표 없이도 다양한 간접적 방식으로 사실상의 요금 인상을 진행해오고 있음은 눈여겨 볼 대목이다. 최근 몇 년간 서비스별 과금 체계가 점점 세분화되고 복잡해지면서, 과거에는 무료였거나 낮은 요금이 적용되던 항목들이 유료화되거나 추가 과금 대상으로 전환되고, 일부 서비스의 신규 버전 출시나 업데이트 과정에서도 가격 인상 효과가 발생하고 있는 것이다.

표. 8-1. AWS와 DePIN 비교

구분	Amazon Web Services (AWS)	Decentralized Physical Infrastructure Network (DePIN)
인프라 구조	중앙집중형 데이터 센터 기반	분산형 커뮤니티 기반 네트워크
운영 주체	아마존이 모든 인프라를 소유·운영	다수의 독립된 참여자가 네트워크 인프라를 구축 및 운영
확장성	글로벌 대규모 확장 가능	참여자 증가에 따라 유기적으로 확장 가능
데이터 소유권	사용자 데이터가 AWS 서버에 저장	사용자 및 노드 운영자가 데이터 소유 및 제어
비용 구조	초기 비용은 낮지만 데이터 증가에 따라 급격히 상승	초기 구축 비용 부담 있지만, 장기적으로 저렴한 유지비 가능성
보안 및 프라이버시	AWS 정책 및 국가 규제에 따라 통제	탈중앙화로 해킹 및 중앙 통제 위험 감소, 그러나 노드 신뢰성 문제가 존재
서비스 신뢰성	높은 신뢰성과 안정성 보장	네트워크 안정성은 커뮤니티 참여 및 기술 성숙도에 따라 변동 가능
시장 지배력	글로벌 클라우드 시장 1위, 높은 독점성	아직 초기 단계, 다양한 프로젝트들이 경쟁하며 성장 중
기술 복잡성	사용이 간편하며 다양한 SaaS, PaaS, IaaS 제공	모듈형 구성으로 유연성은 높지만 초기 세팅과 운영이 복잡할 수 있음
경제 모델	아마존이 가격과 정책 결정	커뮤니티 주도의 토큰 경제 및 자율적 가격 결정
거버넌스	기업 주도형 의사결정	탈중앙화된 커뮤니티 투표 및 거버넌스 체계

마지막으로 서비스 의존성과 플랫폼 종속 문제도 빼놓을 수 없다. 중앙화된 클라우드 서비스를 이용하는 기업과 개인은 해당 플랫폼의 정책 변화에 따라 서비스 이용 방식이 달라질 위험을 안고 있다. 클라우드 제공업체가 가격 정책을 변경하거나, 특정 기능을 제한하거나, 특정 국가에서 서비스를 차단하는 경우, 사용자들은 이에 대한 직접적인 대응이 어렵다. 또한, 특정 클라우드 서비스에 구축된 애플리케이션과 데이터는 쉽게 다른 플랫폼으로 이전하기 어렵기 때문에 플랫폼 락인(Lock-in) 현상이 발생한다.

이로 인해 사용자는 선택의 자유를 잃고 특정 기업의 정책과 비용 구조에 종속될 가능성이 높아진다.

이러한 한계점을 해결하기 위해 분산형 인프라 모델, 즉 Web3 기반의 탈중앙화 물리적 인프라 네트워크(DePIN)가 주목받고 있다. 중앙화된 클라우드 서비스 대신, 네트워크 참여자들이 자원을 공유하는 방식의 탈중앙화 네트워크는 IoT 생태계에서 데이터 소유권과 비용 문제를 해결하는 대안이 될 수 있다.

현재 파일코인(Filecoin), 에이셔(Aethir), 헬륨(Helium)과 같은 프로젝트들은 분산형 스토리지, 컴퓨팅, 네트워크 인프라를 구축하여 IoT와 클라우드 인프라의 중앙화 문제를 해소하는 모델을 제시하고 있다. 이는 IoT가 발전하면서 필연적으로 직면하게 될 중앙화의 한계를 극복하고, 보다 지속가능하고 개방적인 인프라 모델로의 전환을 의미한다.

03 Web3와 DePIN: 클라우드의 탈중앙화

Web3의 부상과 데이터 주권의 변화

Web3는 기존 Web2.0의 중앙 집중적 구조에서 탈피하여 데이터 소유권과 네트워크 운영의 탈중앙화를 실현하는 방향으로 발전하고 있다. Web2.0 시대의 인터넷은 대형 플랫폼 기업들이 데이터를 독점하는 구조를 형성했으며, 사용자들은 자신의 데이터에 대한 통제권을 가지지 못한 채 서비스를 이용해야 했다. 그러나 Web3는 블록체인 기술과 분산형 네트워크를 활용하여 데이터 소유권을 사용자에게 돌려주는 것을 목표로 한다.

이러한 변화는 클라우드 컴퓨팅 인프라에도 큰 영향을 미치고 있다. Web3 기반의 탈중앙화 물리적 인프라 네트워크(Decentralized Physical Infrastructure Network: DePIN)는 IoT와 클라우드 인프라의 발전을 기반으로, 중앙화된 구조를 탈피하고 개별 참여자가 물리적 리소스를 공유하는 새로운 모델을 제안한다. 기존의 중앙화된 클라우드 모델이 대형 IT 기업의 통제하에 운영되는 것과 달리, DePIN은 커뮤니티 중심의 분산형 인프라를 구축하여 보다 민주적이고 개방적인 데이터 경제를 형성하는 것을 목표로 한다.

특히, 파일코인(Filecoin)과 같은 프로젝트는 분산형 저장 솔루션을 제공하여 데이터를 중앙화된 데이터 센터가 아닌 네트워크 참여자들이 분산 저장하는 방식을 구현하고 있다. 에이셔(Aethir)는 탈중앙화된 GPU 인프라를 구축하여 AI 및 고성능 컴퓨팅을 위한 대안적 네트워크를 형성하고 있으며, 이는 기존 AWS와 같은 중앙화된 클라우드 서비스의 대안을 제시하는 중요한 사례로 주목받고 있다.

DePIN의 개념과 새로운 패러다임

DePIN은 Web3의 핵심 개념 중 하나로, 블록체인과 사물인터넷(IoT), 토큰 경제를 결합하여 커뮤니티 주도로 물리적 인프라를 구축하는 모델이다. 이는 기존의 중앙 집중형 인프라 네트워크가 가진 문제점을 해결하고, 더욱 효율적이며 비용 효과적인 방식으로 물리적 인프라를 개발할 수 있도록 한다.

특히, DePIN은 크게 두 가지 범주로 나뉜다. 하나는 물리적 자원 네트워크(PRN)이며, 다른 하나는 디지털 자원 네트워크(DRN)다. PRN은 무선 네트워크, 모빌리티, 에너지 등과 같이 물리적으로 대체할 수 없는 자원을 제공하는 반면, DRN은 컴퓨팅 파워, 스토리지, 네트워크 대역폭 등 디지털 자원을 관리한다. 이러한 구조를 통해 DePIN은 전통적인 인프라 구축 방식과 비교하여 더욱 개방적이고 확장 가능한 생태계를 제공한다.

현재 DePIN은 완전한 탈중앙화로 나아가는 과도기적 단계로, 하이브리드 모델을 채택하여 일부 중앙 집중형 클라우드 플랫폼과 병행 운영되고 있다. 즉, 블록체인을 활용한 스마트 계약을 통해 참여자들이 인센티브를 받으며 네트워크를 구축하지만, 데이터 분석 및 관리와 같은 핵심기능은 여전히 기존 클라우드 인프라를 기반으로 이루어지는 경우가 많다. 하지만 미래의 DePIN은 완전한 탈중앙화를 목표로 하며, 궁극적으로 커뮤니티가 자체적으로 인프라를 소유하고 운영하는 모델로 발전하면서 네트워크 참여자들은 가치 사슬 전반에서 더욱 많은 가치를 창출할 수 있게 될 것이다. 이를 통해 기존 클라우드 서비스 제공자에 대한 의존도를 낮추고, 보다 자율적이고 분산된 경제 구조를 형성할 것으로 기대된다.

모듈형 DePIN 인프라: 탈중앙화를 위한 구조적 접근

DePIN이 지속적으로 발전하고 확장되기 위해서는 보다 유연하고 확장 가능한 인프라 모델이 필요하다. 이를 위해 모듈형 DePIN 인프라(Modular DePIN Infrastructure) 개념이 제안되었으며, 이는 DePIN 인프라를 다양한 기능별 요소로 구분하여 모듈화하는 방식이다. 이러한 구조적 접근 방식은 개발자들이 필요한 기능을 선택적으로 활용할 수 있도록 하여, 보다 효율적이고 맞춤형 인프라 구축이 가능하게 한다.

모듈형 DePIN 인프라는 총 아홉 개의 핵심 모듈로 구성되며, 각 모듈은 특정 역할을 수행함으로써 DePIN 애플리케이션의 원활한 작동을 지원한다. 이러한 모듈형 접근 방식은 DePIN 프로젝트의 진입 장벽을 낮추고, 스타트업 및 개발자들이 보다 쉽게 분산형 인프라를 구축할 수 있도록 돕는다.

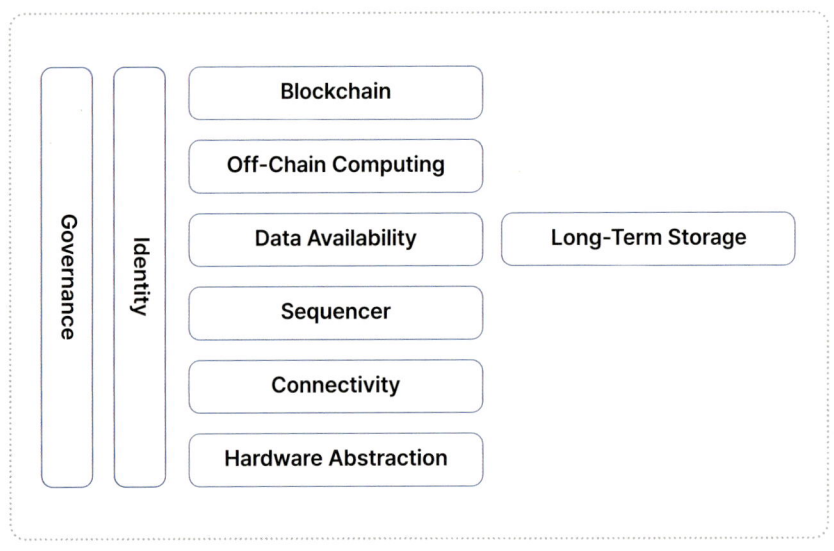

그림 8-1. 모듈형 DePIN 인프라 개념도 (출처: IoTeX Research)

하드웨어 추상화(Hardware Abstraction) 모듈

하드웨어 추상화 모듈은 다양한 스마트 디바이스가 네트워크에 원활하게 연결될 수 있도록 지원하는 역할을 한다. 이를 위해 경량화된 SDK(소프트웨어 개발 키트)를 제공한다.

연결성(Connectivity) 모듈

연결성 모듈은 스마트 디바이스에서 수집된 데이터를 안정적으로 네트워크 내 다른 모듈로 전달하는 기능을 수행한다. 스마트 디바이스와 시퀀서 모듈 간의 양방향 데이터 통신이 안전하게 이루어지도록 보장해야 한다. 네트워크에 연결된 디바이스 수가 증가함에 따라 자동 확장될 수 있도록 설계된다.

시퀀서(Sequencer) 모듈

시퀀서 모듈은 네트워크에서 전달된 데이터 패킷을 인증하고 정렬하는 역할을 수행한다. 이를 통해 데이터의 무결성을 보장하며, 정리된 데이터를 '데이터 가용성 모듈(Data Availability Module)'에 저장할 수 있도록 한다. 이 과정은 블록체인 네트워크에서의 트랜잭션 처리 방식과 유사하게 이루어지며, 데이터의 신뢰성을 높이는 데 기여한다.

데이터 가용성(Data Availability) 모듈

데이터 가용성 모듈은 네트워크에서 수집된 데이터를 일정 기간 동안 임시로 저장하는 기능을 수행한다. 프로젝트 설정에 따라 온체인 및 오프체인 소스에서 데이터를 수집할 수 있으며, 저장 기간이 만료되면 데이터를 삭제하거나 장기 스토리지(Long-Term Storage) 모듈로 이전할 수 있다.

장기 스토리지(Long-Term Storage) 모듈

장기 스토리지 모듈은 데이터를 장기간 보관하는 역할을 한다. 저장된 데이터는 API를 통해 검색할 수 있으며, 각 네트워크의 요구 사항에 따라 저장 방식이 다를 수 있다. 일반적으로 콘텐츠 기반 주소 방식(Content-Addressable Storage)과 불변성 해시값(Immutable Hash) 방식을 활용하여 데이터의 무결성과 보존성을 보장한다.

오프체인 컴퓨팅(Off-Chain Computing) 모듈

오프체인 컴퓨팅 모듈은 CPU, GPU, FPGA 등의 컴퓨팅 리소스를 활용하여 데이터를 처리하고, 프로젝트별 비즈니스 로직을 실행하는 역할을 한다. 이 모듈은 블록체인 네트워크의 처리 속도 제한을 극복하기 위해 영지식 증명(Zero-Knowledge Proofs) 및 TEE(신뢰할 수 있는 실행 환경) 기반 검증 시스템을 활용하여 연산 결과의 무결성을 보장한다.

블록체인(Blockchain) 모듈

블록체인 모듈은 DePIN 애플리케이션의 신뢰 기반(anchor) 역할을 하며, 신원 관리, 디바이스 인증, 데이터 검증 및 암호화 자산 관리 등의 기능을 수행한다. 또한, 오프체인 연산 결과의 무결성을 검증하고, 네트워크 참여자들에게 토큰 보상을 배분하는 중요한 역할을 담당한다.

신원 관리(Identity) 모듈

신원 관리 모듈은 온체인 및 오프체인 신원을 관리하는 기능을 한다. 탈중앙화 신원(DID, Decentralized Identifier) 기술을 활용하여 스마트 디바이스, 사용자 및 서버 간의 신뢰할 수 있는 상호작용을 가능하게 한다. 이를 통해 네트워크 내 모든 참여자의 신원이 검증되고, 보안성을 강화할 수 있다.

거버넌스(Governance) 모듈

거버넌스 모듈은 DePIN 네트워크의 정책을 설정하고, 운영 방식을 결정하는 역할을 수행한다. 커뮤니티 투표를 기반으로 프로젝트의 주요 결정을 내릴 수 있도록 하며, 토큰 기반 거버넌스를 통해 탈중앙화된 의사결정 시스템을 구축하는 것이 목표이다. 이를 통해 네트워크 참여자들이 공동으로 프로젝트를 운영할 수 있도록 하며, 지속 가능한 커뮤니티 기반의 인프라 구축을 지원한다.

모듈형 DePIN 인프라는 기존의 중앙 집중식 클라우드 인프라와 차별화되는 유연하고 확장 가능한 탈중앙화 모델을 제공한다. 개별 모듈을 통해 필요한 기능을 선택적으로 구현할 수 있으며, 이는 DePIN 프로젝트의 기술적 진입 장벽을 낮추고, 다양한 애플리케이션의 개발과 확장을 보다 용이하게 만든다.

이러한 구조는 특히 스타트업과 개별 개발자들이 DePIN 네트워크에 쉽게 참여할 수 있도록 돕는 핵심 요소가 될 것으로 기대된다. 각 모듈이 독립적으로 운영될 수 있도록 설계됨으로써, 프로젝트마다 맞춤형 인프라를 구축할 수 있는 환경이 조성되며, 이는 향후 DePIN의 확장성과 지속 가능성을 보장하는 중요한 토대가 될 것이다.

04 DePIN의 시장 전망과 도전 과제

DePIN 시장의 성장과 주요 이해관계자

　DePIN은 Web3 인프라의 핵심 요소로 빠르게 성장하고 있으며, 향후 10년간 시장규모가 100배에서 최대 1000배까지 확대될 것으로 예상된다. DePIN 주요 성장 지표를 살펴보면, 2022년 100개 미만이었던 프로젝트 수가 2024년에는 1,170개로 약 12배 증가하였다. 시가총액은 2022년 5억 달러 미만에서 2024년 50억 달러로 약 10배 확대되었고, 수익은 2년 만에 100배(5천만 달러 미만 → 5억 달러) 성장하였다. 특히 DePIN 부문에 대한 관심도와 인지도(Mindshare)는 2% 미만에서 49%로 약 25배 급등하며, 시장 전반에 걸쳐 존재감을 확고히 다져가고 있다.[6]

　DePIN 생태계는 네 가지 주요 이해관계자로 구성된다. 첫째, '디바이스 제조업체(Device Manufacturers)'는 다양한 DePIN 기기를 생산하는 역할을 담당한다. 이는 하드웨어 기반의 IoT 장비에서부터 데이터 스토리지 및 네트워크 인프라까지 포함된다. 둘째, '채굴자(Miners)'는 물리적 또는 가상 DePIN 기기를 배포하는 대가로 토큰 보상을 지급받는다. 마이너들은 컴퓨팅 자원, 스토리지 공간, 네트워크 대역폭을 제공하며, 이들의 참여는 DePIN 생태계를 유지하는 중요한 요소가 된다. 셋째, '구축자(Builders)'는 DePIN 애플리케이션 개발자들로, '인프라 구축'과 '애플리케이션 구축'으로 구분된다. 인프라 구축은 DePIN 네트워크의 핵심 구성요소를 개발하고, 애플리케이션 구축은 인프라 구축자가 개발한 서비스를 활용하여 다양한 DePIN 애플리케이션을 구축한다. 마지막으로, '사용자(Users)'는 DePIN 애플리케이션을 활용하여 서비스를 이용하고, 이에 대한 비용을 지불하는 역할을 한다.

이러한 구조는 Web2.0의 중앙화된 클라우드 경제 모델과 비교했을 때, 보다 분산화된 경제 구조를 형성한다. 즉, 단일 기업이 시장을 독점하는 것이 아니라 다양한 이해관계자가 참여하는 모듈형 경제 시스템을 기반으로 운영된다는 점에서 차별화된다.

DePIN의 새로운 플랫폼 경제와 플라이휠 효과(Flywheel Effect)

DePIN은 기존의 중앙집중식 클라우드 플랫폼과 달리, 커뮤니티 소유 기반의 인프라 모델을 도입하고 있다. 기존의 AWS, 구글 클라우드와 같은 중앙화된 클라우드 서비스는 단일 사업자가 모든 인프라를 관리하고 가격을 결정하는 반면, DePIN은 여러 개발자가 협력하여 모듈형 인프라를 구축하고, 개별 경제 모델을 적용할 수 있는 유연성을 제공한다.

이러한 구조는 '플라이휠 효과(Flywheel Effect)'를 일으켜 DePIN 프로젝트가 초기 시장 진입 이후에도 지속적인 성장을 이어가도록 돕는다. 플라이휠 효과란 초기의 작은 추진력이 점점 가속도를 더해 선순환적 성장을 만들어내는 현상을 의미한다.[7] DePIN은 물리적 인프라의 규모의 경제(economies of scale), 테크 플랫폼이 만들어내는 네트워크 효과(network effects), 그리고 통화 기반 유동성 경쟁우위(liquidity moats)이라는 세 가지 핵심 엔진을 동시에 결합한 비즈니스 모델로 평가받고 있다.[8] 이러한 구조 덕분에 DePIN은 향후 10조 달러 이상의 네트워크 가치를 창출할 수 있는 잠재력을 갖추고 있다고 전망되는 이유이기도 하다.

DePIN의 플라이휠은 세 가지 축이 서로 맞물려 강력한 선순환 구조를 형성한다. 첫째, '인프라 규모의 경제'가 작동한다. 네트워크에 더 많은 물리적 자원(서버, 스토리지, 통신 장비 등)이 공급될수록 인프라 이용률이 높아지고, 단위당 운영 비용이 감소한다. 이는 자연스럽게 더 많은 참여자와 수요를 유발하여, 다시 공급을 촉진하는 구조로 이어진다.

둘째, '마켓플레이스 네트워크 효과'가 강화된다. 인프라 공급과 수요가 증가하면서 네트워크 커버리지가 확장되고, 사용자 경험(UX)이 개선된다. 이는 더 많은 사용자와 노드 운영자를 플랫폼으로 끌어들이며, 네트워크 전반에 걸쳐 강력한 네트워크 효과를 창출한다. 네트워크에 참여하는 주체가 많아질수록 네트워크의 가치는 더욱 가파르게 상승하게 된다.

마지막으로, '토큰 유동성 경쟁우위'가 강화된다. 형성된다. DePIN 생태계 내 거래에 사용되는 토큰의 유동성이 증가하면 토큰 가치 또한 상승한다. 높은 토큰 가치는 네트워크 참여자들에게 강력한 경제적 인센티브를 제공하고, 이는 다시 인프라 자원의 공급과 수요를 증대시키는 선순환 고리를 강화한다. 이러한 유동성 경쟁우위는 신규 경쟁자의 진입을 어렵게 하고 기존 네트워크의 지배력을 지속시키는 역할을 한다.

이 세 가지 축이 맞물려 돌아가는 DePIN의 플라이휠은 "더 많은 인프라

→ 더 낮은 비용 → 더 많은 사용자 → 더 강한 네트워크 효과 → 더 높은 토큰 가치 → 더 많은 인프라 공급"이라는 역동적인 순환 구조를 통해, 네트워크의 자생적 성장과 확장을 촉진한다. 이와 같은 구조 덕분에 DePIN은 기존 Web2 클라우드 서비스가 갖지 못한 독보적인 시장 확장성을 지니게 되면서 되면서 Web3 경제 질서 재편의 핵심 변수로 작용할 것으로 보인다.

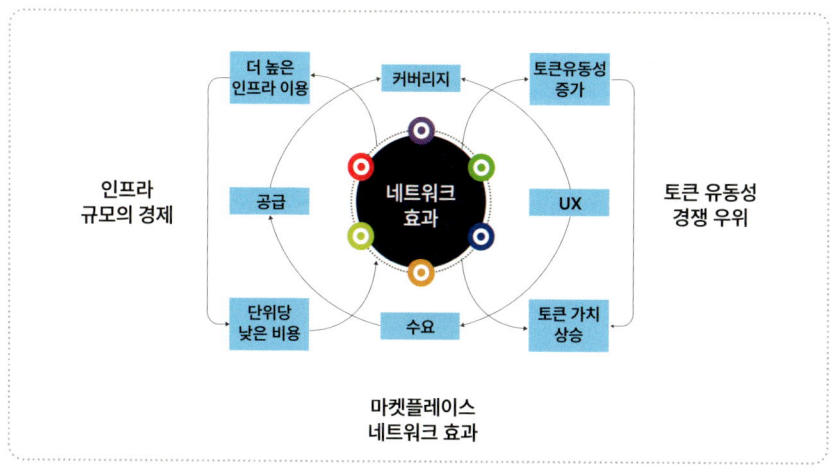

그림 8-2. DePIN 플라이휠 개념도
(출처: Bane, D., & Gala, S.(2025) State of DePIN 2024.)

DePIN이 직면한 도전 과제

DePIN은 높은 성장 가능성을 가지고 있지만, 기존의 AWS와 같은 중앙화된 클라우드 컴퓨팅 플랫폼의 강력한 영향력에 맞서기 위해서는 몇 가지 핵심 도전 과제를 해결해야 한다.

첫째, 기술 구현의 복잡성이다. DePIN은 다양한 물리적 하드웨어와 분산형 프로토콜을 통합해야 하므로, 네트워크 개발자, 하드웨어 제조업체, 노드 운영자 등 여러 이해관계자의 협력이 필수적이다. 특히, 분산형 네트워크에서 신뢰성과 성능을 유지하는 것은 높은 기술적 도전 과제를 수반한다.

둘째, 네트워크 확장성과 초기 사용자 확보 문제이다. DePIN 네트워크가 충분한 유틸리티를 제공하려면 일정 수준 이상의 노드와 사용자 기반이 확보되어야 하지만, 초기 단계에서는 네트워크 참여자가 부족할 가능성이 크다. 초기 사용자 확보를 위한 강력한 인센티브 모델이 필요하며, 이는 네트워크의 장기적 성장에 중요한 영향을 미친다.

셋째, 시장 수용성과 수익 모델의 불확실성이다. Web3의 탈중앙화 개념이 기업과 대중에게 신뢰받고 널리 채택되기 위해서는, 보다 사용자 친화적인 환경이 구축되어야 한다. 현재 DePIN 프로젝트는 주로 토큰 경제를 기반으로 인센티브를 제공하면서 공급 측면에서는 어느 정도 시장에서 그 가능성을 입증하고 있다. 다만 실질적인 매출이 주요 기업가치 평가지표로 자리잡기 위한 도전이 계속되고 있고, 장기적인 지속 가능성을 보장하기 위해 보다 견고한 비즈니스 모델이 필요하다는 점은 가장 큰 도전이 되고 있다.

넷째, 규제 및 정책적 장벽이다. DePIN은 스토리지, 컴퓨팅, 통신 등 주요 인프라 영역을 포함하므로, 각국의 규제와 법적 프레임워크 내에서 운영될 필요가 있다. 예를 들어, 분산형 저장 네트워크는 민감한 콘텐츠의 관리 문제와 관련하여 데이터 규제의 영향을 받을 수 있다.

05 Web3로의 점진적 전환과 DePIN의 역할

중앙화된 클라우드 모델에서 탈중앙화 인프라로의 이동

Web3의 부상과 함께 디지털 인프라의 운영 방식이 점진적으로 변화하고 있다. 현재 시장을 지배하고 있는 AWS와 같은 중앙화된 클라우드 서비스는 강력한 확장성과 안정성을 제공하는 동시에 높은 비용, 데이터 소유권 문제, 서비스 의존성과 같은 한계를 드러내고 있다. 이러한 문제들을 해결하기 위한 대안으로 등장한 DePIN 모델은 점차 그 실용성을 입증하며, 분산형 네트워크를 활용한 새로운 인프라 패러다임을 제시하고 있다.

DePIN의 확산은 단순한 기술적 혁신을 넘어, 디지털 자원의 소유와 운영 방식의 근본적인 변화를 의미한다. 기존의 중앙 집중적 방식에서는 소수의 기업이 인프라를 통제하는 반면, DePIN은 개별 사용자가 인프라의 일부를 소유하고 운영할 수 있도록 한다. 이로 인해 인프라의 비용이 분산되고, 참여자들에게 직접적인 경제적 인센티브가 제공되며, 네트워크 전체의 자율성과 유연성이 증가하는 효과를 가져온다.

디지털 경제 패러다임의 변화와 DePIN의 역할

Web3와 DePIN의 확산은 단순히 기존 클라우드 서비스를 대체하는 것이 아니라, 새로운 디지털 경제 패러다임을 구축하는 과정이다. 현재의 중앙화된 모델에서는 데이터와 컴퓨팅 자원이 소수의 대기업에 의해 독점적으로 운영되지만, DePIN은 커뮤니티 기반의 인프라를 구축함으로써 보다 분산되고 자율적인 네트워크 구조를 가능하게 한다.

이러한 변화는 단순한 기술 발전을 넘어, 데이터 소유권과 디지털 자원의 민주화를 위한 혁신적 도전이라고 볼 수 있다. DePIN 모델이 지속적으로 발전하고, 보다 실용적인 인프라로 자리 잡을 경우, 기존 Web2.0 기반의 중앙화된 플랫폼 경제에서 Web3 기반의 개방적이고 참여 중심적인 경제로의 전환이 가속화될 것이다.

결과적으로, DePIN은 디지털 경제의 새로운 표준으로 자리 잡을 가능성이 높으며, 향후 10년 내에 클라우드 인프라 시장에서 중요한 역할을 차지할 것으로 예상된다. 비록 Web3와 DePIN이 현재 중앙화된 거대 클라우드 서비스의 절대적인 영향력을 단기간 내에 완전히 대체하기는 어렵겠지만, 점진적인 기술 발전과 시장의 요구 변화에 따라 기존의 클라우드 모델과 공존하거나, 새로운 대안으로 자리 잡을 가능성에 대한 기대가 높아지고 있다.

PART
09

AI 시대의
고용구조

PART **09**

AI 시대의 고용구조: 파괴와 창조의 교차로

    기술 혁신이 산업 구조를 변화시킬 때마다, 노동시장 역시 새로운 도전에 직면해왔다. 증기 기관이 등장한 산업혁명, 전기의 보급과 자동화 기술이 발전한 20세기 공업화 시대, 그리고 인터넷과 디지털 혁명이 주도한 정보화 시대까지, 인간의 노동 방식은 끊임없이 변화해왔다. 그러나 인공지능(AI)과 자동화 기술이 주도하는 오늘날의 변화는 이전과는 차원이 다르다. 제3차 기계시대의 도래는 기계가 단순한 반복 작업을 넘어서, 인간의 사고력과 판단력이 요구되는 전문직까지 대체할 수 있는 가능성을 보여주고 있다. 이는 단지 기술의 문제가 아니라, 노동의 의미 자체를 다시 묻는 거대한 전환이라 할 수 있다.

    하지만 기술의 발전이 곧 일자리의 종말을 의미하는 것은 아니다. 역사는 늘 증명해왔다. 새로운 기술은 일부 직업을 사라지게 했지만, 동시에 전례 없는 형태의 새로운 일자리와 산업을 창출해왔다. 문제는 어떤 사회가 그 변화에 어떻게 대응하느냐에 달려 있다. 적절한 대응 없이 변화가 밀려온다면, 기술 발전의 혜택은 소수에게 집중되고, 다수의 노동자는 경제적 불안정과 소외에 직면할 수 있다. 따라서 우리는 지금 AI 시대에 노동을 어떻게 정의할 것인가, 보다 공정하고 지속 가능한 노동 환경을 어떻게 구축할 것인가에 대한 진지한 논의를 시작해야 한다.

기술혁신으로 인한 실업의 공포

경제학자 존 메이너드 케인즈(1930)는 기술 혁신이 노동 수요를 감소시키면서도 생산성을 비약적으로 향상시키는 과정에서 '기술혁신으로 인한 실업(Technological Unemployment)'이 발생할 것이라 예견했다.[1] 이는 기술 발전이 새로운 일자리를 창출하는 속도보다 빠르게 진행될 경우, 대규모 실업 사태를 초래할 수 있음을 의미한다. 21세기 들어 인공지능(AI)과 자동화 기술이 급속히 발전하면서, 이러한 예측이 현실화되고 있다.

AI는 단순 반복 업무뿐만 아니라 금융, 의료, 법률 등 고급 전문직까지 대체하며 노동시장 전반에 구조적 변화를 일으키고 있다. 예를 들어, 의료 분야에서는 AI 기반의 챗봇 '닥터'들이 환자 상담과 진단을 수행하며, 법률 분야에서는 AI 변호사가 계약서 검토 및 법률 자문을 제공하는 등 전통적으로 인간 전문가가 담당하던 업무를 AI가 대체하는 사례가 늘어나고 있다. 이러한 변화는 단순한 직업 소멸을 넘어, 노동 수요의 성격 자체가 변화하고 있음을 시사한다.

MIT의 에릭 브린욜프슨(Erik Brynjolfsson) 교수와 앤드루 맥아피(Andrew McAfee) 교수는 기술 발전이 일자리를 없애는 것만이 아니라, 새로운 형태의 직업을 창출하는 과정과 맞물려 있음을 강조한다.[2] 그러나 그 속도의 불균형으로 인해 노동시장 내 불평등이 심화되고 있으며, 결과적으로 '일자리의 양극화'와 '중산층의 공동화'가 더욱 뚜렷해지고 있다. 중산층의 공동화 현상은 일자리가 사라지는 속도가 새로운 일자리가 창출되는 속도보다 빠르게 진행되면서 더욱 심화되고 있다. 이러한 현상은 미국을 비롯한 주요 선진국에서 두드러지게 나타나고 있으며, 소득정체와 불평등 확대가 그 주요 원인으로 지목된다.

특히, AI와 자동화 기술이 확산되면서 반복적인 중산층 일자리는 점차 사라지고, 대신 높은 기술력을 요구하는 고소득 직종과 저숙련의 저소득 직종으로의 이분화가 가속화되고 있다. 이로 인해 *Job Automation*과 *Job Creation* 사이의 불균형이 심화되고 있으며, 새로운 일자리 창출이 기존 중산층 일자리 감소 속도를 따라가지 못하는 구조적 문제가 발생하고 있다. 따라서 단순히 "일자리의 양극화"라는 표현보다는 "중산층의 공동화"가 더욱 적절한 개념으로 자리 잡고 있다.

이 같은 변화에 대응하기 위해, 주요 선진국들은 노동시장 유연성을 확보하고, 자동화 대상 직군의 재교육 및 직업 전환을 지원하는 정책을 적극 추진하고 있다. 독일은 일찍이 '인더스트리 4.0(Industrie 4.0)'을 통해 기술 혁신과 고용 안전망 강화를 동시에 추진하고 있으며, 미국과 중국 역시 창업 지원과 신산업 육성을 통해 새로운 일자리 창출을 유도하고 있다. 결국, AI로 인한 고용 구조 변화는 피할 수 없는 현실이며, 기존 일자리 보호를 넘어 새로운 산업과 직무를 창출하는 전략이 필요하다.

일자리의 미래

세계경제포럼(WEF)에서 발표한 일자리의 미래 보고서 2023에 따르면, 향후 5년간 전 세계적으로 약 6,900만 개의 새로운 일자리가 창출되는 반면, 약 8,300만 개의 일자리가 감소하여 순수하게 약 1,400만 개의 일자리가 줄어들 것으로 전망된다. 이러한 변화는 AI와 자동화 기술의 발전, 지속가능성 이슈, 디지털 전환 등의 요인에 의해 촉진되고 있으며, 특정 분야에서의 일자리 창출과 소멸이 더욱 뚜렷해지고 있다.[3]

AI 기술과 데이터 분석의 확산으로 인해 인공지능 및 머신러닝 전문가, 지속가능성 전문가, 비즈니스 인텔리전스 분석가, 핀테크 엔지니어 등의 직업군에 대한 수요가 증가하고 있다. 특히 데이터 기반 의사결정의 중요성이 커지면서, 기업들은 분석 역량을 갖춘 인재 확보에 집중하고 있다. 디지털화가 심화될수록 사이버 보안 분야의 중요성도 더욱 부각되고 있다. 반면, 자동화와 디지털 기술의 발전으로 인해 데이터 입력원, 사무직 및 비서직, 은행 창구업무, 출납 및 매표 업무 등 전통적인 반복 업무를 담당하는 직종은 점차 감소할 것으로 예상된다.

WEF의 2020년과 2023년 보고서를 비교하면, 기술 발전이 고용구조에 미치는 영향이 더욱 뚜렷해지고 있다. 2020년 보고서에서는 향후 5년간 9,700만 개의 새로운 일자리 창출과 8,500만 개의 일자리 감소로 순수 증가가 1,200만 개로 예상되었으나, 2023년 보고서에서는 새로운 일자리 창출 규모가 6,900만 개로 줄어든 반면, 감소하는 일자리는 8,300만 개로 증가하여 결과적으로 1,400만 개의 순감소가 예상된다. 또한, 2020년 보고서에서는 2025년까지 업무의 47%가 자동화될 것으로 예상되었으나, 2023년 보고서에서는 2027년까지 42% 자동화로 조정되며 자동화 속도가 다소 느려졌다는 점이 주목된다. 이러한 수치는 자동화의 속도가 다소 완화되었음을 시사하지만, 고용구조의 근본적인 전환 흐름은 계속되고 있음을 보여준다.

이러한 변화 속에서 노동시장에 적응하기 위해서는 노동자의 재교육 및 직업 전환 지원이 필수적이다. AI 및 데이터 분석과 같은 신기술에 대한 교육을 강화하고, 자동화로 인해 감소하는 직업군에 종사하는 노동자들을 위한 직업 전환 프로그램을 확대해야 한다. 또한, 급격한 고용구조 변화로 인해 실업 상태에 놓이는 근로자들을 보호하기 위한 사회적 안전망 구축이 필요하며, 지속가능한 경제 성장 모델을 도입하여 자동화로 인해 감소하는 일자리를 대체할 새로운 산업을 육성해야 한다.

AI와 자동화가 가져오는 고용구조 변화는 위기가 될 수도 있지만, 적절한 대응이 이루어진다면 새로운 기회로 작용할 수 있다. 기존의 일자리를 보호하는 것에만 초점을 맞추기보다, 새로운 직업과 산업을 창출하고 노동자들이 변화하는 환경에서 경쟁력을 갖출 수 있도록 지원하는 것이 더욱 중요하다. AI 시대에 적합한 고용 모델을 정립하고, 이를 위한 사회적 합의와 제도적 토대 마련이 필요하다. 그것이야말로 지속가능하고 포용적인 미래 노동시장으로 가는 유일한 길이다.

착취에서 무관심의 대상으로

OECD 보고서 *Artificial Intelligence in Society*는 AI와 자동화가 노동시장에 미치는 영향에 대해 심층적으로 분석하고 있다.[4] 보고서에 따르면, AI 기술이 다양한 산업에 도입되면서 저숙련 일자리에서 자동화가 활발히 이루어질 것으로 예상되며, 이는 단순한 일자리 감소를 넘어 노동자의 사회적 지위를 변화시키고 있다고 강조한다. 이는 단지 일부 직업이 사라지는 것을 넘어, 인간 노동의 가치와 역할이 재편되고 있음을 의미한다. 과거 산업사회에서는 인간 노동력이 기업과 경제의 필수적인 요소로 간주되었지만, AI 기술이 발전하면서 단순 반복 업무와 저숙련 노동을 대체하는 자동화가 진행됨에 따라 인간 노동력의 가치는 착취의 대상에서 무관심의 대상으로 전락하고 있다.

보고서는 산업별로 AI의 영향이 상이하게 나타날 것이라고 진단한다. 예를 들어, 금융, 의료, 제조업 분야에서는 AI를 활용한 생산성 향상이 기대되지만, 자동화에 의해 대체되는 직종의 노동자들은 경제적 주변부로 밀려날 가능성이 크다고 경고하고 있다. AI 기반의 고급 기술직과 창의적인 업무를 수행하는 직종은 높은 가치를 인정받지만, 저숙련 노동자들은 점차 필요성을 상실하며 노동시장 내 격차가 더욱 심화되고 있다. 이는 결국 대량 실업과 함께 노동자의 경제적, 사회적 역할의 축소를 초래하며, 노동시장 내 계층 간 불평등을 극대화하는 결과를 낳고 있다.

특히 자동화와 디지털 전환이 가속화되면서, 기존 노동자들이 변화된 노동시장에 재진입할 수 있는 기회는 점점 더 협소해지고 있다. 이는 단지 실업의 문제를 넘어, 사회적 소외와 단절, 그리고 장기적인 빈곤 구조의 고착화로 이어질 가능성을 내포하고 있다. OECD 보고서는 AI가 가져오는 사회적 영향과 윤리적 문제를 지적하며, 편향성과 프라이버시 침해 등의 문제가 해결되지 않을 경우 사회적 불평등이 더욱 심화될 수 있음을 강조한다. 과거에는 노동력이 부족한 산업에서 노동자들이 경제적 생존을 유지할 수 있었지만, AI의 발전은 노동자들이 아예 필요 없는 존재로 전락하게 만들고 있다. 이는 경제적 불평등뿐만 아니라 사회적 단절과 빈곤 문제를 더욱 심화시키는 요인으로 작용할 가능성이 크다.

이에 대응하기 위해 OECD는 AI 정책 수립 시 인간 중심 접근을 강화할 것을 권고하고 있다. 인간 복지와 사회적 가치를 우선해야 하며, 기술 혜택이 특정 계층이나 지역에 집중되지 않도록 디지털 격차를 해소하고 포용적 성장 전략을 도입해야 한다고 강조한다. 동시에 AI 기술이 야기할 수 있는 법적·규제적 도전 과제에 대한 사회적 논의도 필요하다. 특히 AI 시스템의 자율성이 높아질수록, 그에 따른 책임 소재 문제가 복잡해지는 만큼, 명확한 법적 기준과 윤리적 가이드라인을 마련하는 것이 시급하다고 보고서는 강조한다.

인공지능과의 공존: 새로운 일자리의 기회

기술의 발전은 언제나 기존의 일자리를 변화시키는 동시에 새로운 직업을 창출해왔다. 이는 산업혁명 이래 반복되어온 역사적 흐름이며, 인공지능 시대 역시 예외는 아니다. 인공지능이 단순히 인간의 노동을 대체하는 존재가 아니라, 우리의 삶과 경제 속에서 '협업하는 동반자'로 자리매김하면서 이를 기반으로 한 새로운 일자리들이 창출되고 있다. 단순 반복 업무는 당연히 자동화의 수순을 밟게 되지만, 반대로 AI와의 협업이 요구되는 직업군은 더욱 증가하고 있으며, 새로운 기회를 맞이하고 있다. AI의 부상은 단순한 '일자리 대체'가 아니라, 인간이 보다 창의적이고 전략적인 업무에 집중할 수 있도록 돕는 '도구'로 작용하면서 새로운 형태의 노동 시장을 만들어가고 있다.

특히 웹3와 AI 기반의 토큰 이코노미가 확산되면서, 그에 발맞춘 신흥 직업군들이 주목받고 있다. 그중 하나가 AI 데이터 큐레이터로, 이들은 분산형 데이터 마켓플레이스에서 데이터의 품질을 평가하고 AI 학습 모델을 최적화하는 역할을 한다. 데이터의 투명성과 신뢰성이 중요한 웹3 환경에서, 양질의 데이터를 선별하고 검증하는 전문가의 필요성이 점점 커지고 있다.[5]

또한, AI 기반 콘텐츠 크리에이터 역시 주목받는 직업 중 하나다. 이들은 생성형 AI 기술을 활용해 디지털 콘텐츠를 제작하고, 웹3 생태계에서 탈중앙화된 경제 모델을 구축하는 핵심 주체로 자리 잡고 있다. NFT 아트, 메타버스 환경에서의 가상 아이덴티티와 인터랙티브 콘텐츠 제작 등 새로운 창작 방식과 경제 구조가 이들에게 더 많은 기회를 제공하고 있다.

AI 기술이 사회 전반에 확산되면서 AI 윤리 전문가의 역할도 점점 더 중요해지고 있다. AI가 다양한 산업에서 활용됨에 따라, 알고리즘의 공정성을 유지하고 편향성을 점검하며, 개인정보 보호 및 윤리적 이슈를 관리하는 전문가에 대한 수요가 증가하고 있다. AI가 단순한 기술을 넘어 사회적 영향을 미치는 시대가 도래하면서, 이를 책임감 있게 운영하고 감시할 필요성이 더욱 커지고 있다.[6]

이와 함께, AI 의료 코디네이터라는 새로운 직업도 등장하고 있다. AI 시스템이 분석한 의료 데이터를 해석하고, 이를 환자와 의료진 간의 원활한 소통에 활용하는 역할을 한다. AI가 의료 서비스의 정확도를 높이는 데 기여하는 만큼, AI가 생성한 의료 정보를 인간의 관점에서 조정하고 최적의 진료 경험을 제공하는 전문가의 역할이 필수적으로 요구되고 있다.

AI와 웹3의 발전은 기존의 직업을 변화시키는 동시에, 새로운 일자리와 경제적 기회를 창출하는 방향으로 노동 시장을 재편하고 있다. 이러한 변화 속에서 새로운 기술과 역량을 갖춘 인재가 된다면, AI 시대에도 주도적인 역할을 할 수 있을 것이다.

결국, AI는 위협이 아닌 도구이며, 우리가 그것을 어떻게 활용하느냐에 따라 위기가 될 수도 있고, 기회가 될 수도 있다. 과거 산업혁명에서도 기계화는 일자리를 대체했지만, 동시에 완전히 새로운 산업과 직업을 만들어내며 인류의 경제와 사회를 진보시켜왔다. 지금 인공지능 시대의 핵심도 바로 여기에 있다. 기술과 인간이 어떻게 협업하느냐, 그리고 그 협업을 통해 어떤 새로운 일자리를 창출하느냐는 미래 노동시장을 설계하는 데 있어 가장 중요한 요소가 될 것이다.

새로운 고용구조의 해법: 긱 다오(Gig DAO)의 출현을 기대하며

긱 이코노미(Gig Economy)는 디지털 플랫폼을 기반으로 단기 계약과 독립적인 경제 활동이 중심이 되는 근로 구조를 의미한다.[7] 이 구조는 겉보기에는 전통적인 고용 관계에서 벗어난 유연한 근무 방식을 제공하는 듯하지만, 실제로는 근로자의 권리가 취약해지고 경제적 불안정성이 심화되는 문제를 낳고 있다. 우버(Uber)와 리프트(Lyft) 같은 차량 공유 서비스의 확산은 긱 이코노미의 대표적인 사례로, 기존의 택시 산업을 붕괴시키면서 근로자들을 극단적인 경쟁으로 내몰았다. 뉴욕에서는 차량 면허 가격이

20만 달러 이하로 폭락하고, 수입 감소와 장시간 근로에 시달리는 택시 운전사들이 생계를 유지하기 어려운 상황에 놓이며 극단적 선택을 하는 사례도 발생했다. 크리스 헤지스(2018)는 이러한 현상을 '신봉건주의적 농노제도(Neofeudal Serfdom)'라고 지적하며, 긱 이코노미가 실질적으로 근로자들을 디지털 중개자에게 종속시키는 새로운 형태의 착취 구조로 작용하고 있음을 비판했다.[8]

하지만 기술이 근로 환경을 변화시키는 것은 거스를 수 없는 역사적 흐름이다. 특히 인공지능(AI)과 웹3 기술이 결합되면서, 고용 시장은 단순한 구조 해체를 넘어 새로운 기회의 장으로 진화하고 있다. AI는 더 이상 단순한 노동 대체 수단이 아니라, 인간과 협력하며 역할을 확장하는 기술 파트너로 자리매김하고 있으며, 이와 함께 다양한 신직업군이 등장하고 있다. 예를 들어, AI 데이터 큐레이터는 웹3 기반의 분산형 데이터 시장에서 데이터의 품질을 평가하고 최적화하는 역할을 수행하며, AI 기반 콘텐츠 크리에이터는 NFT와 메타버스를 활용해 디지털 자산을 창출하는 데 기여하고 있다. 또한, AI 윤리 전문가와 의료 코디네이터 같은 직업군도 새롭게 등장하며, AI 시대에 적합한 근로 구조의 필요성이 대두되고 있다. 이러한 변화는 기존의 플랫폼 자본주의에서 벗어나, 보다 탈중앙화된 협력 모델이 필요하다는 점을 시사한다.

표 9-1 긱 이코노미(Gig Economy)로부터 긱 다오(Gig DAO)로의 진화

구분	기존 긱 이코노미 (Gig Economy)	긱 다오 (Gig DAO)
조직 구조	중앙집중형 플랫폼 (예: Uber, Lyft 등)	탈중앙화 자율조직 (DAO: Decentralized Autonomous Organization)
중개자 역할	플랫폼이 중개자 역할 수행, 수수료 부과	스마트 계약(Smart Contract)으로 중개자 제거
계약 구조	불투명하고 불공정한 조건 강요 가능성	코드 기반 계약으로 자동 실행, 조건의 투명성과 공정성 확보
근로자의 위치	플랫폼에 종속된 비공식적 노동자	조직의 일원으로서 자율적 참여자 및 공동 의사결정자
보상 체계	플랫폼의 정책에 따라 임의 조정 가능, 수익 분배 불공정	기여 기반 보상, DAO 토큰 또는 분산형 수익 분배 시스템
의사결정 구조	기업 중심, 근로자는 정책 결정에 영향 없음	참여자 공동 거버넌스, 투표 및 제안 등을 통한 민주적 결정
권리 보호	고용법의 사각지대, 사회보장 및 법적 보호 미흡	블록체인 기반 투명 시스템으로 권리 보장 가능성 강화
경제적 안정성	불규칙한 수입과 장시간 노동, 불안정한 생계	자율적 협업과 수익 분배를 통한 안정성 확보 가능성
기술 활용	플랫폼 중심 기술 활용 (알고리즘 배정 등)	AI 및 웹3 기술을 통한 사용자 주도형 생태계 구축
비판점/우려	현대판 중세 농노제도(Neofeudal Serfdom)로 비유, 착취 구조	근로자의 경제적 자율성 강화, 협업을 통한 지속 가능성 모색

이러한 맥락 속에서 등장한 개념이 바로 '긱 다오(Gig DAO)'이다. 긱 다오는 블록체인 기술을 기반으로 하는 자율 분산형 조직(Decentralized Autonomous Organization)으로, 긱 근로자들이 스스로 조직을 구성하고 공정한 보상 체계를 구축할 수 있도록 돕는다. 기존의 긱 이코노미에서는 플랫폼이 중개자로 작용하면서 근로자들의 수익을 잠식하고, 불리한 계약 조건을 강요하는 경우가 많았다. 그러나 긱 다오는 스마트 계약(Smart Contract)을 활용하여 중개자를 배제하고, 근로자들이 직접 공정한 거래

를 주도할 수 있도록 한다. 이를 통해 근로자들은 경제적 주권을 확보할 뿐만 아니라, 네트워크를 활용한 집단적 협업을 통해 근로 환경을 개선할 수 있다.

'긱 다오'의 도입은 긱 근로자들의 권리를 보호하고, 보다 지속 가능한 근로 구조를 형성하는 데 중요한 역할을 할 수 있다. 예를 들어, 데이터 큐레이션이나 AI 콘텐츠 제작과 같은 웹3 기반의 직업들은 긱 다오를 통해 협력적 네트워크를 구축하고, 기여도에 따라 공정한 보상을 받을 수 있다. 기존의 플랫폼 근로가 기업의 이윤 극대화에 집중된 구조였다면, 긱 다오는 근로자 중심의 경제 모델을 실현할 수 있는 기반을 제공한다. 또한, 투명한 거버넌스를 바탕으로 근로자들이 의사결정 과정에 직접 참여함으로써 보다 민주적인 근로 환경을 조성할 수 있다.

결국, AI와 웹3 기술의 발전이 기존 플랫폼 자본주의가 초래한 불평등을 해소하고, 긱 노동자들이 보다 안정적인 환경에서 활동할 수 있도록 하기 위해서는 '긱 다오(Gig DAO)'와 같은 탈중앙화된 협력 모델이 필수적이다. 긱 노동자들이 네트워크를 형성하고 조직적으로 협력하는 노력이 지속된다면, 이들은 경제적 자율성을 확보하고 보다 지속 가능한 미래를 구축하는 데 기여할 것이며, 긱 이코노미 또한 긍정적인 방향으로 발전할 수 있을 것이다.

선제적 대응과 구조적 해법

초지능(AI Superintelligence) 시대에 예상되는 실업 문제는 기존의 자동화나 플랫폼 경제가 야기한 고용구조 변화와는 비교할 수 없을 정도로 광범위하고 급진적일 것으로 전망된다. 이러한 변화에 대응하기 위해서는 정책적 대응과 사회적 합의를 바탕으로 한 공동체적 해법 마련이 필수적이다. 현재 논의되고 있는 주요 해결책 중 하나는 정부가 보장하는 최저 소득제(GMI, Guaranteed Minimum Income) 또는 기본소득제(UBI, Universal Basic Income)의 도입이다. 이러한 정책은 단순한 복지 차원을 넘어, 노동의 가치가 변화하는 시대에서 사회적 안전망을 제공하는 핵심적인 기제로 작용할 수 있다.

실제 사례를 통해 그 가능성은 어느 정도 입증되었다. 캐나다의 '민컴(Mincome)' 실험에서는 기본소득이 빈곤을 줄이는 동시에 의료비 절감과 교육 수준 향상 효과를 가져온 것으로 나타났다. 나미비아에서 시행된 실험에서도 빈곤율이 76%에서 37%로 감소하고, 범죄율이 낮아지는 등 사회 전반적인 긍정적 변화가 확인되었다. 한편, 스페인은 코로나19 팬데믹 이후 일정 소득 이하의 가구를 대상으로 기본소득을 지급하는 정책을 공식적으로 도입하며 그 실효성을 검증하고 있다. 이러한 사례들은 기본소득이 단순한 복지 혜택이 아니라, 사회적 안정과 경제적 활력을 동시에 촉진하는 효과를 가질 수 있음을 시사한다.

GMI 또는 UBI의 지급 방식에 대해서는 가계 자산조사를 거쳐 일정 소득 이하에게만 지원하는 '선별적 기본소득(Means-tested Basic Income)'과 모든 국민에게 균등하게 지급하는 '보편적 기본소득(Universal Basic Income)'의 두 가지 모델이 논의되고 있다. 보편적 기본소득의 경우 높은 재정 부담으로 인해 실현 가능성이 낮다는 비판이 제기되고 있다. 예를 들어, 미국에서 국민 1인당 연간 1만 달러를 지급할 경우 연방정부 예산과 맞먹는 수준의 재원이 필요하며, 이는 필연적으로 대규모 증세로 이어질 수밖에 없다. 이에 대해 버락 오바마 전 미국 대통령은 AI와 자동화로 인해 노동 시장이 근본적으로 변화하는 상황을 인식하고, UBI에 대한 사회적 논의가 필수적이라고 강조한 바 있다. 빌 게이츠 역시 로봇세 도입을 통해 기술 발전으로 발생한 초과 이익을 재분배하고, 이를 사회 안전망 확충에 활용해야 한다고 주장했다.

최근 들어 로봇세(Robot Tax)와 같은 대체재원을 마련하여 기본소득과 연계하는 방안도 주목받고 있다. 로봇세는 기업이 자동화를 통해 절감한 인건비 중 일부를 세금으로 환수하여, 이를 노동시장 전환 비용이나 기본소득 지급 재원으로 활용하는 방식이다. 유럽연합(EU) 내 일부 국가들은 로봇세 도입 가능성을 검토하고 있으며, 한국 역시 자동화로 인한 세수 감소 문제를 고려하여 유사한 정책을 논의하고 있다. 그러나 로봇세가 기술 혁신을 저해할 가능성도 있다는 반론이 있어, 신중한 설계가 요구된다.

인공지능과 로봇이 초래할 대규모 고용구조 변화에 대비하기 위한 실질적 해결책 마련은 이제 모든 국가의 핵심 정책 아젠다가 되고 있다. 무엇보다 기존의 실업급여와 같은 전통적 방식만으로는 AI와 자동화로 인한 고용구조 변화를 효과적으로 대응하기 어렵다는 인식이 확산되고 있다. 이러한 배경 속에서 GMI나 UBI와 같은 제도적 장치가 논의되고 있지만, 이를 단순한 정치적 선심 정책이나 추가적 복지 수단으로만 이해하는 것은 매우 위험하다. 이러한 제도가 근로자의 재교육과 직업 전환을 실질적으로 지원하는 구조로 설계되지 않을 경우, 결국 지속 가능한 재정 확보에 실패하게 될 가능성이 크며, 이는 엄청난 재정 부담과 함께 정책적 실패로 귀결될 수 있다.

AI로 촉발되는 불안한 고용구조를 정상화하거나 안정화하기 위해서는, GMI나 UBI를 복지예산의 구조조정 및 재배분과 연계하여 실질적인 재교육 및 재배치 프로그램과 결합하는 것이 필수적이다. 단순한 현금 지원 방식이 아니라, 이를 통해 노동시장에서 필요로 하는 기술을 습득하고 새로운 직업으로 원활하게 전환할 수 있는 기회를 제공해야 한다. 예를 들어, 스위스와 독일 등 일부 유럽 국가들은 기본소득과 연계한 직업훈련 및 교육 프로그램을 운영하여, 근로자들이 AI와 자동화에 적응할 수 있도록 지원하고 있다. 한국 또한 '국민내일배움카드'와 같은 직업훈련 지원제도를 발전시켜 AI 기반 산업과 연계된 교육 과정으로 확대하는 방안을 검토할 필요가 있다.

이러한 방식이 마련되지 않을 경우, GMI나 UBI는 지속 가능한 재정 구조를 구축하지 못하고 단기적인 재정 지출 증가만 초래할 가능성이 크다. 따라서 기존의 실업급여, 직업훈련 보조금, 기업 보조금 등 개별적으로 운영되던 복지 지출 항목들을 통합·재구조화하고, 이를 AI 경제 시대에 적합한 새로운 고용전환 시스템으로 운영해야 한다. 또한, 로봇세(Robot Tax)나 디지털 서비스세와 같은 새로운 세수 확보 방안을 병행하여 GMI나 UBI 재원을 안정적으로 마련할 필요가 있다.

궁극적으로, GMI나 UBI와 같은 구조적 대응이 AI 시대의 노동시장 변화에 대응하는 핵심 정책 수단이 될 수 있지만, 그것이 실질적인 노동시장 재구조화 정책과 유기적으로 결합되지 않는다면, 제도의 지속 가능성을 담보하기는 어렵다. 따라서 단순히 복지를 늘리는 차원이 아니라 근로자들에 대한 국가적 차원의 재교육과 직업전환 노력이 고용안정성을 높이는 노력과 병행되는 방식으로 설계하고 운영해야만 AI 경제 시대의 사회적 충격을 완화하고, 장기적으로 지속 가능한 경제 성장을 유도할 수 있을 것이다.

PART
10

초지능 혁명
제3차 기계시대

초지능의 시대, 인간과 기계는 어떻게 공존할 것인가? - 제3의 기계혁명과 우리의 미래

인류의 역사는 언제나 기술 혁신과 그에 따른 사회적 변화의 연속이었다. 산업혁명은 기계화와 자동화를 통해 인간의 생산성을 획기적으로 향상시켰고, 정보혁명은 디지털 기술과 네트워크 기반의 소통을 통해 정보의 유통과 지식의 접근성을 극대화하였다. 이제 우리는 인공지능과 로봇 기술을 중심으로 한 '기계혁명'의 새로운 단계, 다시 말해 인간과 기계가 공존하는 '초지능(Superintelligence)' 시대의 문턱에 다다르고 있다.

초지능 혁명은 단순한 기술 진보를 넘어 인간과 기계의 관계를 근본적으로 재정의하는 전환점이다. 기계는 이제 단순한 도구가 아닌, 학습하고 판단하며 자율적으로 행동하는 존재로 진화하고 있다. 그 영향은 경제, 사회, 문화, 노동 시장 전반에 걸쳐 혁명적인 변화를 예고하고 있다. 이는 산업혁명과 정보혁명의 연장선에 있지만, 연속성을 넘어 단절적 혁신(Disruptive Innovation)의 성격을 지니며, 기존의 경제 및 사회 구조를 근본적으로 변화시키고 있다.

본 장에서는 초지능 혁명을 세 가지 시각으로 조망한다. 첫째, 산업혁명의 관점에서는 생산성과 노동 시장의 변화, 자본과 노동 간의 관계 재조정을 중심으로 초지능이 가져올 경제적 변화를 살펴본다. 둘째, 정보혁명의 시각에서는 디지털화와 네트워크화가 촉진한 정보 접근성, 데이터 기반 경제, 그리고 인공지능이 창출하는 가치의 변화를 살펴본다. 마지막으로, 기계혁명의 시각에서는 기계가 인간의 노동을 대체하는 단계를 넘어서, 인간과 협력하고 공존하는 방향으로 변화하는 과정과 그 사회적 영향을 탐구한다.

우리는 이제 단순한 자동화와 기계화의 시대를 넘어, 인간과 기계가 함께 새로운 가치를 창출하는 협업의 시대로 접어들고 있다. 초지능의 물결은 기술적 혁신을 넘어 인간의 존재 방식과 경제 시스템, 사회 구조 전반을 재편하는 거대한 흐름이다. 이러한 시대에 우리는 인공지능, 로봇과 어떻게 협력하고 공존할 것인지에 대한 논의를 본격화해야 한다.

01 산업혁명의 시각: 기술은 어떻게 인간의 노동을 바꾸었는가

산업혁명의 역사

18세기 후반부터 19세기 중반까지, 유럽과 미국을 중심으로 펼쳐진 최초의 산업혁명은 농경 사회를 산업 사회로 전환시키는 거대한 흐름이었다. 사람들은 농촌을 떠나 도시로 몰려들었고, 섬유 산업과 제철 공업을 중심으로 대규모 생산 체계가 본격화되었다. 특히 증기 기관의 발명과 효율화는 이 변화의 심장부에 있었다.

증기 기관의 효율성이 크게 개선되면서 산업적 이용이 급증하였으며, 철도와 선박 등 교통 수단에도 활용되기 시작했다. 증기 동력을 기반으로 한 면사 방적과 기계 직조기가 등장하면서 섬유 산업은 급속도로 성장하였다. 제철 기술 또한 혁신적으로 발전하여 코크스를 이용한 제철 공법이 도입되었고, 대형 용광로의 사용이 확대되면서 철강 산업의 생산성이 비약적으로 증가하였다. 이러한 기술 혁신은 도시화와 노동 시장 재편을 동반한 전면적인 산업 구조의 변화를 불러왔다.

이러한 변화는 영국을 중심으로 한 산업의 성장과 맞물려 사회적 변화를 동반하였다. 인구는 급격히 증가하였으며, 노동 시장에서는 농업 중심에서 제조업 중심으로의 전환이 이루어졌다. 이에 따라 고용 구조도 변화하여 농업에 종사하는 비율은 감소하고 제조업과 서비스 산업의 비중이 증가하였다.[1]

제2차 산업혁명은 19세기 후반부터 제1차 세계대전 직전까지의 시기를 의미하며, 전기 에너지의 도입과 대량생산 시스템의 발전이 특징적이다. 철도와 전신, 전화 기술이 보급되면서 산업 전반에 걸쳐 혁신이 이루어졌으며, 전기 에너지를 이용한 공장 자동화가 본격화되었다. 이 시기에는 자동차 산업이 태동하였고, 헨리 포드의 컨베이어 벨트 시스템이 도입되면서 대량 생산 체제가 확립되었다.

이 시기에는 화학 산업도 눈부시게 발전했다. 암모니아 합성 기술이 개발되면서 비료 생산이 가능해졌고, 이는 농업 생산성을 획기적으로 향상시켰다. 또한 석유 산업이 성장하면서 연료 공급이 안정화되었으며, 이는 자동차 산업과 항공 산업의 발전에 중요한 역할을 하였다.

이러한 산업의 발전은 자본주의 경제 체제의 확산과 맞물려 노동자 계급의 형성과 노동 운동의 확산으로 이어졌다. 대규모 공장이 등장하고, 노동 환경과 임금 개선을 요구하는 목소리가 커지면서, 노동조합이 조직되고 사회주의 사상이 확산되는 등 정치적 지형도 변화하기 시작했다.

3차 산업혁명 Vs. 인터넷 정보혁명

정보혁명, 또는 디지털 혁명은 기존 산업혁명의 연장선상에서 해석되기도 한다. 이 관점에서는 인터넷과 디지털 기술의 등장을 '제3차 산업혁명'으로 간주하며, 20세기 중반부터 시작된 급속한 기술 발전이 그 핵심에 있다. 이 시기의 핵심은 컴퓨터와 인터넷 기술의 발전으로, 정보통신기술(ICT)의 급속한 발전을 통해 데이터 처리 및 저장, 네트워크 기술이 비약적으로 향상되었다. 이러한 변화는 경제와 사회 구조 전반에 걸쳐 큰 영향을 미쳤다.

한편, 경제학자 제러미 리프킨(Jeremy Rifkin)은 이와 다른 시각에서 '제3차 산업혁명'을 정의했다. 그는 인터넷 기술과 재생에너지가 결합된 새로운 경제 체계가 열릴 것이라 보았다. 즉, 커뮤니케이션과 에너지 시스템이 통합되면서 경제 구조 자체가 변할 수 있다는 예측이었다. 실제로 인터넷의 등장은 정보 공유의 속도를 비약적으로 끌어올렸고, 산업 자동화와 효율성 향상에 결정적인 역할을 했다.

이 시기의 산업 혁신은 기존의 제조업 중심 경제에서 지식 기반 경제로의 전환을 의미했다. 전자상거래와 소프트웨어 산업이 급성장하였으며, 글로벌화가 가속화됨에 따라 국가 간 경제 경계는 점차 흐려졌다. 또한, 인공지능(AI)과 로봇 기술이 발전하면서 노동 시장은 다시 한 번 중대한 변화를 맞게 되었다.

그러나 이러한 논의에도 불구하고, '제3차 산업혁명'이라는 개념은 학계에서 광범위하게 사용되지는 않는다. 대신, '정보화 고속도로 혁명' 또는 '디지털 혁명'이라는 용어를 통해 이후의 정보혁명을 보다 단절된 혁신으로 보는 시각이 더 설득력을 얻고 있다.[2]

4차 산업혁명?

클라우스 슈밥(2016)은 4차 산업혁명을 주장하면서, 그 변화의 속도(Velocity), 범위(Scope), 그리고 시스템 영향력(Systems Impact)에서 근본적인 차이를 보이는 새로운 혁명이 시작되고 있다고 설명한다.[3] 즉, 기술 발전이 기하급수적으로 빠르게 진행되며, 거의 모든 산업과 국가에 걸쳐 파괴적 영향을 미치고, 생산 및 관리 체계를 근본적으로 변화시키고 있다는 것이다. 이러한 변화는 ICT 기반의 기술 융합에 의해 가속화된다. 인공지능, 로보틱스, 사물인터넷, 자율주행차, 3D프린팅, 나노기술, 생명공학, 재료과학, 에너지 및 양자컴퓨팅 등 다양한 첨단 기술이 서로 융합되며, 우리가 일하고 소통하고 사는 방식 전체를 바꾸고 있다.

그러나 현재의 인공지능과 초지능 기술의 발전을 '산업혁명'이라는 틀로 해석하는 시도에는 한계가 있다. 슈밥이 강조한 4차 산업혁명의 핵심 요소는 소비자 기대(Customer Expectations)의 충족, 제품 향상(Product

Enhancement), 협업적 혁신(Collaborative Innovation), 그리고 조직 형태(Organizational Forms)의 변화이다. 이는 인터넷 정보혁명으로 인해 이미 현실화 되고 있는 연속적인 혁신의 과정일 뿐, 새로운 산업혁명이라는 명칭을 부여할 정도의 단절적인 변화는 아니다. 즉 인터넷 혁명의 연속적 발전을 새로운 산업혁명으로 포장한 것에 불과하다는 것이다.[4]

특히, 산업혁명이라는 개념은 물리적 자본과 노동의 변화를 중심으로 정의되어 왔지만, 현재의 지능혁명은 기존의 자본과 노동 관계를 넘어서 인간과 기계의 역할을 근본적으로 재정립하는 패러다임 전환을 요구한다. 기계가 단순히 생산 도구를 넘어 스스로 판단하고 경제적 행위자로 등장하는 현상은 기존의 산업혁명과 근본적으로 다르다.

특히 '산업혁명'이라는 개념은 물리적 자본과 노동의 구조적 변화를 전제로 한다. 그러나 오늘날의 지능혁명은 자본과 노동의 관계를 넘어, 인간과 기계 간의 역할 자체를 재정의하고 있다. 기계는 더 이상 인간이 조작하는 도구가 아니라, 스스로 사고하고 행동하는 '자율적 행위자'로 떠오르고 있는 것이다. 전통적인 산업혁명은 인간 노동의 기계적 대체에 초점을 맞췄지만, 초지능 시대의 기계는 단순한 도구를 넘어 '경제적 주체'로 기능하며 인간과의 경계를 모호하게 만든다. 이처럼 기계와 인간의 역할이 근본적으로 재구성되는 시대를, 과거의 틀로 설명하는 것은 변혁의 본질을 간과하는 오류다.

이제 우리는 산업혁명이라는 낡은 개념에서 벗어나, 새로운 시대를 규정할 수 있는 개념과 틀을 마련해야 한다. 초지능 혁명은 단지 자동화의 연장이 아니다. 그것은 인간과 기계의 관계, 노동과 존재 방식, 사회와 시스템의 구조를 송두리째 바꾸는 제3의 기계혁명이다. 새로운 기술적 변화는 단순히 경제적 생산성을 증가시키는 것이 아니라, 인간 존재의 방식과 사회적 관계를 새롭게 정의하는 방향으로 나아가고 있다. 이러한 패러다임 전환을 인정하고 이에 맞는 새로운 개념적 접근이 필요하다.

02 정보혁명의 시각: 인간의 사고를 확장한 기술의 진화

정보혁명은 인류의 커뮤니케이션 방식과 지식의 축적, 그리고 정보의 유통 방식에 대한 근본적인 변화를 의미한다. 미디어 역사학자인 어빙 팽(Irving Fang)은 인류의 역사를 여섯 차례의 정보혁명으로 정의한다. 문자 혁명, 인쇄 혁명, 매스 미디어 혁명, 엔터테인먼트 혁명, 커뮤니케이션 기기 혁명, 그리고 인터넷 혁명인 정보 고속도로 혁명이 그것이다.[5]

문자 혁명에서 정보고속도로 혁명까지

기원전 8세기 그리스에서 시작된 문자 혁명은 알파벳과 파피루스의 결합을 통해 인간의 기억력에만 의존하던 구전 문화에서 문자를 통한 체계적인 지식 축적으로 발전하는 계기가 되었다. 이후 15세기 중반, 구텐베르크의 금속활자 발명과 중국에서 기원한 종이 기술의 결합은 인쇄 혁명을 촉진하였고, 이는 지식의 대량 복제와 보급을 가능하게 하였다. 그 결과, 종교개혁과 르네상스, 계몽주의 운동 등이 촉진되었으며, 정보 접근성이 확대되면서 민주주의적 사고와 학문적 발전의 기초가 마련되었다.

19세기 중반, 보다 발달된 인쇄 기술과 증기기관을 이용한 대량 인쇄 기술, 그리고 전신전보의 등장으로 매스 미디어 혁명이 일어났다. 신문과 잡지가 일반 대중을 위한 미디어로 자리 잡으며 정보의 대중화가 가속화되었다. '페니 프레스(Penny Press)'라 불리는 저렴한 신문의 등장은 정보 접근성을 더욱 확대하는 계기가 되었다.

이어 19세기 후반부터 시작된 엔터테인먼트 혁명은 시청각 기술의 발전을 중심으로 전개되었다. 녹음, 사진, 영화 기술이 발달하면서 정보는 글과 말뿐 아니라 영상과 소리로 전달되는 새로운 시대를 맞았다. 이후 라디오와 텔레비전의 등장으로 오디오와 비디오가 결합된 대중 커뮤니케이션이 본격화되었다.

20세기에 들어서면서, 전화와 방송 기술은 정보 전달을 실시간으로 가능하게 만들었고, 사람들은 점점 더 즉각적인 정보의 흐름에 익숙해졌다. 그리고 마침내, 1990년대 들어 컴퓨터와 인터넷이 등장하면서 '정보 고속도로 혁명'이 시작되었다. 전 세계가 디지털 정보의 생산과 유통망으로 연결되며, 인류는 완전히 새로운 커뮤니케이션 환경으로 진입하게 되었다.

디지털 혁명의 두 단계

흔히 인터넷 혁명 또는 디지털 혁명이라고 불리는 정보혁명은 다시 두 단계로 나누어 설명될 수 있다.[6] 제1단계 디지털 혁명은 컴퓨터와 인터넷, 유선통신의 융합으로 생산성과 효율성을 증대시키는 데 초점이 맞춰졌다. 이 단계에서는 정보의 디지털화와 데이터의 대량 저장 및 분석이 가능해졌으며, 이는 경제와 산업 구조에 큰 변화를 초래하였다.

제2단계 디지털 혁명은 모바일 기술과 클라우드 컴퓨팅, 인공지능(AI)의 발전을 통해 개별 소비자 중심의 정보 활용 방식으로 전환되었다. 스마트폰과 소셜 미디어의 확산은 개인의 정보 접근 방식과 의사소통 방식을 혁신적으로 변화시켰으며, 이는 정보의 분산화와 개인화된 미디어 환경을 조성하였다. 현대원은 이를 '개인 주권의 시대'로 정의하며, 정보 소비자들이 단순한 수용자가 아니라 생산자로 변모하는 과정이 가속화되었다고 분석한다.

정보혁명과 초지능의 물결

정보혁명이 보여준 진정한 혁신은 기술 자체가 아니라, 정보가 인간 사고와 사회 구조를 변화시키는 방식에 있다. 산업혁명이 기계의 힘으로 인간의 신체적 노동을 대체했다면, 정보혁명은 인간의 인지 능력, 창의력, 사고 체계를 확장하는 혁명이었다. 인공지능(AI)의 발전은 이러한 정보혁명의 정점에서 인간과 기계 간의 새로운 관계를 형성하고 있으며, 초지능 혁명의 도래를 예고하고 있다.

초지능 시대에는 인간과 기계가 데이터를 기반으로 실시간으로 상호작용하며, 기존의 정보 생산 및 소비 방식이 근본적으로 변화할 것이다. 특히, 인공지능이 자율적으로 학습하고 결정을 내리는 능력을 가지게 되면서 정보의 흐름은 더욱 정교하고 빠르게 변모할 것이다. 이에 따라 정보의 신뢰성과 윤리적 문제, 그리고 인간과 인공지능의 역할 재정립이 중요한 사회적 과제가 될 것이다.

03 기계혁명의 시각: 인공지능과 인간, 공존의 미래를 상상하다

'제4차 산업혁명'의 담론에서 자주 언급되는 개념 중 하나가 바로 '제2차 기계시대(The Second Machine Age)'다. 이는 인공지능, 컴퓨팅 파워, 네트워크 기술, 그리고 디지털화가 결합하여 경제와 사회 구조를 혁신적으로 변화시키는 시대를 의미한다. 브린욜프슨(Erik Brynjolfsson)과 맥아피(Andrew McAfee)는 이 개념을 통해 현대 경제가 스마트한 기계들에 의해 추동되는 획기적인 변화를 경험하고 있다고 설명한다.[7] (Brynjolfsson & McAfee, 2016).

제1차 기계시대 Vs. 제2차 기계시대

전통적인 기계시대(Machine Age)는 19세기 후반부터 20세기 초반(1880~1945년)의 기간을 의미하며, 이 시기는 컨베이어 벨트 기반 대량생산 시스템, 철강산업의 발전, 철도 및 자동차와 비행기, 초고층건축을 가능하게 한 철제빔 건설, 대용량 수력발전, 고속 인쇄 기술, 그리고 사진과 라디오의 등장 등이 핵심적인 기술 혁신이었다. 이러한 기술 혁신으로 인해 대량생산과 대량소비의 매스 마켓(Mass Market)이 형성되었으며, 대기업들이 급성장하면서 노동 착취 문제와 노동조합의 등장이라는 사회적 변화도 동반되었다.

반면, 제2차 기계시대의 본질은 물리적 기계가 아니라 '지능형 기계'에 있다. 즉, 단순히 인간 노동을 보조하던 기계가 이제는 인공지능(AI)이라는 소프트웨어를 통해 인간의 인지적 노동까지도 자동화하고 있다는 점에서 새로운 국면이 펼쳐지고 있다.

브린욜프슨과 맥아피는 이러한 변화 속에서 일자리의 감소에 대한 공포(러다이트 운동과 같은 기술 거부 현상)를 지적하지만, 동시에 새로운 형태의 직업 창출이 이루어질 것이라고 전망한다. 즉, 테크놀로지가 창출하는 '풍요로움(Bounty)'이 기존 일자리의 감소를 보완하고, 새로운 산업과 직업군을 형성할 것이라는 주장이다.[8]

기계화와 경제적 불평등

제2차 기계시대의 가장 큰 수혜자는 누구일까? 바로 소비자, 그리고 새로운 기술을 만든 기업과 투자자들이다. 이들은 기술 발전을 통해 더 저렴한 가격에 더 나은 품질의 제품과 서비스를 누릴 수 있게 되었고, 이는 경제 전체의 효율성을 극대화하는 데 기여했다. 그러나 문제는 이러한 경제적 풍요가 균등하게 분배되지 않는다는 점이다.

브린욜프슨과 맥아피는 코닥(Kodak)과 인스타그램(Instagram)을 비교하며 이러한 불균형을 설명한다. 코닥은 전성기 시절 145,000명의 직원을 고용했던 기업이지만, 인스타그램은 단 13명의 직원만으로 2012년 10억 달러에 페이스북에 인수되었다. 즉, 기술은 생산성을 높였지만, 더 이상 그것이 반드시 일자리나 임금 상승으로 이어지지는 않는 시대가 도래한 것이다. 제1차 기계시대에는 생산성과 고용, 평균 임금이 함께 상승했지만, 제2차 기계시대에서는 생산성은 오르되, 일자리는 줄고, 소득은 특정 계층에만 집중되는 현상이 벌어지고 있다.

이러한 불균형은 슈퍼리치(Super-rich)와 일반 노동자들 간의 간극

(Spread)을 확대시키고, 중산층 침체와 소득 불균형 심화, 장기 실업률 증가와 같은 문제를 야기할 가능성이 높다. 특히, 고난도의 기술을 보유한 노동자와 그렇지 못한 노동자 사이의 격차가 더욱 벌어질 것이며, 이러한 차이가 사회적 갈등을 증폭시키는 요소로 작용할 가능성이 크다.

04 초지능 혁명: 제3차 기계시대의 도래

기계혁명은 산업혁명과 함께 인간의 생산성과 경제 구조를 변화시켜 왔다. 제1차 기계시대는 산업혁명의 연장선상에서 기계가 인간의 신체적 노동을 대체하는 과정이었다. 이후 등장한 제2차 기계시대는 인공지능과 디지털 기술의 발달로, 기계가 인간의 '인지 노동'마저 수행하는 환경을 열었다. 하지만 이제 우리는 그 어떤 기계화보다도 근본적인 전환, 곧 '인간과 기계가 공존'하는 새로운 패러다임, 제3차 기계시대의 문 앞에 서 있다.

제3차 기계시대: 인간과 기계의 공존

제3차 기계시대는 단순한 기계화와 자동화를 넘어, 인공지능(AI)과 로봇이 인간과 협력하며 공존하는 새로운 패러다임을 의미한다. 이는 단순히 일자리의 대체가 아니라, 기계와 인간이 함께 일하며 새로운 경제적 가치를 창출하는 시대를 예고한다.

브린욜프슨과 맥아피가 제시한 제2차 기계시대에서는 기계가 인간의 인지적 작업을 대체하면서 생산성을 높였지만, 일자리 창출과 임금 상승은 동반되지 않았다. 이는 경제적 불평등을 초래하고 오히려 중산층의 축소, 장기 실업, 소득 양극화 등 구조적 불평등을 심화시켰다. 하지만 제3차 기계시대는 다르다. 기계가 인간의 경쟁자가 아니라 협력자로 작용하면서 기계는 인간의 창의력과 감성을 보완하는 존재가 되고, 인간은 기계가 구현할 수 없는 고유한 가치를 발휘하며 새로운 경제 질서를 이끌게 될 것이다.

제3차 기계시대에서는 초지능(AI)이 단순한 계산 도구가 아니라 자율적인 의사결정자로 기능하게 된다. 기계는 데이터를 분석하고 학습하여 스스로 최적의 해결책을 찾아가는 능력을 갖추게 되며, 이는 금융, 의료, 교육, 법률, 예술 등 다양한 분야에서 인간과 기계 간의 협업을 가능하게 한다.

또한, 이 혁명은 경제 질서의 변화를 초래할 것이다. 기존의 대량생산과 소비 기반의 경제에서 벗어나, 맞춤형 생산과 개인화된 서비스가 중심이 되는 새로운 경제 구조가 형성될 것이다. 블록체인과 분산형 경제 모델이 확대되면서, 중앙집권적 기업 운영 방식이 변화하고 개인이 직접 경제 주체로서 활동하는 시대가 도래할 것이다.

제3차 기계시대에서 가장 중요한 과제는 인간과 기계의 역할을 어떻게 정의하고 조율할 것인가에 있다. 기계는 위험하고 반복적인 작업을 담당하며 생산성을 극대화할 것이다. 인간은 창의성과 공감력, 윤리적 판단을 통해 새로운 가치를 창출할 것이다.

이를 가능하게 하려면, 지금의 교육과 직업훈련 시스템은 근본적으로 바뀌어야 한다. 전통적인 직업이 사라지는 대신, 인간의 창의성과 문제 해결 능력을 강화하는 교육이 중요해질 것이다. 또한, 기계와 협력하는 새로운 직업군이 등장하며, 인간 중심의 기술 활용 방식이 발전할 것이다.

표 10-1 기계시대 진화의 역사

구분	제1차 기계시대	제2차 기계시대	제3차 기계시대
시기	19세기 후반 ~ 20세기 중반 (1880~1945년)	21세기 초~현재 (디지털 전환기)	도래 중인 미래 (초지능 AI 시대)
핵심 기술	기계, 철강, 전기, 대량생산, 교통수단 (철도·자동차), 인쇄·사진·라디오	인공지능(AI), 빅데이터, 클라우드, 디지털 네트워크, 자동화	초지능(AI), 자율학습 시스템, 협업 로봇, 블록체인, 맞춤형 플랫폼
대체 대상	인간의 신체적 노동 (근육의 힘)	인간의 인지적 노동 (두뇌의 힘)	인간과 기계의 상호 협업 및 보완
경제 구조 변화	대량생산 → 매스 마켓 형성, 대기업 성장	생산성 향상 → 고용과 임금 증가 없이 기업과 소비자에 집중	맞춤형 생산, 탈중앙화, 개인화된 경제 구조 확대
사회적 영향	노동조합 등장, 노동 착취 문제, 도시화 가속	일자리 감소, 중산층 축소, 슈퍼리치와의 격차 심화	창의·감성 중심 직업 강화, 인간 중심 협업 생태계, 교육 시스템 개편 필요
불평등 문제	상대적으로 균형된 고용과 임금 상승	생산성은 증가했지만 고용은 줄고 소득 양극화 심화	AI로 인한 경제적 풍요의 공정한 분배 요구, 기본소득 등 사회시스템 논의 대두
기술의 성격	물리적 기계 기반	디지털 지능형 소프트웨어 기반	자율적 사고와 판단이 가능한 초지능형 AI 시스템
대표 사례	컨베이어 시스템, 철도, 수력 발전, 라디오	인스타그램, 자율주행차, 알고리즘 추천 시스템	AI 의사결정 시스템, 협업형 로봇, 분산형 자산 플랫폼

또한 기계가 사회 전반에 걸쳐 인간과 협력하게 되면서, 노동 시장뿐만 아니라 사회적 가치와 윤리적 문제도 새롭게 대두될 것이다. 기계가 자율적으로 의사결정을 내리는 환경에서 인간의 역할과 책임을 어떻게 조율할 것인가에 대한 논의가 필요하다.

이와 함께 경제적 불평등 문제를 해결하기 위한 새로운 사회 시스템이 요구된다. 기계가 창출하는 경제적 부를 어떻게 공정하게 나눌 것인가다. 생산성과 효율성은 높아지지만, 그 혜택이 일부 기술 보유자에게만 집중된다면 불평등은 더욱 심화될 것이다. 이에 따라 기본소득(Basic Income)과 같은 제도적 실험이 현실 정책으로 검토되고 있다. 기계가 만든 풍요를 인간 전체가 함께 누리기 위한 사회 시스템을 구축해야 할 시점이다.

초지능과 함께하는 미래

제3차 기계시대는 인간과 기계가 대립하는 시대가 아니라, 협력과 공존을 통해 새로운 가치를 창출하는 시대가 되어야 할 것이다. 초지능과 로봇 기술이 발전함에 따라 인간의 노동 환경과 경제 구조가 변화할 것이며, 이를 적절히 활용하고 조율하는 정책과 제도가 필요하다.

우리가 맞이한 기계혁명은 단순한 기술 발전의 과정이 아니다. 그것은 인간과 기계가 공존하는 새로운 문명을 함께 만들어가는 여정이며, 초지능의 물결 속에서 인간의 역할과 가치를 다시 정의해 나가는 미래의 서막이다.

PART
11

블록체인과 토큰 이코노미: 디지털 경제의 혁신과 미래

PART
11

블록체인과 토큰 이코노미: 디지털 경제의 혁신과 미래

　디지털 경제의 흐름이 빠르게 바뀌면서, 블록체인과 토큰 이코노미(Token Economy)는 기존 금융 시스템과 경제 구조를 근본적으로 재편하는 핵심 기술로 자리 잡고 있다. 비트코인의 등장은 블록체인이라는 혁신적인 기술을 세상에 알리는 계기가 되었으며, 이후 블록체인은 금융, 공급망, 행정, AI 데이터 관리 등 다양한 분야로 확장되었다. 또한, 전통적인 화폐 시스템과 비교되는 토큰(Token)개념이 부상하면서, 스테이블 코인(Stablecoin), 증권형 토큰(Security Token), 자산 토큰(Asset Token) 등 다양한 형태의 디지털 자산이 등장했다. 특히, 최근에는 인공지능(AI) 기술과 블록체인 기반의 토큰 이코노미가 결합되면서, 'AI 토큰 이코노미(AI Token Economy)'라는 새로운 경제 모델도 등장하고 있다. 이 장에서는 비트코인과 블록체인의 기본 개념부터 시작해서, 블록체인의 발전과정, 토큰과 화폐의 차이점, 그리고 AI와 블록체인의 융합이 가져올 미래에 이르기까지, 디지털 경제의 변화 흐름을 심층적으로 탐구하고자 한다.

01 비트코인과 블록체인

비트코인은 세계 최초의 분산화된 디지털 화폐이자, 암호화 기술을 기반으로 한 전자 지불 시스템이다. 중앙은행이나 금융 기관의 개입 없이 P2P(peer-to-peer) 방식으로 직접 거래가 가능하며, 송금, 대출, 결제 등의 기능을 수행할 수 있다. 그러나 비트코인은 단순한 가상화폐가 아니라 블록체인을 활용한 탈중앙화 금융 시스템의 핵심기술로 평가된다는 점에서 더욱 중요한 의미를 가진다. 안토노풀로스(Antonopoulos, 2014)는 비트코인을 '디지털 화폐 생태계를 구성하는 기술들의 집합체(A Collection of Concepts and Technologies)'라고 정의하며, 이를 구성하는 네 가지 핵심 요소로 분산화된 P2P 네트워크, 공개 거래 장부(블록체인), 분산 채굴 시스템, 그리고 거래 검증 시스템을 꼽았다.

비트코인의 작동 원리와 채굴 시스템

비트코인은 2008년 사토시 나카모토(Satoshi Nakamoto)에 의해 처음 개념화되었으며, 2009년 오픈소스 소프트웨어로 공개되면서 본격적으로 네트워크가 가동되기 시작했다. 비트코인은 디지털 화폐의 이중 지불(Double-spending) 문제를 해결하기 위해 블록체인 기술을 기반으로 한 작업증명(Proof-of-Work, PoW) 알고리즘을 채택했다.[1] PoW를 통해 모든 거래 내역은 블록체인에 기록되며, 네트워크 참여자들이 이를 분산 검증하는 방식으로 작동한다.

비트코인 네트워크는 거래 전송, 검증, 채굴, 블록 생성의 과정을 거쳐 운영된다. 사용자가 비트코인을 전송하면 이 거래는 네트워크 내 노드에 전파되며, 채굴자(miners)들은 이를 새로운 블록에 포함하기 위해 경쟁을 시작한다. 채굴 과정에서는 암호화 해시 함수(SHA-256)를 이용한 복잡한 수학 연산을 수행하며, 이를 해결하는 채굴자에게는 새로운 비트코인과 거래 수수료가 보상으로 지급된다.

비트코인 네트워크의 보안은 작업증명 알고리즘과 분산 네트워크의 힘에 의해 유지된다. 평균적으로 10분마다 새로운 블록이 생성되며, 채굴자들은 기존 블록의 거래 내역을 검증하고 기록하는 역할을 한다. 비트코인의 블록체인은 변경이 불가능하며, 기존의 거래 내역이 조작되려면 네트워크의 51% 이상의 연산력을 장악해야 하지만, 현실적으로 이는 거의 불가능하다. 이러한 특성 덕분에 비트코인은 신뢰할 수 있는 탈중앙화된 금융 시스템으로 자리 잡을 수 있었다.

비트코인과 비트코인 캐시: 확장성과 채굴자의 분열

비트코인 네트워크는 2017년을 기점으로 '확장성 문제(Scalability Issue)'를 겪게 된다. 기존 비트코인의 블록 크기는 1MB로 제한되어 있었으며, 하루 최대 25만 건의 거래만 처리할 수 있었다. 하지만 비트코인의 인기가 급상승하면서 거래량이 증가하자, 거래 속도가 느려지고 수수료가 상승하는 문제가 발생했다.

이를 해결하는 과정에서 비트코인 개발자들과 중국 대형 채굴업자 간의 갈등이 표면화되었고, 결국 2017년 8월 1일, 일부 채굴자들이 기존 비트코인 프로토콜에서 분리(Fork)되면서 '비트코인 캐시(Bitcoin Cash, BCH)'가 탄생했다.[2] 비트코인 캐시는 블록 크기를 기존 1MB에서 8MB로 확장하여 더 많은 거래를 빠르게 처리할 수 있도록 설계되었다.

비트코인과 비트코인 캐시의 분열은 단순한 기술적 차이를 넘어 비트코인 네트워크의 거버넌스와 경제적 이해관계가 충돌하는 대표적인 사례로 평가된다. 기존 비트코인을 유지하려는 그룹은 탈중앙화와 보안성을 최우선으로 강조한 반면, 비트코인 캐시를 지지하는 그룹은 빠른 거래 처리 속도와 저렴한 수수료를 우선시했다. 이처럼 비트코인은 단일한 시스템이 아니라, 네트워크 참여자들의 이해관계에 따라 지속적으로 진화하는 디지털 경제 시스템이라 할 수 있다.

비트코인의 경제학과 발행 모델

비트코인은 수학적 모델을 기반으로 한 고유한 통화 발행 정책을 따른다. 비트코인의 새로운 블록은 평균적으로 10분마다 생성되며, 이때마다 일정량의 비트코인이 채굴자에게 보상으로 지급된다.

비트코인의 총 발행량은 2,100만 개(BTC)로 제한되어 있으며, 일정 주기마다 채굴 보상이 절반으로 줄어드는 반감기(Halving) 모델을 따른다. 초기에는 블록당 50BTC가 지급되었지만, 2012년 11월에는 25BTC, 2016년에는 12.5BTC, 2020년에는 6.25BTC로 감소했다. 이러한 과정은 2140년까지 지속되며, 이후에는 채굴보상이 사라지고 거래 수수료만으로 네트워크가 운영될 것으로 예상된다.

이러한 발행 방식은 기존의 법정화폐(Fiat Currency)와 근본적으로 차별화된다. 중앙은행이 경제 상황에 따라 화폐 공급을 조절하는 것과 달리, 비트코인은 미리 정해진 알고리즘에 따라 공급이 통제된다. 덕분에 비트코인은 인플레이션의 영향을 받지 않으며, 오히려 시간이 지날수록 공급량이 줄어들어 희소성이 증가하는 디플레이션(Deflation) 자산으로 평가된다.

특히, 비트코인의 한정된 공급량은 경제 위기나 글로벌 불확실성이 커질 때 안전자산(Safe Haven)으로 주목받는 요인이 된다. 최근 몇 년간 글로벌 금융 위기, 법정화폐 가치 하락, 사이버 범죄 등의 영향으로 비트코인의 수요가 급증했으며, 여러 나라에서 비트코인을 '대체 자산 또는 디지털 금(Digital Gold)'으로 간주하는 움직임이 확산되고 있다.

02 블록체인의 진화

블록체인은 금융 및 기술 혁신의 중심에 자리 잡았으며, 현재는 주요 산업과 정부의 적극적인 관심을 받으며 본격적인 도입 단계에 접어들고 있다. 가트너(Gartner)의 기술 생명 주기 모델인 '하이프 사이클(Hype Cycle)'에 따르면, 블록체인은 2021년 '환멸의 골짜기(Trough of Disillusionment)'를 지나 2025년에는 '생산성의 안정기(Plateau of Productivity)'에 도달할 것으로 예상된다. 이는 블록체인이 단순한 기술적 실험 단계를 넘어 실제 산업과 경제 시스템에 깊숙이 통합되고 있음을 의미한다.

암호화폐의 제도권 진입과 블록체인의 확장성

비트코인을 비롯한 주요 암호화폐가 제도권에 편입되면서, 블록체인은 단순한 기술적 개념을 넘어 금융, 공공 서비스, 공급망 관리, 신원 인증, 스마트 계약 등 다양한 산업에서 실질적인 가치를 창출하는 방향으로 발전하고 있다. 특히, 글로벌 금융 시스템에서 암호화폐의 법적 지위가 강화되면서, 기업과 기관들이 블록체인을 기반으로 한 비즈니스 모델을 구축하는 움직임이 가속화되고 있다.

특히 트럼프 행정부의 친(親)암호화폐 정책이 구체화되면서 향후 주요 코인들이 기존 금융 시스템에 통합이 더 본격화될 것으로 예상되고 있다. 예를 들어, 도널드 트럼프 미국 대통령은 취임과 동시에 비트코인, 이더리움, XRP, 솔라나 등이 포함된 전략적 암호화폐 준비금 조성 계획을 발표하며, 미국이 글로벌 암호화폐 시장의 중심지가 되도록 하겠다는 입장을 밝혔다.[3] 이러한 정책 변화는 암호화폐를 단순한 투기적 자산이 아닌 국가 경제와 금융 시스템의 핵심 요소로 자리 잡게 하는 계기가 될 것으로 보인다. 이에 발맞춰 유럽과 아시아 국가들도 블록체인 기술과 암호화폐에 대한 법적·제도적 프레임워크를 마련하고 있으며, 금융 기관들도 암호화폐를 포함한 다양한 블록체인 기반 자산을 본격적으로 운용할 준비를 서두르고 있다.

블록체인의 확장성과 산업 적용

블록체인은 단순한 암호화폐를 넘어 다양한 산업에서 혁신을 이끌고 있다. 특히 '스마트 계약(Smart Contracts)'을 기반으로 한 블록체인 2.0 기술은 부동산, 보험, 법률 계약, 공급망 관리 등 기존 산업의 디지털 전환을 가속화하고 있으며, 이를 통해 기업들은 비용 절감, 효율성 향상, 투명성 증대 등의 효과를 거두고 있다. 이제 블록체인 3.0 시대는 금융을 넘어 정부, 헬스케어, 과학, 문화, 예술 등 사회적·공공적 영역으로 블록체인이 확장되는 단계를 의미한다.[4] 블록체인의 핵심 가치는 '신뢰(Trust)'이며, 이는 단순한 금융 거래뿐만 아니라 정부의 행정 시스템, 의료 데이터 관리, 학술 연구, 콘텐츠 저작권 보호 등 모든 영역에서 투명성을 확보할 수 있는 도구가 된다.

특히, AI와 블록체인의 결합은 차세대 기술 혁신을 주도하는 핵심 요소로 떠오르고 있다. AI가 생성하는 방대한 데이터를 블록체인을 통해 신뢰할 수 있도록 관리함으로써, 데이터의 위·변조를 방지하고 더욱 효율적인 AI 모델 훈련이 가능해지고 있다. AI 기반 금융 알고리즘 트레이딩, 헬스케어 데이터 분석, 공공 서비스 최적화 등 다양한 분야에서 블록체인과 AI가 결합된 새로운 서비스 모델이 속속 등장하고 있다.

블록체인의 미래와 글로벌 금융 시스템의 변화

전 세계 주요 국가들이 중앙은행 디지털화폐(CBDC, Central Bank Digital Currency) 도입을 추진하는 가운데, 블록체인은 기존 법정화폐(Fiat Currency)와 디지털 자산을 연결하는 핵심 기술로 자리 잡고 있다. CBDC는 중앙은행이 직접 발행하는 디지털 화폐로, CBDC의 발행이 통화 및 금융 안정성을 저해하지 않고 기존 화폐 시스템과 공존하면서도 금융 혁신과 효율성을 촉진하고 동시에 투명성과 보안성을 강화하는 방식으

로 진화하고 있다.[5]

글로벌 규제 환경이 정비됨에 따라 기관 투자자들의 블록체인 기반 금융 상품(ETF, 채권, 부동산 토큰화 등) 투자 비율도 급격히 증가하고 있다. 이는 블록체인이 기존 금융 시스템과 융합되면서 실물 경제와의 연결성을 더욱 강화하는 과정이라 할 수 있다.

결국, 블록체인의 미래는 암호화폐와 기존 금융 시스템이 공존하는 새로운 패러다임과 깊은 연관성을 지닌다. 금융, 데이터, 행정, AI 등 다양한 산업에서 블록체인 기술이 지속적으로 적용됨에 따라, 블록체인은 향후 글로벌 경제 및 산업 구조를 혁신하는 핵심 인프라 기술로 자리매김할 것이다. 이제 블록체인은 단순한 기술적 실험 단계를 넘어, 전 세계적인 금융 및 경제 혁신을 주도하는 필수 요소로 정착되고 있으며, 기업과 정부는 이에 맞춰 전략적 대응을 강화해야 할 시점이다.

03 블록체인 토큰 이코노미와 AI 토큰 이코노미가 만나다

'AI 토큰 이코노미 시대'의 도래

젠슨 황(Jensen Huang)은 AI가 단순한 기술 혁신을 넘어 새로운 산업 혁명을 이끄는 중심 요소가 되고 있다고 주장한다. 그는 AI 기반 경제 시스템의 등장과 함께 토큰 이코노미(Token Economy)라는 새로운 패러다임이 형성되고 있음을 강조한다.[6] 또한 AI 기술의 중요성과 그로 인해 발생할 거대한 경제적 변화에 대해 강조하며, 기업들이 AI를 적극적으로 도입하지 않을 경우 심각한 리스크에 직면하게 될 것이라고 경고한다. 그는 AI 의 도입이 선택이 아닌 필수라고 단언하며, AI를 활용하지 않는 기업과 개인은 경쟁에서 도태될 수밖에 없다고 말한다.

"AI를 적극적이고 능동적으로 활용하지 않는다면, 잘못하고 있는 것입니다. 당신의 직업을 AI가 빼앗는 것이 아니라, AI를 활용하는 누군가가 빼앗을 것입니다. 당신의 회사가 AI 때문에 망하는 것이 아니라, AI를 활용한 다른 회사 때문에 망할 것입니다. 이것은 의심의 여지가 없습니다. 따라서 가능한 한 빨리 AI를 적극적으로 활용해야 합니다."[7]

AI 시대의 도래와 함께 범용 컴퓨팅의 시대는 막을 내리고 있다. 젠슨 황은 현재 전 세계에 설치된 약 1조 달러 규모의 데이터 센터가 기존 방식으로 데이터를 처리하는 것은 지속 가능하지 않다고 지적하며, 앞으로 4~6년 내에 약 2조 달러 규모의 컴퓨팅 아키텍처가 GPU 기반으로 가속화될 것이라고 전망했다. 그는 이 변화를 단순한 기술 업그레이드가 아닌 전기 혁명과 비견할 수 있는 새로운 산업 혁명의 시작으로 보고 있다.

특히 그는 '부동소수점 숫자(Floating Point Numbers)'를 새로운 경제 가치를 창출하는 핵심 자원으로 정의하며, 이를 'AI 토큰(AI Tokens)'이라 명명했다. 부동소수점 숫자는 단순한 계산 결과물이 아니라, AI가 생성하는 모든 결과물의 기본 단위이며, 이는 텍스트, 이미지, 음성, 단백질 구조, 화학 물질, 로봇 제어 등 다양한 형태로 변환될 수 있다.

"우리는 거의 모든 종류의 토큰을 엄청난 규모로 생산하는 방법을 발견

했습니다. 이 토큰들은 'AI 공장'이라 불리는 새로운 데이터 센터에서 생산됩니다. 전자는 들어가고 부동소수점 숫자, 즉 AI 토큰이 나옵니다."[8]

 젠슨 황은 이러한 데이터 센터를 'AI 공장(AI Factories)'라고 부르며, 이에 기반한 새로운 경제 구조가 형성될 것이라고 설명한다. 그는 전기 혁명 당시 킬로와트시(kWh) 단위로 전력이 거래되었던 방식과 유사하게, 미래에는 AI 토큰이 새로운 디지털 경제에서 기본 거래 단위가 될 것이라고 전망했다. 이러한 관점에서 젠슨 황이 제시한 'AI 토큰' 개념은 단순한 기술적 단위를 넘어, 새로운 디지털 경제 패러다임의 중심 축으로 해석된다. 과거 산업혁명 시대에 전기와 철강이 핵심 자원이었듯, AI 시대의 핵심 자원은 바로 이 부동소수점 연산 결과, 즉 AI 토큰이다. AI 토큰은 텍스트 생성부터 단백질 시뮬레이션, 자율주행, 로봇 제어에 이르기까지 다양한 형태로 전환 가능한 디지털 원재료이며, 이는 정보 자체가 곧 가치를 창출하는 새로운 경제 질서를 예고한다.

 젠슨 황의 이런 비전은 NVIDIA가 AI 혁명의 중심에서 기술적 리더십을 확고하게 하고 있다는 자신감에 기반한 것으로 보인다. 젠슨 황은 AI 토큰이 기존의 경제 구조를 재편하고, 새로운 디지털 경제를 형성하는 핵심 동력이 될 것이라고 주장하며, '부동소수점 숫자 토큰이 주도하는 AI 산업 혁명은 전기 혁명에 비견될 만큼 혁명적이며, 앞으로 거대한 시장으로 성장할 것'이라고 강조한다.

 분명한 사실은 AI가 우리의 미래를 근본적으로 변화시킬 것이며, 기업들이 이 변화에 어떻게 대응해야 하는가는 앞으로의 중요한 과제가 될 것이다. AI의 등장으로 인해 지능(intelligence)의 한계비용이 0에 가까워지면서, 과거에는 불가능했던 많은 일들이 AI를 통해, AI와 함께 가능해지는 시대가 열리고 있다. 기업과 개인 모두가 AI를 활용하는 능동적인 전략을 채택해야만, 이 혁명적 변화 속에서 경쟁력을 유지할 수 있을 것이다.

AI 토큰 vs. 블록체인 토큰

'AI 토큰 이코노미'와 '블록체인 기반 토큰 이코노미'는 비록 서로 다른 기술적 기원에서 출발하였으나, 디지털 자산의 자동 생산과 신뢰 기반 거래를 통해 새로운 경제 질서를 구축하고자 하는 공통된 철학적 비전을 공유한다. AI 토큰 이코노미는 인공지능이 수행한 연산 행위 자체와 그 결과물을 동시에 자산화하는 시스템이다. 즉, AI의 계산 과정에서 생성되는 부동소수점 연산 결과물은 단순한 데이터가 아닌 경제적 가치를 지닌 디지털 자산, 곧 AI 토큰으로 변환된다. 이때의 AI 토큰은 단순히 '결과'에 머무르지 않고, AI 연산 능력 자체를 계량화한 자산 단위, 다시 말해 지능적 연산력의 화폐화된 표현으로 이해될 수 있다.

이에 반해, 앞서 상세히 살펴보았던 블록체인 기반의 토큰 이코노미는 이미 존재하는 실물 자산이나 디지털 권리를 스마트 계약과 분산 원장 시스템을 통해 안전하고 신뢰성 있게 토큰화(tokenization) 하여 관리·이전할 수 있도록 하는 구조다. 여기서 토큰은 가치, 소유권, 사용 권한, 거버넌스 참여 등의 정보를 압축한 디지털 상의 신뢰 단위로 기능하며, 주로 가치 저장, 거래 수단, 계약 자동 실행 도구로 활용된다.

표 11-1. AI 토큰과 블록체인 토큰의 비교

구분	AI 토큰 (AI Token)	블록체인 토큰 (Blockchain Token)
기술적 기원	인공지능 연산 프로세스(모델 학습, 추론, 생성 등)에서 직접 파생됨	분산 원장 기술에서 정의된 자산 전송 및 계약 구조 기반
본질적 속성	AI의 연산 역량 자체이자 그 결과물, 즉 디지털 지능의 자산화된 표현	디지털 자산의 권리, 가치, 정보를 표현하는 블록 단위 상의 토큰
경제적 정의	연산이 일어날 때마다 생성되는 자산 단위이며, AI가 만든 정보 자체가 곧 화폐가 됨	일정한 규칙에 따라 발행된 토큰이 가치의 저장·이전·사용권 등을 표현
생성 방식	AI 모델이 데이터를 처리·분석·생성하면서 실시간으로 생성됨 (예: 생성형 AI 결과물, AI 추론 로그 등)	스마트 계약 실행, 블록 생성, DAO 활동 등을 통해 규칙 기반으로 발행
사용 목적	AI 연산을 수행하기 위한 자원 (Compute), 또는 그 연산의 출력물 (Output)을 표현하며 거래됨	지불, 소유권 이전, 거버넌스 참여 등 네트워크 활동을 위한 도구
운영 메커니즘	AI 팩토리(대규모 연산 인프라)에서 AI가 끊임없이 토큰을 생성하고 이를 디지털 경제에 공급	블록체인 네트워크에서 스마트 계약과 합의 알고리즘을 통해 생성·이전
대표적 기능	AI 생성물의 디지털화, 연산력의 단위화, 자동화된 경제 참여의 단위(전기와 유사한 역할)	거래 단위, 권리 표현, 계약 실행, 자산 토큰화 등 기능 수행
자산 성격	AI 모델의 연산 능력을 압축해 디지털 자산으로 환산한 구조, 즉 'AI 연산 단위의 토큰화'	기존 자산(실물·디지털) 또는 서비스 권리를 블록체인 기반으로 토큰화
유통 방식	생성 즉시 블록체인에 NFT 또는 DeFi 상품 등으로 전환되어 유통 가능	블록체인 상에서 주소 간 전송, 거래소 상장 등 유통 체계 확립
응용 사례	AI 생성 데이터의 소유권 토큰화, AI 연산력 대여 및 과금, 자동화된 스마트 금융 실행 등	유틸리티 토큰, 스테이블코인, DAO 거버넌스, 부동산/예술 자산의 디지털화 등
철학적 기반	지능의 산출이 곧 경제 단위가 되는 세계. AI가 '노동'을 수행하고 '자산'을 만들어내는 새로운 생산성의 화폐화 구조	신뢰 기반의 탈중앙화 시스템을 통해 기존 금융·계약 구조를 혁신하는 경제적 신뢰장치

AI 토큰의 개념을 구체적으로 제시한 엔비디아 CEO 젠슨 황은, "AI가 생성한 부동소수점 숫자(Floating Point Numbers)"를 전기의 경제적 기

능에 비유하며, 이들이 미래 디지털 경제의 실질적 동력이 될 것이라고 강조한다. 그는 이 연산 결과물들이 단순한 기술적 부산물이 아니라, 텍스트, 이미지, 음성, 단백질 구조, 화학 물질, 로봇 제어 명령어 등으로 즉시 전환될 수 있는 고차원의 디지털 자산이며, 곧 AI 토큰으로서 기능할 수 있다고 설명한다. 이러한 AI 토큰은 마치 전기가 전기 그 자체로도 가치가 있지만 다른 기계를 작동시키는 데에도 쓰이는 것처럼, AI 연산력 자체이자, 다른 디지털 시스템을 작동시키는 자원으로 기능한다.

이러한 AI 토큰은 대규모 AI 연산 인프라, 즉 이른바 "AI 공장(AI Factory)"를 통해 실시간으로 대량 생산될 수 있으며, 이 구조는 블록체인 네트워크에서 채굴 노드가 연산을 통해 블록을 생성하고, 거래를 검증하면서 토큰을 발행하는 방식과 비교될 수 있다. 블록체인에서 스마트 컨트랙트가 정해진 조건에 따라 자동으로 가치 이전을 수행하듯, AI 공장에서는 AI 모델이 데이터를 학습·분석·생성하고, 그 연산의 결과가 곧바로 경제적 토큰으로 전환된다. 이처럼 AI 토큰은 생산과 동시에 거래 가능한 상태로 존재하며, 연산과 거래의 경계를 허문다.

AI와 블록체인이 결합한 새로운 형태의 토큰 이코노미

AI와 블록체인이 결합하면, 새로운 형태의 경제 시스템을 창출할 수 있다. AI는 데이터를 생성하고 이를 분석하며, 블록체인은 데이터를 안전하게 저장하고 거래를 가능하게 하는 역할을 한다. 만약 AI 토큰이 블록체인 네트워크에서 금융 자산으로 거래될 수 있다면, DeFi(탈중앙 금융) 시스템을 통해 혁신적인 금융 모델이 등장할 가능성이 크다. 예를 들어, AI

가 의료 데이터를 분석하고 그 결과를 블록체인의 스마트 계약을 통해 자동화된 의료 보험 시스템으로 연결하는 일이 가능해질 것이다. 또한, AI가 개인이나 기업의 신용 평가를 수행한 뒤, 블록체인 스마트 계약을 활용해 대출 승인 및 이자율 결정을 자동으로 처리하는 새로운 금융 서비스도 기대할 수 있다.

이처럼 웹3 경제가 본격적으로 확산되면서 AI 중심의 경제 시스템과 블록체인 기반 금융 구조의 융합은 더욱 가속화될 것이다. AI가 생성한 데이터는 블록체인을 통해 자산으로 전환되고, AI 토큰은 블록체인 기반의 거래 시스템에서 활용될 것이다. 이러한 변화는 실물 경제와 디지털 금융 시스템 간의 경계를 허물며, 완전히 새로운 디지털 경제 모델이 자리잡는 계기가 될 것이다.

결국 AI와 블록체인이 결합한 새로운 형태의 토큰 이코노미는 데이터가 중심이 되는 경제 시스템을 구축할 것이다. AI가 지속적으로 경제적 가치를 창출하는 역할을 맡고, 블록체인이 이를 관리하고 유통하는 기능을 담당하게 된다면, 기존의 경제 구조와는 완전히 다른 새로운 디지털 경제 환경이 조성될 것이다. AI 토큰과 블록체인 토큰이 통합되는 과정에서 AI의 연산 능력이 곧 경제적 가치를 지닌 디지털 자산으로 변환되며, 이는 다양한 산업 분야에서 혁신적인 변화를 가져올 것으로 예상된다.

디지털 자산 시대의
화폐 혁명

PART 12
디지털 자산 시대의 화폐 혁명

토큰이란?

토큰은 블록체인 네트워크가 등장하기 훨씬 이전부터 다양한 형태로 존재해왔다. 전통적으로, 토큰은 경제적 가치를 표현하는 수단으로 사용되었으며, 컴퓨터 공학 분야에서도 특정 작업 수행 권한이나 접근 권한을 관리하는 수단으로 사용되었다. 예를 들어, 우편 서비스에서 택배를 추적하는 트래킹 코드나 기차 및 비행기 탑승을 위한 QR 코드 등이 있다.

블록체인의 발전으로 토큰의 개념이 더욱 확장되었다. 인터넷이 전통적인 통신 시스템을 혁신한 것처럼, 토큰은 금융과 디지털 경제를 변화시키는 핵심 요소가 되었다. 토큰은 자산이나 접근 권한을 나타내며, 분산 원장(distributed ledger)을 통해 집단적으로 관리된다. 또한, 스마트 컨트랙트(smart contract)를 활용해 몇 줄의 코드만으로도 발행될 수 있어, 기존의 중앙화된 금융 시스템보다 훨씬 효율적이고 자동화된 방식으로 운영될 수 있다.

토큰은 블록체인 네트워크와 연결되는 '지갑(wallet)'을 통해 접근할 수 있다. 이 지갑은 해당 블록체인의 주소와 연결된 공개 키 및 개인 키(public-private key pair)를 관리하는 역할을 한다. 특정 토큰을 사용하려면 해당 주소의 개인 키를 소유한 사람만이 접근할 수 있어 보안성과 신뢰성을 보장한다.

블록체인이 진화하면서 토큰은 단순히 가치를 저장하는 수단을 넘어, 물리적·디지털·법적 권한 등 다양한 기능을 수행할 수 있다. 이를 통해 시장 전반에서 보다 투명하고 효율적인 협업이 가능해지며, 시장 참여자들 간의 공정한 상호작용을 촉진한다. 또한, 토큰은 개별적인 행위가 집단적 목표에 기여하도록 유도하는 역할도 수행할 수 있으며, 특정 행동이 검증될 때 생성되는 구조를 가질 수도 있다. 또한 암호화된 토큰(cryptographic tokens)은 소유권, 접근권, 또는 투표권을 나타낼 수 있으며, 이는 블록체인 네트워크 내에서 안전하게 관리된다.

이처럼 토큰의 속성을 깊이 이해하려면 다양한 관점을 고려해야 한다.[1] 대표적인 주요 이슈에는 기술적 측면, 권리적 측면, 대체 가능성, 양도 가능성, 내구성, 규제적 측면, 인센티브 구조, 공급량, 토큰 흐름, 프라이버시, 그리고 안정성이 포함된다. 예를 들어, 대체 가능성 여부에 따라 토큰은 크게 두 가지로 나뉜다. 대체 가능한 토큰(fungible tokens)은 동일한 가치를 가지며 서로 교환이 가능하지만, 대체 불가능한 토큰(non-fungible tokens, NFTs)은 각기 고유한 속성을 지니고 있어 서로 대체될 수 없다. 대체 불가능한 토큰의 예만 깊게 들여다 보면, 이는 단순한 디지털 자산을 넘어, 신원 인증, 인증서, 지적 재산권, 접근 권한 등 다양한 권리와 소유권을 표현하는 데 활용될 수 있다. 구체적으로는 면허, 증명서, 디지털 키, 출입권, 신원 인증, 유언장, 투표권, 티켓, 로열티 포인트, 저작권, 공급망 추적, 의료 데이터, 소프트웨어 라이선스, 보증서 등 다양한 형태로 존재할 수 있다. 이처럼 다양한 응용 사례는 대체 불가능한 토큰이 단순한 디지털 수집품을 넘어, 공증, 인증, 권리 보호 등 실물 경제에서도 중요한 역할을 수행할 수 있는 기술임을 보여준다.

표 12-1. 대체 가능한 토큰 vs. 대체 불가능한 토큰

구분	대체 가능한 토큰 (Fungible Tokens)	대체 불가능한 토큰 (Non-Fungible Tokens, NFTs)
정의	서로 동일한 가치를 지닌 토큰으로, 개별 단위 간의 구별이 불필요하고 자유롭게 교환 가능	고유한 특성을 가진 디지털 자산으로, 각 토큰이 유일하고 상호 대체 불가능
예시	암호화폐(비트코인, 이더리움 등), 스테이블코인, 유틸리티 토큰, 거버넌스 토큰	디지털 아트, NFT 인증서, 티켓, 신원증명, 라이선스, 의료 데이터, 유언장 등
토큰 ID	각 토큰은 동일한 ID 또는 수량 단위로 구분됨(예: 1BTC=1BTC)	각 토큰은 고유한 식별자(tokens ID)와 메타데이터를 가짐(예: #3492 NFT)
기술 표준	주로 ERC-20, BEP-20 등 (동일 단위의 대량 발행에 적합)	주로 ERC-721, ERC-1155 등 (개별적 속성 관리에 최적화)
기능적 특성	가치 저장, 교환 매개, 거래 단위 등 금융적 용도 중심	신원, 소유권, 접근 권한, 지식재산권 표현 등 인증·보증 목적 중심
사용자 관점	누구나 동일한 가치를 갖는 토큰을 보유할 수 있음	사용자마다 다른 특성을 지닌 자산을 보유하며, 그 가치는 수요와 맥락에 따라 다름
양도 가능성	동일한 조건으로 자유롭게 교환·양도 가능	특정 조건 또는 권리 소유자에 따라 제한적 양도 가능
법적 지위	통화, 지불 수단, 금융 자산으로 분류될 가능성 있음	디지털 증명서, 계약서, 권리의 공증 자료 등 법적 권리 표현 가능
실물 경제 응용	디지털 금융 서비스, DAO 운영, 스마트 계약 기반 지급 시스템	출입권, 자격증명, 저작권, 공급망 추적, 의료 기록 인증 등 공적/사적 권리의 디지털화

스마트 계약 연계	주로 전송 및 지불 기능에 초점	정교한 권리 조건(예: 만료일, 이전 제한 등)을 포함하는 계약 구조 연계
공급 구조	일정량 발행 또는 인플레이션 조절 가능(통제된 희소성 또는 무한 발행)	개별 자산 기준 발행, 일반적으로 한정 수량 또는 1:1 발행
경제적 성격	통화적 속성: 동일 가치 단위로 사용되며 인센티브 설계에 유리	자산적 속성: 유일성과 희소성이 부각되며 고유 가치 평가 가능

토큰의 발행과 거래

 토큰은 블록체인 네트워크에서 발행되며 해당 네트워크를 기반으로 관리된다. 그러나 네트워크 간 상호운용성(interoperability)이 제한적이어서, 토큰이 서로 다른 블록체인 간에 자유롭게 이동하기는 어렵다. 이러한 한계를 극복하고 토큰의 교환과 유통을 가능하게 하기 위해서는 별도의 거래 시스템과 인프라가 필요하다. 토큰은 발행 초기 단계에서부터 거래소를 통한 유통 과정에 이르기까지, 다양한 구조와 메커니즘을 거쳐 하나의 토큰 경제를 형성하며 운영된다.

 토큰 세일즈(Token Sales)는 이더리움 네트워크의 등장과 함께 빠르게 확산되었으며, 누구나 스마트 계약을 통해 자유롭게 토큰을 발행하고 판매할 수 있게 되었다. 초기에는 ICO(Initial Coin Offering, 최초 코인 공개)라는 명칭이 사용되었지만, 점차 '토큰(token)'이라는 개념이 일반화되면서 ITO(Initial Token Offering, 최초 토큰 공개)라는 용어가 등장했다. 또한, 증권형 토큰(security token)의 경우 STO(Security Token Offering, 증권형 토큰 공개)라는 형태로 발전했다. 특히 기존 ICO 방식에서 발생한 여러 시장 실패와 규제 및 보안 문제로 인해 IEO(Initial Exchange

Offering, 최초 거래소 공개)와 같은 새로운 형태의 토큰 세일즈가 등장했다. IEO에서는 거래소가 토큰 발행 및 판매 과정을 중개하며, 사용자 인증 및 판매 감독을 수행한다. 이를 통해 발행자는 행정적 부담을 줄이고, 거래소의 기존 사용자 기반을 활용하여 마케팅 비용을 절감할 수 있다.[2]

이처럼 토큰 거래소(Token Exchanges)는 사용자의 토큰을 보관하고, 플랫폼 내에서 자유롭게 거래될 수 있도록 하는 온라인 은행과 같은 역할을 수행한다. 현재 바이낸스나 코인베이스와 같은 대부분의 거래소는 중앙화 거래소(CEX, Centralized Exchange) 형태로 운영되며, 사용자가 간편하게 토큰을 매매할 수 있도록 지원하고 법정화폐와의 교환도 가능하게 한다. 또한, 개인 지갑 생성 및 관리 기능을 제공하며, 사용자의 개인 키(private key) 보관 서비스도 포함한다. 그러나 중앙화된 성격을 가진 CEX는 해킹, 부실 운영, 거래량 변동성, 검열 등의 취약점을 안고 있다.

이러한 문제를 해결하기 위한 대안으로 탈중앙화 거래소(DEX, Decentralized Exchange)가 등장했다. 탈중앙화 거래소(DEX)는 중앙 기관의 개입 없이 블록체인 원장에서 직접(on-chain) 거래를 결제(settlement)할 수 있게 하여, 사용자가 더 자유롭게 토큰을 거래할 수 있도록 한다. 이를 통해 서로 다른 국가에 거주하는 사용자라도 자동으로 연결되어 거래할 수 있는 환경이 조성된다.

토큰의 발행과 거래 과정은 블록체인 기술과 스마트 계약을 기반으로 기존 금융 시스템과 차별화된 혁신적인 모델을 만들어가고 있다. ICO에서 IEO로 발전하면서 발행자의 부담이 줄어들었고, 탈중앙화 거래소가 등장하면서 중앙화된 거래소의 단점을 보완하는 움직임이 나타나고 있다. 이러한 변화는 규제 및 기술 발전과 함께 지속적으로 진화하며, 토큰 경제의 확장을 이끄는 핵심 요소로 작용할 것이다.

자산 토큰 Vs. 증권형 토큰

기존 자산의 토큰화(tokenization)는 물리적 객체나 금융자산을 디지털화여 블록체인상에서 관리할 수 있는 디지털 트윈(digital twin)을 생성하는 과정을 의미한다. 이때, 토큰은 물리적 자산의 대응물(counterpart)로 기능하며, 분산 원장에 의해 집단적으로 관리된다. '자산 토큰(asset token)'이라는 개념은 매우 포괄적인 것으로, 상품, 예술 작품, 부동산, 증권 등 모든 유형의 자산을 포함할 수 있다. 반면, '증권형 토큰(security token)'은 금융 시장 규제에 따라 증권으로 분류되는 특정한 유형의 자산 토큰이다. 다만, 무엇이 증권으로 간주되는지는 국가별 법률에 따라 다르게 해석될 수 있다.[3]

예를 들어, 미국에서는 특정 토큰이 증권에 해당하는지를 판단할 때 '하위 테스트(Howey Test)'라는 법적 기준을 적용한다. 이 기준은 1946년 미국 증권거래위원회(SEC)와 플로리다 소재 W.J. 하위 회사(Howey Company) 간의 소송을 통해 확립된 연방대법원의 판례를 통해 이후 미국 증권법 해석의 핵심 지침으로 자리 잡았다. 하위 테스트는 해당 자산이 자금의 투자로 이루어졌는지, 그 투자가 다른 사람들과 연결된 공동 사업 구조 내에서 이루어졌는지, 투자자가 미래의 이익을 기대하고 자산을 구매했는지, 그리고 그러한 이익이 투자자의 직접적인 노력보다는 제3자(예를 들면 프로젝트 개발자나 운영자)의 활동에 의해 발생하는지를 종합적으로 판단한다. 이 네 가지 요소가 모두 충족되는 경우, 해당 자산은 미국 증권법상 '투자 계약(Investment Contract)'으로 간주되며, 결과적으로 증권으로 분류되어 미국 증권거래위원회(SEC)의 규제를 받게 된다. 따라서 토큰이 단순히 디지털 자산의 형태를 띠고 있다고 해서 규제 대상에서 벗어나는 것은 아니며, 그 실질적인 거래 방식과 투자 구조가 증권에 해당하는지를 기준으로 분석하는 것이 핵심이다.

이러한 기준에 의해 미국 증권거래위원회(SEC)는 흔히 '리플' 코인으로 알려진 XRP가 이러한 요건을 충족하는 '투자 계약'에 해당하며, 리플랩스(Ripple Labs)가 미등록 증권을 판매해 자금을 조달했다고 주장한다. 반면, 리플랩스는 XRP가 비트코인(BTC)이나 이더리움(ETH)과 같은 디지털 자산이며, 투자자들이 리플랩스의 노력에 따른 수익을 기대하지 않기 때문에 증권이 아니라고 반박했다. 2023년 7월 미국 연방 법원은 기관 투자자를 대상으로 한 XRP 판매는 증권에 해당하지만, 일반 투자자 대상 거래소 거래는 증권이 아니라고 판결을 내렸다.

이 판결은 암호화폐가 유통되는 방식에 따라 증권 여부가 달라질 수 있다는 점을 인정한 첫 사례로, 암호화폐 시장의 규제 방향에 중요한 변화를 시사한다. 특히, 일반 투자자들이 암호화폐 거래소에서 거래하는 방식이 증권 규제의 대상이 아니라면, 이더리움이나 솔라나 등 다른 프로젝트에도 유사한 논리가 적용될 가능성이 크다. 이는 규제 리스크를 줄이고 더욱 명확한 법적 기준을 마련하는 계기가 될 것으로 보인다. 또한, 미국 증권법이 암호화폐 산업에 미치는 영향을 고려할 때, 이번 판결은 대체불가능토큰(NFT), 증권형 토큰(STO), 디지털 자산 거래소 운영 등 다양한 블록체인 관련 사업 모델의 법적 기준을 설정하는 데 중요한 역할을 할 것이다. 나아가, 미래의 디지털 자산 거래 및 토큰화된 자산(Tokenized Asset)의 법적 지위를 결정하는 중요한 선례가 될 것이다.

법적 관점에서, 물리적 자산(또는 그에 대한 권리)의 토큰화와 기타 가상 권리의 토큰화는 매우 중요한 의미를 갖는다. 가상 자산을 대표하는 기존의 도구(예: 종이 증명서, 디지털 증명서 등)는 토큰으로 대체될 가능성이 높다. 특히 규제 환경과 스마트 컨트랙트의 설정 방식에 따라, 자산 토큰은 글로벌 거래에 적합한 형태로 발전할 수 있다. 글로벌 시장의 개방은 유동성을 더욱 증가시키며, 기업가와 투자자 모두에게 새로운 기회를 제공한다.[4] 이를 통해 기존에는 취득이 어려웠던 외국 자산의 지분을 보다 쉽게 구매할 수 있는 환경이 조성될 수 있다.

예를 들어, 부동산 산업에서 스마트 컨트랙트는 권리 관리와 거래 절차를 간소화할 수 있다. 부동산 소유권이 토큰화되면, 이를 공공 인프라에서 쉽게 등록하고 관리할 수 있으며, 규제 요건을 충족할 경우 P2P(peer-to-peer) 거래도 가능해진다. 각 부동산의 해시 데이터(hashed data)는 분산원장에 기록되어, 과거 소유주, 수리 이력, 편의 시설과 같은 모든 부동산 관련 활동에 대한 정보를 제공한다. 또한 토큰은 기존 부동산뿐만 아니라 개발 중인 부동산 프로젝트에도 발행될 수 있다.

미술과 엔터테인먼트 시장에서의 토큰화는 기존 시스템의 비효율성을 해결할 잠재력을 가지고 있다. 고가의 미술품이나 부동산 자산을 구매하려면 막대한 경제적 초기 투자가 필요했지만, 토큰화를 통해 부분 소유권이 가능해짐으로써, 과거에는 실현 불가능했던 새로운 활용 사례가 등장할 수 있다. 예를 들어, 수백만 유로를 들여 하나의 예술 작품을 구매하는 대신, 이제는 해당 작품의 일부를 구매할 수 있다. 또한 진위 확인, 디지털 권리 관리, 결제 및 크라우드펀딩과 같은 다양한 측면에서 변화를 가져올 수도 있다. 이처럼 자산 토큰은 금융 시장뿐만 아니라 경제 전반에 혁신을 가져올 가능성이 크며, 증권형 토큰은 이러한 변화를 촉진하는 중요한 출발점이 될 것이다.[5]

표 12-2. 자산토큰과 증권형 토큰 비교

구분	자산 토큰(Asset Token)	증권형 토큰(Security Token)
정의	물리적 자산이나 가치 있는 권리를 블록체인상에 디지털 트윈 형태로 구현한 토큰	자산 토큰 중 금융 규제상 '증권'으로 간주되는 디지털 자산
범위	매우 포괄적: 부동산, 미술품, 금, 원자재, 권리 증명, 상품 등	상대적으로 좁은 범위: 주식, 채권, 투자계약 등 금융 상품
규제 여부	일반적으로는 직접적인 금융 규제를 받지 않음(단, 국가에 따라 상이)	금융 당국(예: SEC)의 증권법 적용 대상. 등록 의무 및 발행 요건 존재
법적 판단 기준	자산 소유권 또는 사용권에 대한 디지털 표현	투자성 여부 판단 필요(예: 미국은 '하위 테스트(Howey Test)' 적용)
거래 구조	다양한 플랫폼에서 스마트 계약을 기반으로 P2P 또는 오픈 마켓 거래 가능	특정 증권형 토큰 플랫폼(ETO 플랫폼 등)에서 규제 조건 충족하에 거래
활용 분야	부동산, 미술, 지식재산권, 농산물, 엔터테인먼트 저작물 등 실물 기반 산업 전반	벤치기업 지분, 채권형 토큰, 부동산 개발 프로젝트 투자 등 금융 영역 중심
투자자 기대	자산에 대한 사용, 소유, 또는 부분 수익 확보 목적 가능	투자에 따른 수익 기대 명확. 제3자의 노력에 따른 수익성 의존성 존재
유통 구조	글로벌 거래에 적합. 규제 충족 시 국격 간 거래 가능성 높음	금융 시장 규제에 따라 유통 제한. 증권거래소 또는 허가된 플랫폼 필요
예시	토큰화된 고가 미술품, 부동산 토큰, 곡물 자산 토큰 등	부동산 지분 토큰, 스타트업 주식형 토큰 등
법적 위험	자산 권리 및 해석의 불일치 가능성 존재, 하지만 비교적 유연	미등록 증권 판다 신 제재 가능성 존재. 법적 불확실성 높음

화폐에서 스테이블 코인으로

물물교환 경제에서 발생하는 '상호 욕구의 일치(coincidence of wants)' 문제를 해결하기 위해 등장한 화폐는 경제적 교환을 더욱 효율적으로 만들어주는 중요한 도구이다. 화폐는 시장 경제에서 필수적인 요소로, 재화와 서비스의 교환을 촉진하는 역할을 한다. 이 과정에서 화폐는 가치 척도, 회계 단위, 교환의 매개체, 그리고 가치 저장 기능을 수행하며, 유동성, 대체 가능성, 내구성, 휴대성, 인식 가능성, 안정성, 위조 방지 등의 속성을 가진다.

시대가 변하면서 화폐의 형태도 진화해왔다. 초기에는 상품 화폐(commodity money)나 대표 화폐(representative money)가 주로 사용되었으며, 현대 경제에서는 중앙은행이 발행하는 명목 화폐(fiat currency)가 가장 널리 쓰이고 있다. 그러나 디지털 기술의 발전과 함께 암호학적 토큰(cryptographic tokens)이 등장하면서, 기존 화폐의 기능을 대체하거나 보완하려는 시도들이 이어지고 있다. 다만 현재까지 비트코인과 같은 암호화폐는 가격 변동성이 크기 때문에 화폐로서 안정성이 부족하다는 비판을 받고 있다.

스테이블 코인(stablecoin)은 이러한 변동성을 해결하기 위해 만들어진 개념으로, 특정 자산(주로 법정 화폐)에 가치를 고정(pegged)한 가상 화폐이다. 가장 널리 알려진 스테이블 코인은 테더(USDT)와 USDC이며, 이는 미국 달러(USD)에 1:1로 연동되어 있다. 그러나 스테이블 코인은 달러 외에도 다양한 법정 화폐에 연동될 수 있다. 예를 들어, 유럽에서는 유로(EUR) 기반의 스테시스 유로(EURS), 스위스에서는 스위스 프랑 기반의 크립토프랑(XCHF)과 같은 스테이블 코인이 존재한다. 이를 통해 투자자는 특정 지역 경제에 대한 직접적인 접근 기회를 확보할 수 있으며, 변동성이 큰 미국 달러에 대한 헤지 수단으로 활용할 수도 있다.[6]

스테이블 코인은 암호화폐 생태계에서 '교환·보관·결제의 단위화된 도구'로서 기능하며, 달러와 같은 법정 화폐를 직접 쓰는 대신 이를 대체하는 매개체로 쓰이는 기본 기능을 넘어 금융 시스템 전반에서 중요한 역할을 한다. 변동성이 높은 암호화폐 시장에서 안정적인 가치 저장 수단이 될 뿐만 아니라, 국제 결제 및 송금, 해외 비즈니스에서도 활용된다. 전통적인 은행 시스템과 비교하면, 송금 수수료 절감과 더 빠른 결제 속도를 제공하며, 특히 심각한 인플레이션을 겪는 국가에서는 자국 통화의 가치 하락을 방어하는 도구로 활용될 수 있다. 또한 강력한 자본 통제가 이루어지는 국가에서는 스테이블 코인이 자본 이동성을 보장하는 수단이 될 수도 있다.

스테이블 코인은 한 국가의 중앙은행이 발행하는 디지털 화폐인 CBDC(Central Bank Digital Currencies)와도 자주 비교된다. CBDC는 중앙은행이 직접 발행하는 디지털 화폐로, 정부의 통제와 법적 신뢰성을 기반으로 하기 때문에 안정성을 보장받을 수 있다. 이에 반해, 개별 기업이 발행하는 스테이블 코인은 더 넓은 접근성을 갖추고 있으며, 기존 가상화폐 생태계와의 통합성 측면에서 강점을 가진다. 적절한 규제를 통해 투명하고 안정적으로 운영된다면, 스테이블 코인은 장기적으로 금융 시스템 내에서 중요한 역할을 할 수 있을 것으로 보인다.

스테이블 코인, 과연 '스테이블'한가?

스테이블 코인은 암호화폐 시장의 가격 급등락을 완충하고, 디지털 자산과 전통 금융 시스템을 연결하는 고리로 자리매김해 왔다. 이름 그대로 '안정성(stability)'을 약속하지만, 실제로는 그 안정성이 언제든 흔들릴 수 있다는 점에서 '불안정한 안정성'이라는 역설을 안고 있다. 겉으로는 1:1로 페깅된 안정적인 자산처럼 보이지만, 그 내면에는 기술적, 구조적, 시장적 리스크가 복잡하게 얽혀 있다.

기술적으로 스테이블 코인은 스마트 컨트랙트, 오라클 시스템, 그리고 블록체인 인프라에 대한 높은 의존성을 가지고 있다. 하지만 이러한 기술 기반은 단일 실패 지점에 매우 취약하다. 스마트 컨트랙트의 코드 결함이나 설계 미비는 해커의 주요 침투 경로가 되어, 대규모 자산 탈취로 이어질 수 있다.

오라클은 블록체인 외부의 데이터를 블록체인 내부로 가져오는 관문 역할을 하는데, 이 오라클이 잘못된 가격 정보를 제공할 경우 담보 자산의 과도한 청산이나 시스템 붕괴로 연결될 수 있다. 단일 오라클 시스템의 조작이나 해킹, 혹은 지연된 데이터 업데이트는 전체 생태계의 무결성을 위협하는 심각한 기술 리스크가 될 수 있다.

시장 리스크 측면에서도 스테이블 코인은 안전하지 않다. 가장 대표적인 위협은 '디페깅(depegging)'이다. 이는 스테이블 코인이 목표 자산(예: 달러)과의 연동성을 잃는 현상으로, 신뢰의 붕괴와 유동성 고갈이 연쇄적으로 발생하는 '죽음의 소용돌이' 현상으로 번질 수 있다. 예를 들어, 테라 USD(UST)의 붕괴는 내재된 설계 결함이나 보상 구조의 불균형으로 인해 대규모 청산이 발생하면서 가치가 한순간에 증발할 수 있는 알고리즘 기반 스테이블 코인의 구조적 취약성을 극명하게 보여준다. 자산 담보형 스테이블 코인이라도 예외는 아니다. 발행사가 유동성 요구에 적절히 대응하지 못하거나, 담보 자산의 가치가 급락할 경우 대규모 상환 요구가 뱅크런 형태로 이어질 수 있다.

특히 비은행기관이 발행하는 스테이블 코인은 규제 사각지대에 존재하면서 머니마켓펀드와 유사한 구조적 취약성을 보인다. 이들은 투자자 보호 장치나 예금자 보험의 보호를 받지 못하고, 담보의 실질적 투명성과 즉각적인 환매 능력 또한 확실히 담보되지 않는다. 이러한 구조에서는 '신뢰' 하나만으로 시스템이 유지되며, 그 신뢰가 흔들리는 순간 폭발적인 유동성 리스크가 현실화 될 수 있다.

더 나아가, 스테이블 코인은 시장 조작의 수단이 될 수도 있다. 특정 거래소에서 인위적으로 가격을 조작하고 이를 오라클을 통해 블록체인에 전달하면, 부정확한 가격 정보가 기반 시스템에 반영되어 담보가 부당하게 청산되거나 사용자 자산에 피해가 발생할 수 있다. 소수의 데이터 소스에 의존하는 구조는 이처럼 의도적인 조작 시도에 매우 취약하며, 수익을 노린 조작이 일어날 유인은 점점 더 커지고 있다.

이처럼 스테이블 코인은 그 명칭과 달리 절대적인 안정성을 보장하지 않는다. 다양한 기술적 결함과 설계 취약성, 시장 신뢰의 붕괴, 유동성 위기, 조작 가능성 등 다층적인 리스크가 복합적으로 작용하는 가운데, 앞서 살펴본 테라USD(UST)나 아이언 파이낸스(IRON)처럼 시장 실패로 이어진 사례들도 적지 않다. 규제 기관이 이를 제대로 감독하지 못하거나, 설계자와 사용자들이 리스크를 과소평가할 경우, 스테이블 코인은 오히려 시스템 리스크를 증폭시키는 불안정한 촉매제가 될 수 있다. 기술적 혁신만으로는 이 리스크를 해소할 수 없으며, 신뢰 가능한 거버넌스와 정교한 규제 설계 없이는 '스테이블함'은 허상에 불과할 수도 있다.

뜨거운 감자, 스테이블코인 — 미국의 성공과 한국의 과제

앞서 언급한 다층적인 리스크와 실제로 발생한 시장 실패 사례에도 불구하고, 스테이블코인은 여전히 암호자산의 범주를 넘어 새로운 금융 인프라로 진화하고 있다. 특히 미국의 USDT(테더)와 USDC(서클)는 이미 글로벌 금융 시스템에서 실질적인 영향력을 행사하며, 디지털 결제와 국제 송금, Web3 인프라의 근간을 이루고 있다. 반면, 한국은 원화 기반 스테이블코인의 발행은 물론, 제도 설계에서도 여전히 초기 단계에 머물러 있다. 이로 인해 한국은 글로벌 스테이블코인 질서에서 점점 주변화될 위험에 직면해 있으며, 금융 시스템 재구성을 위한 전략적 접근이 시급한 상황이다.

미국의 스테이블코인 성공 사례는 단순한 민간 기술 기업의 성취가 아니라, 정교한 금융화 전략의 산물이다. USDT와 USDC는 1달러에 페깅되어 사용자의 신뢰를 획득한 뒤, 이를 바탕으로 예치된 자금을 미국 국채 등 저위험 자산에 투자함으로써 연 수천억 원의 이자 수익을 창출하고 있다. 이는 민간 기업이 사실상 통화 발행과 유사한 역할을 수행하고 있다는 점에서, 디지털 달러화 전략의 실질적 전개로 볼 수 있다. 미 연방준비제도(Fed)는 RRP(Reverse Repurchase Agreement) 시장 등 제도적 인프라를 통해 스테이블코인의 유동성 리스크를 효과적으로 완화하고 있으며, 회계 투명성과 공시 요건을 충족시킴으로써 시장 신뢰를 강화하는 데도 성공하고 있다.

RRP란 연준이 보유한 미국 국채를 금융기관에 '단기적으로 판매하고 되사는' 방식의 거래 구조로, 연준 입장에서는 국채를 담보로 현금을 빌리는 것이며, 시장에서는 초과 유동성을 흡수하는 통화정책 수단으로 활용된다. 이러한 RRP 시장은 민간 스테이블코인 발행사에게도 중요한 안정성 기반을 제공한다. 예를 들어 USDT(테더), USDC(서클) 등 주요 스테이블코인 발행사는 고객 예치금을 단순히 보관하는 것이 아니라, 이를 미국 국채나 RRP에 투자하여 연 수천억 원 규모의 저위험 이자 수익을 창출하고 있다. 2025년 3월 기준, 이들의 미국 국채와 같은 단기 운용자산 규모는 2,000억 달러를 초과했으며, 이는 주요 해외 투자자의 미국 단기 국채 보유 규모를 상회하는 수치이다.[7] 특히 RRP는 만기가 하루 단위로 매우 짧고, 언제든 환매가 가능하기 때문에, 대규모 환매 요구에도 유동성 리스크 없이 유연하게 대응할 수 있는 장점이 있다.

또한 RRP와 같은 제도적 수단은 자산 운용의 투명성과 회계 건전성을 강화하는 데 기여한다. 연준이 운영하는 공식 인프라에 참여함으로써, 스테이블코인 발행사는 규제 당국과 투자자 모두에게 신뢰할 수 있는 자산 보유 구조와 운용 보고서를 제공할 수 있게 되며, 이는 '1달러 페깅'에 대한 시장 신뢰를 뒷받침하는 핵심 요소가 된다. 결국 연준의 RRP 시장은 스테이블코인 생태계가 단기 유동성 위기나 시스템 붕괴로부터 방어할 수 있는 보이지 않는 안전망으로 작용하고 있으며, 민간 디지털 통화가 금융 시스템 내에서 안정적으로 기능하기 위한 제도적 기반을 제공하고 있는 셈이다.

반면, 한국의 현실은 제도적·운용적 딜레마에 빠져 있다. 가장 큰 과제는 스테이블코인 발행 시 고객의 예치금을 어디에 어떻게 운용할 것인가 하는 점이다. 미국처럼 국채 투자로 이자 수익을 창출하는 구조를 모방하려 해도, 한국의 국채 시장은 유동성이 낮고 접근성이 떨어지며, 수익률 역시 제한적이다. 환매조건부채권(RP)이나 통화안정증권 등도 활용 가능하지만 제도적 제약이 많고, 시중은행의 예·적금이나 MMF 역시 수익성과 유동성 확보라는 두 과제를 동시에 만족시키기 어렵다.

여기에 금융실명법, 자금세탁방지법, 외환관리 규제 등 다양한 법적 장벽이 민간 기업의 자유로운 스테이블코인 발행과 사용을 제약하고 있다. 중앙은행 디지털화폐(CBDC)와의 기능 중첩 가능성 또한 무시할 수 없으며, 통화정책의 유효성과 충돌할 소지가 있어 제도 설계에 있어 상당한 수준의 신중함이 요구된다. 이 모든 요소는 한국형 스테이블코인 제도의 설계가 단순한 금융 기술의 문제가 아니라, 국가적 금융 거버넌스 체계의 재편과 직결된다는 점을 의미한다.

규제의 명확성이 디지털 자산 혁신을 이끈다

디지털 자산 Vs. 가상 자산

'가상 자산(Virtual Assets)'이라는 용어는 한국의 금융 규제에서 공식적으로 사용되고 있지만, 미국에서는 '디지털 자산(Digital Assets)'이 법적 용어로 자리 잡았다. 두 용어는 겉보기에는 비슷해 보이지만, 그 사용 배경과 개념적 지향성에서는 본질적인 차이가 존재한다.

미국의 경우, 디지털 자산 관련 법안과 금융 규제 기관은 '디지털 자산(Digital Assets)'라는 용어를 공식적으로 채택하고 있다. FIT21(Financial Innovation and Technology for the 21st Century Act), SEC(미국 증권거래위원회)와 CFTC(미국 상품선물거래위원회)의 규제 문서, 2022년 바이든 행정부의 대통령 행정명령, 미국 의회의 디지털 자산 관련 청문회 및 보고서, 법원 판결문 등에서 '디지털 자산'이라는 표현이 일관되게 사용된다. 이러한 용어는 단순한 암호화폐를 넘어 NFT(대체불가토큰), 스테이블코인, 디지털 증권 등 다양한 블록체인 기반 금융상품을 포괄하는 개념으로 자리 잡았다.

반면, '가상 자산'라는 용어는 주로 국제 금융기구에서 자금세탁방지(AML) 및 금융범죄 방지를 목적으로 사용된다. FATF(국제자금세탁방지기구)는 2019년 발표한 'Virtual Asset and Virtual Asset Service Providers (VASPs)' 가이드라인에서 공식 용어로 채택했으며, IMF(국제통화기금)와 UN(국제연합) 역시 일부 문서에서 가상 자산이라는 용어를 사용하고 있다. 그러나 미국 금융 당국과 규제 기관에서는 가상 자산이라는 용어를 공식적으로 사용하지 않는다.

미국이 '가상 자산' 대신 '디지털 자산'을 선택한 이유는 세 가지로 정리할 수 있다. 첫째, '가상(Virtual)'이라는 표현은 게임 아이템, 메타버스 재화, 전자상거래 포인트 등 물리적 실체가 없는 모든 자산을 포함할 수 있어 법적 정의가 모호하다. 둘째, 미국 금융 규제에서는 디지털 주식(Digital Securities), 디지털 채권(Digital Bonds), 토큰화 자산(Tokenized

Assets) 등의 등장으로 인해, '가상(Virtual)'이라는 표현보다는 '디지털(Digital)'이 보다 포괄적인 개념으로 사용된다. 셋째, '디지털 자산(Digital Assets)'은 블록체인 기반으로 발행되거나 디지털 형식으로 존재하는 금융 자산을 명확하게 포괄하는 용어로서, 암호화폐를 넘어 디지털 금융 생태계를 아우를 수 있는 법적 언어로 적합하다.

결과적으로, 미국이 '디지털 자산'이라는 용어를 채택한 것은 금융 시스템 내에서 법적 명확성과 규제의 일관성을 확보하기 위한 선택이라 할 수 있다. 반면, '가상자산'이라는 용어는 국제 금융기구의 자금세탁방지 정책과 관련된 개념으로 자리 잡았으며, 한국을 비롯한 일부 국가에서 금융 규제의 틀 안에서 사용되고 있다. 이러한 차이를 이해하는 것은 각국의 금융 규제 방향을 파악하고, 디지털 자산 시장의 발전을 전망하는 데 중요한 의미를 가진다.

미국의 규제 혁신, 우리의 방향성을 제시하다

2025년 1월, 트럼프 행정부 출범과 함께 미국은 디지털 자산 제도화를 본격적으로 추진하기 위해 새로운 행정명령을 발동했다. 이를 계기로 디지털 자산 규제와 산업 육성을 아우르는 정책 구체화가 가속화되었으며, 이러한 흐름은 2025년 7월 '크립토 3법(Crypto Three Acts)'의 제정으로 절정에 이르렀다.[8]

2025년 7월 17일, 미 하원은 '미국 스테이블코인 국가 혁신 지침법(GENIUS Act, 이하 "지니어스법")', '디지털 자산 명확화 법안(CLARITY Act, 이하 "클래리티법안")', '반(反) CBDC 감시 법안(Anti-CBDC Surveillance State Act, 이하 "반CBDC법안")'을 일괄 통과시켰다. 이 중 지니어스법은 다음 날인 7월 18일 트럼프 대통령의 서명을 거쳐 최종 발효됐다.

이 세 가지 법률을 통해 미국은 △스테이블코인 발행·유통 규제, △디지털 자산 관할 기관의 명확화, △CBDC 발행 금지라는 세 가지 축을 중심으로 한 연방 차원의 포괄적 규제 체계를 구축했다. 이는 디지털 자산 시장의 불확실성을 완화하고, 미국이 블록체인과 핀테크 산업의 혁신 허브로 자리매김할 기반을 마련한 것으로 평가된다. 특히 이번 3법은 "규제의 명확성이 디지털 자산 혁신의 전제 조건"임을 다시 한 번 확인시켰다. 2024년 5월 22일 하원을 통과한 'Financial Innovation and Technology for the 21st Century Act(FIT21)'가 디지털 자산 시장을 위한 첫 연방 법적 토대를 마련했다면,[9] 2025년의 '크립토 3법'은 스테이블코인, 자산 유형별 감독, CBDC 금지라는 핵심 쟁점을 정리해 미국의 규제 체계를 사실상 완성 단계로 끌어올린 것으로 평가된다.

'크립토 3법'의 첫 번째 축인 지니어스법(GENIUS Act; Guiding and Establishing National Innovation for U.S. Stablecoins Act)은 달러 기반 스테이블코인의 발행과 유통을 지원하면서도, 발행사에 대한 인허가제를 도입하고 1:1 지급준비 의무를 부과했다. 또한 준비자산을 현금이나 단기 국채 등 고유동성 자산으로 한정해 발행사의 건전성을 확보하도록 규정했다.

여기에 외부 감사와 공시 의무, 자금세탁방지(AML) 규제 적용, 발행사의 고위험 활동 제한 조항이 더해져, 스테이블코인 시장의 신뢰성과 안정성을 제도적으로 강화했다. 트럼프 대통령은 법안 서명식에서 이렇게 강조했다. "지니어스법은 달러로 담보된 스테이블코인의 막대한 잠재력을 실현하고 발휘할 수 있도록 명확하고 단순한 규제 체계를 제공합니다. 이것은 어쩌면 인터넷 탄생 이후 금융기술 분야에서 가장 위대한 혁명이 될 수도 있습니다."[10]

클래리티법안(CLARITY Act; Digital Asset Market Clarity Act of 2025)은 디지털 자산의 법적 정의와 감독 기관인 CFTC와 SEC의 권한을 명확히 구분해 그간 혼선을 빚어온 관할 문제를 정리했다. '성숙한 블록체인 시스템(Mature Blockchain System)'이라는 새로운 분류 기준을 도입해 증권성이 없는 디지털 상품(digital commodities)은 상대적으로 규제 강도가 낮은 CFTC의 감독을 받도록 하고, 증권형 토큰(security tokens)은 SEC의 관할에 두어 이원화된 체계를 확립했다. 이 때 '성숙한 블록체인 시스템'이란 해당 시스템과 연계된 디지털 자산이 특정 개인이나 그룹의 통제를 받지 않는 분산형 네트워크로 정의된다.[11] 또한 토큰 발행 시 조건부 SEC 등록 특례를 마련함으로써 스타트업과 블록체인 개발자들이 자본 조달 과정에서 부담을 덜 수 있도록 지원했다.

반CBDC법안(Anti-CBDC Surveillance State Act)은 연준(FRB)과 산하 은행이 중앙은행 디지털화폐(CBDC)를 직접 또는 간접적으로 발행하거나 운영하는 것을 전면적으로 금지했다. 이는 계좌 기반으로 설계될 가능성이 높은 CBDC가 초래할 수 있는 거래 추적과 감시 위험, 민간 금융 시스템의 위축, 그리고 미국 달러의 민간 중심 경쟁력 약화에 대한 우려를 반영한 결과였다. 나아가 개인 프라이버시 보호와 민간 발행 스테이블코인 생태계의 보존이 입법 목적에 포함되며, 미국의 디지털 화폐 정책은 민간 주도의 스테이블코인 인프라에 무게를 두는 방향으로 자리 잡게 되었다.

미국의 규제 혁신이 주는 시사점: 한국의 대응 방향은?

한국 정부는 2025년 2월 13일 열린 제3차 가상자산위원회에서 '법인의 가상자산시장 참여 로드맵'을 발표하며, 가상자산 계좌 개설과 거래를 단계적으로 허용하는 정책을 공식화했다. 이 로드맵은 시장 안정성과 이용자 보호를 전제로, 법집행기관과 지정기부금단체·대학교 등 비영리법인, 가상자산거래소를 대상으로 한 현금화 목적 거래 허용을 시작으로, 하반기에는 상장기업과 전문투자자 등록 법인에게 투자·재무 목적 매매를 시범 허용하는 구조를 갖추고 있다.

다만 이러한 정책에도 불구하고 몇 가지 구조적 한계가 존재한다. 현재 법인 참여는 제한적 범위에서만 허용되고 있으며, 해외 주요국이 이미 법인 중심의 제도화와 기관투자자 참여 확대, 스테이블코인 발행 규제 체계를 구축하고 있는 것과 비교해 한국은 여전히 보수적 기조를 유지하고 있다. 또한 1·2단계에서 법인 거래를 허용하더라도 자금세탁방지, 공시 및 회계처리, 내부통제 기준이 제대로 준비되지 못한 문제에 대한 지적도 지속되고 있다.

반면, 미국의 디지털 자산 규제 환경은 2025년 7월 '크립토 3법'의 제정을 계기로 근본적 전환점을 맞이했다. 미 하원 금융서비스위원회 위원장 패트릭 맥헨리가 2024년 하원을 통과한 FIT21 법안을 '규제 명확성과 소비자 보호를 기반으로 하는 금융 혁신의 초석'[12]으로 강조했던 발언은 이제 지니어스법, 클래리티법안, 반CBDC법안으로 구체화되며 미국의 전략적 방향성을 더욱 분명히 보여준다. 이들 법안은 스테이블코인의 발행과 유통을 위한 인허가 및 준비자산 요건, 디지털 자산의 법적 성격과 감독 기관의 권한 구분, 그리고 CBDC 발행을 원천적으로 차단하는 조항을 통해, 미국이 민간 주도의 디지털 자산 생태계를 제도적으로 보호하면서 혁신을 가속화하려는 의도를 담고 있다.

이러한 변화는 미국 내부를 넘어, 국제 금융 및 규제 환경 전반에 새로운 기준점을 제시하고 있다. 특히 스테이블코인을 차세대 금융 인프라의 핵심으로 편입하려는 미국의 접근은, 여전히 규제 불확실성과 관할권 혼선으로 인해 산업 성장이 제약받고 있는 한국을 비롯한 여러 국가에 중요한 시사점을 던진다. 규제를 단순한 제약이 아니라 시장 신뢰를 제고하고 산업 성장을 촉진하는 전략적 인프라로 활용하는 접근법은 주목할 만하다. 이는 규제의 본질적 목적이 시장을 억제하는 데 있지 않고, 질서 있는 경쟁과 기술 혁신이 조화를 이루며 시장이 활성화될 수 있는 기반을 마련하는 데 있음을 분명히 보여준다.

AI-인간
공동창작의 시대

PART
13

AI-인간 공동창작의 시대

01 AI-인간 공동창작(AI-Human Co-Creation: AHCC)의 시대

가상융합(Virtual Convergence) 산업으로 정의되는 메타버스가 다시금 주목받고 있는 배경에는, 단순히 하드웨어의 발전이나 시장의 기대 회복만 있는 것이 아니다. 보다 근본적인 변화는 인공지능(AI) 기술과의 융합에서 비롯된다. 특히 '생성형 AI(Generative AI)'의 급격한 발전은 메타버스의 내용과 형식을 모두 근본적으로 바꾸어놓고 있으며, 이는 향후 메타버스가 하나의 사회·경제적 플랫폼으로 성장하는 데 결정적인 촉매제로 작용하고 있다.

오늘날의 생성형 AI는 단순한 데이터 분석을 넘어, 콘텐츠의 창조와 세계의 구성이라는 근본적인 창작의 영역에까지 진입하고 있다. GPT, DALL·E, Stable Diffusion, Runway 등으로 대표되는 텍스트·이미지·영상 생성 도구들은 인간의 개입 없이도 메타버스 세계의 배경, 사물, 캐릭터, 스토리를 자동으로 설계하고 구축할 수 있게 하였다. 이러한 기술은 메타버스를 보다 현실감 있고 몰입적인 공간으로 만드는 데 핵심적인 역할을 하고 있다.

예를 들어, 사용자가 몇 줄의 설명만 입력하면 AI는 3D 모델링, 배경 음향, 대화형 캐릭터까지 자동 생성할 수 있다. 이로 인해 소규모 개발자나 개인 창작자도 거대한 가상 세계를 손쉽게 구축할 수 있게 되었으며, 이는 메타버스 제작의 민주화를 가져오고 있다. 과거에는 막대한 자본과 인력이 필요한 일이었다면, 이제는 생성형 AI 덕분에 누구나 메타버스의 '창조자'가 될 수 있는 시대가 도래한 것이다.

뿐만 아니라, AI는 메타버스 플랫폼 내에서 다음과 같은 영역에 실질적으로 기여하고 있다:
- 개발 속도의 향상: 콘텐츠 생성, 환경 구축, 사용자 인터페이스 설계 등이 자동화됨으로써 시간과 비용을 절감
- 디지털 트윈의 구현: 현실 세계의 사물·공간·시스템을 가상 세계에 실시간으로 반영하며, 산업 메타버스의 기반 형성
- 인간화된 상호작용: AI 기반 아바타와 챗봇은 감정 인식과 반응을 통해 보다 자연스러운 사용자 경험 제공
- 몰입감 증대: 사용자 행동 데이터를 분석하여 맞춤형 스토리라인과 시나리오를 실시간 제공
- 보안 및 저작권 보호: AI는 자동 감지 및 필터링 시스템을 통해 불법 콘텐츠, 저작권 침해, 유해 행위를 사전에 차단

특히 AI 기반 코드 생성기는 메타버스 개발의 진입 장벽을 획기적으로 낮

추고 있다. AI는 개발자가 입력한 명세를 바탕으로 자동으로 코드를 생성하고 통합하며, 시스템 간 호환성을 높인다. 이는 다양한 플랫폼이 상호작용해야 하는 메타버스 생태계에서 핵심 기술로 떠오르고 있다.

AI의 이러한 기술적 동력은 메타버스를 더욱 창의적인 공간으로 바꾸는 동시에, 산업적 활용성과 경제적 확장성을 높이고 있다. 교육, 의료, 제조, 국방 등 각 산업 현장에서 메타버스를 적용할 때, AI는 운영 자동화, 데이터 분석, 실시간 시뮬레이션, 위험 예측 등의 핵심 역할을 수행한다. 산업 메타버스는 더 이상 개념적 상상이 아니라, AI와 함께 실시간 운영 가능한 시스템으로 구체화되고 있다.

무엇보다 주목할 점은, 생성형 AI가 메타버스의 콘텐츠 생산 방식 자체를 근본적으로 변화시키고 있다는 점이다. 예를 들어 오픈AI(OpenAI)가 발표한 영상 생성형 AI 모델 '소라(Sora)'는 기존의 영상 제작 패러다임을 전복하고 있다. 단 한 줄의 텍스트 프롬프트만으로 복잡한 시각 콘텐츠를 생성할 수 있게 되면서, 이제 누구나 전문적인 기술 없이도 고품질 영상 콘텐츠를 만들 수 있는 시대가 도래했다.

이는 바로 Web3 패러다임의 핵심 정신, 즉 '모든 사용자가 창작자가 되는 사회(Creator Economy)'가 실현되는 현장이다. 이전까지의 UGC(User Generated Content)는 텍스트 기반의 UGC 1.0에서 동영상 중심의 UGC 2.0으로 발전해왔다. 그러나 이제는 AI가 콘텐츠를 직접 생성하는 AIGC(Artificial Intelligence Generated Content)의 시대로 전환되고 있다. 창작의 주체가 사람에서 AI로 확대되면서, 콘텐츠 생산의 속도와 규모는 급격히 증가하고 있으며, 이로 인해 메타버스는 단순한 콘텐츠 소비 공간에서 창조의 생태계로 변화하고 있다.

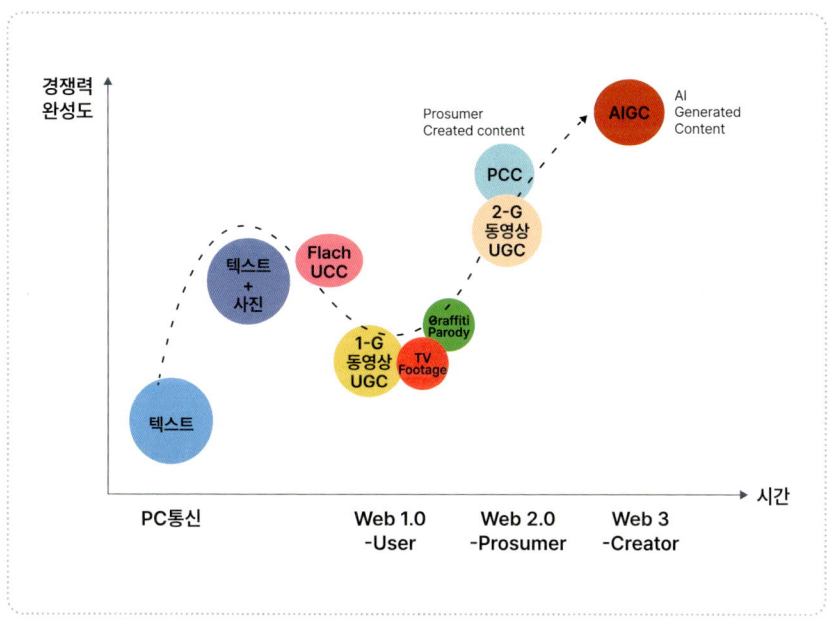

그림 13-1. 이용자(Users)에서 크리에이터(Creator)로의 진화

이러한 흐름 속에서 인공지능은 더 이상 단순한 보조 기술이 아니라, 메타버스 세계를 함께 창조해가는 'AI-인간 공동창작(AI-Human Co-Creation: AHCC)'의 진정한 협력자이자 창작의 동반자가 되고 있다. 메타버스는 AI와의 융합을 통해 하나의 '플랫폼'을 넘어 자율적이고 유기적인 '생태계'로, 나아가 인간의 정체성과 관계, 표현 방식이 구현되는 '사회적 공간(social sphere)'으로 진화하고 있다. 이 과정에서 AI는 기술 인프라의 수준을 넘어, 인간의 사고 방식, 창의력, 그리고 상호작용의 패턴을 근본적

으로 재정의하고 있으며, 이는 메타버스가 단지 가상의 놀이터를 넘어 '현실을 확장하는 장(場)'으로 다시 태어나고 있음을 시사한다.

AHCC와 메타버스 창작 생태계의 변화

AI와 인간이 함께 콘텐츠를 만드는 시대, 즉 'AI-Human Co-Creation(AHCC)'은 메타버스의 창작 생태계의 구조 자체를 다시 쓰고 있다. 이는 단순히 콘텐츠 생성의 기술을 고도화하는 수준을 넘어, '누가 창작자인가', '어떻게 창작이 이루어지는가', "창작의 소유와 가치 분배는 어떻게 달라지는가"라는 메타적 질문을 동반하는 근본적 전환이다.

기존의 메타버스 창작 생태계는 사용자 제작 콘텐츠(UGC, User Generated Content)에 기반하여 확장되어 왔다. 초기 UGC 1.0은 텍스트나 이미지 중심의 단편적 표현에 머물렀고, UGC 2.0은 영상과 게임, 아바타 기반의 몰입형 콘텐츠가 중심이 되었다. 이 과정에서 로블록스(Roblox), 제페토(Zepeto), 마인크래프트(Minecraft) 등은 수많은 사용자 창작자를 플랫폼 기반 창작자 집단으로 전환시키는 데 성공했다.

그러나 AHCC는 여기에서 한 걸음 더 나아간다. AI는 이제 단순한 도구를 넘어서 능동적인 창작의 주체로 등장하고 있다. 예컨대, 사용자가 단 한 줄의 프롬프트를 입력하면 AI가 전체 가상 환경, 캐릭터, 시나리오, 영상까지도 생성해내는 시대가 도래한 것이다. OpenAI의 Sora나 Google의 VideoPoet, Runway의 Gen-2는 바로 이러한 패러다임의 첨단에 있다. 이제 메타버스에서의 창작은 훈련된 전문가의 전유물이 아니라, AI의 연산과 인간의 상상력이 결합된 민주화된 창작 환경으로 바뀌고 있다.

이러한 변화는 창작 생태계 내 역할의 재정의를 요구한다. 사용자는 단순한 소비자 또는 기획자가 아니라, 'AI와 협력해 공동으로 세계를 만드는 '기획-촉발자(planner & promptor)''가 된다. 반면 AI는 수동적 도구가 아니라, 인간의 상상력을 해석하고 확장하는 해석자이자 구현자로 작동한다. 이는 창작의 구조가 수직적 작가-독자 모델에서 '수평적 공동창작 네트워크(Co-creation Network)'로 전환되고 있음을 시사한다.

또한 AHCC는 창작 속도를 비약적으로 높이며, 콘텐츠의 양뿐 아니라 정서적 맞춤형 콘텐츠의 질까지 바꾸고 있다. AI는 사용자 성향, 심리, 문화적 코드에 기반한 초개인화 콘텐츠 생성이 가능하기 때문에, 이제 메타버스 공간은 '보편적 창작'에서 '개인화된 경험세계'로의 이동이 본격화되고 있다. 이는 교육, 엔터테인먼트, 광고, 의료 콘텐츠 등 산업 전반에 새로운 서비스 모델을 제시하고 있다.

하지만 이러한 창작 환경의 변화는 윤리적·법적 질문도 함께 던진다. 누구의 창작물이냐, 소유권은 누구에게 있는가, AI가 만든 콘텐츠에 대한 법적 책임은 어떻게 정리되어야 하는가, 그리고 인간 창작자의 창의성과 생계는 어떻게 보호받아야 하는가 등의 문제는 여전히 풀어야 할 과제로 남아 있다. AHCC는 창작의 문을 넓히고 있지만, 동시에 공정한 가치 분배와 창작 윤리에 대한 새로운 사회적 합의 없이는 그 지속 가능성을 보장하기 어렵다.

결국 AHCC는 메타버스 창작 생태계를 생산과 소비의 경계를 허무는 탈중앙적이고 탈권위적인 구조로 이끌고 있다. 그것은 창작의 문을 넓히는 동시에, 책임과 권리를 재조정해야 하는 새로운 창작 질서의 탄생을 예고한다. 메타버스는 이제 정해진 콘텐츠를 소비하는 공간이 아니라, AI와 인간이 함께 세계를 설계하고 살아가는 공동 창작의 장(場)으로 진화하고 있다.

자연어 기반 NUI의 도래: 인간-AI 소통 방식의 전환

대규모 언어 모델(LLM)과 멀티모달 AI 기술의 비약적 발전은 인간과 기계 사이의 상호작용 방식을 근본적으로 재편하고 있다. 과거에는 버튼, 명령어, 메뉴 등 시각적·기계적 입력 방식에 의존한 GUI(Graphical User Interface)가 주류였다면, 이제는 언어, 감정, 맥락을 이해하는 자연어 기반 NUI(Natural User Interface)가 새로운 표준으로 부상하고 있다. 이는 단지 인터페이스 기술의 진보가 아니라, 인간 중심의 커뮤니케이션 구조로의 패러다임 전환을 의미한다.

NUI는 사용자가 복잡한 문법이나 코딩 지식을 습득하지 않아도, 자연어로 의도만 표현하면 인공지능이 이를 이해하고 자율적으로 실행하는 방식을 제공한다. 오늘날 우리는 "이 데이터셋을 분석하고 시각화해줘", "업계 경쟁 분석 리포트를 작성해줘" 같은 명령을 음성이나 텍스트로 전달하면, AI가 전 과정을 자동화하여 완결하는 새로운 작업 환경에 진입하고 있다. 이처럼 대화형 명령 기반 환경은 인간과 AI의 협업 관계를 전례 없는 수준으로 심화시키고 있으며, 나아가 '공진화(Co-evolution)'와 '공창조(Co-creation)'의 기반을 실질적으로 마련하고 있다.

CLI: Command-line interface
사용자들은 키보드라는 인공적인 입력 수단과 일련의 코드화 된 입력 방식을 배워야 했으며, 그 명령어들은 엄격한 문법을 따르는 제한된 범위의 응답만을 제공했다.

GUI: Graphical user interface
사용자들은 마우스 움직임과 동작을 보다 쉽게 익힐 수 있었으며, 인터페이스를 훨씬 더 자유롭게 탐색할 수 있게 되었다.

NUI: Natural user interface
사용자가 즉각적이고 지속적으로 성공하고 있다는 느낌을 주는 설계를 통해 용이하게 이루어지며, 더 직관적인 사용자 경험을 지향한다. 동작, 음성, 멀티터치 인터페이스를 이용한다.

그림 13-2. UI(User Interface)의 진화

    이러한 커뮤니케이션 기반의 전환은 소프트웨어 개발과 창작 방식에도 급진적인 변화를 일으키고 있다. 특히 '바이브(VIBE) 코딩'은 자연어 기반의 프로그래밍 모델로, 사용자가 직접 코드를 작성하지 않아도 AI가 사용자의 의도를 해석하여 프로그램을 설계하고 실행한다. 사용자는 단지 기능적 요구를 설명하는 것으로 충분하며, 나머지 세부 작업은 AI가 스스로 분석, 코드 생성, 디버깅, 통합 실행까지 수행한다. 이는 단순한 기술적 편의성을 넘어서, 창작의 민주화를 실현하는 열쇠가 된다. 과거에는 훈련된 전문가만이 가능했던 프로그래밍 작업에 이제 누구나 참여할 수 있게 되면서, 기술적 장벽은 허물어지고 창의적 참여의 문턱은 낮아지고 있다. 비전문가도 복잡한 앱이나 시뮬레이션을 설계할 수 있으며, 이는 AI가 단순한

조력자가 아니라 창작의 동반자로 기능하게 된다는 점에서 본질적인 전환을 내포한다.

이러한 변화는 이미 빠르게 상용화된 서비스들 속에서 구현되고 있다. OpenAI의 챗GPT가 제공하는 코드 인터프리터(Code Interpreter)와 함수 호출 기반 자동화 기능, 깃허브(GitHub)의 코파일럿(Copilot), 레플릿(Replit)의 고스트라이터(Ghostwriter), 그리고 중국의 마누스 AI(Manus AI)에 이르기까지 자율작업형 AI 도구들이 속속 등장하고 있다. 최근에는 특히 '커서(Cursor)'와 같은 AI 네이티브 코딩 환경이 주목받고 있다. Cursor는 자연어로 개발 의도를 전달하면, LLM이 코드 기반을 생성하고 사용자의 맥락을 학습해 이어지는 수정 및 통합 작업까지 지원하는 인터랙티브 개발 툴로, 바이브 코딩의 철학을 가장 적극적으로 구현하는 사례 중 하나이다. 이러한 시스템들은 텍스트, 이미지, 코드 등 멀티모달 데이터를 해석하고, 사용자의 지시를 기반으로 분석, 시각화, 문서화까지 독립적으로 수행해내고 있으며, 이는 단순한 코드 자동화를 넘어 창작과 개발 전반을 아우르는 AI 기반 협업의 새로운 장을 열고 있다.

표 13-1. 바이브 코딩의 특장점

비교 항목	기존 개발 방식	Vibe 코딩 방식
개발 입력 방식	프로그래밍 언어 기반 명령어 입력	자연어 기반 입력 (의도 중심 표현)
필요한 기술 지식	언어, 알고리즘, 시스템 이해 필요	기술 지식 없이도 사용 가능
개발 속도	상대적으로 느림 (코드 작성, 테스트 반복)	빠름 (즉시 코드 생성 및 실행 가능)
접근성	비전문가 접근 어려움	비전문가도 손쉽게 접근 가능

개발자 역할	코드 작성자 및 설계자 역할 모두 수행	요청자 중심 (AI가 코드 작성 담당)
반복 작업 처리	개발자가 직접 수행	AI가 자동으로 처리
UX 설계 관점	GUI 중심의 시각적 상호작용 설계	언어 기반의 대화형 UX 중심
오류 디버깅	개발자가 수동으로 디버깅	AI가 먼저 오류 탐지 및 수정 제안

이러한 진화가 계속될 때, 우리는 인간과 AI의 공진화와 공창조를 넘어서, '문명 공동 설계(Co-design of Civilization)'라는 새로운 지평에 도달하게 될 것이다. 인간은 상상과 맥락을 제공하고, 인공지능은 이를 해석하고 구체화하는 존재로 작동하면서, 이 둘은 단순한 협업을 넘어, 함께 세상을 설계하는 관계로 발전할 수 있다. 메타버스가 그러하듯, AI와 인간은 이제 사고의 방식, 공동체의 구조, 가치의 체계까지도 공동으로 함께 만들어가는 공동체적 동반자로 함께 진화해 갈 것이다.

하이브리드 AI 설계에서 컨텍스트 엔지니어링으로 - 지능의 통합과 진화

인공지능의 발전은 단순한 기술의 축적이 아니라, 지능을 구현하는 방식의 구조적 진화로 이해할 수 있다. 초기 AI 시스템은 룰베이스(Rule-Based) 방식에 기반하여 명시적 규칙을 통해 판단과 결정을 내렸고, 이후 통계 기반 머신러닝이 등장하면서 데이터를 통한 학습이 가능해졌다. 그러나 여전히 이질적인 기능 간에는 명확한 경계와 통합의 어려움이 존재했으며, 이로 인해 하이브리드 AI 설계가 등장하게 되었다. 하이브리드 AI는 룰 시스템, 검색 모듈, 기계 학습 모델, 외부 API 호출 등을 하나의 시스템으로 통합하여, 정확성과 유연성, 신뢰성과 확장성을 동시에 확보하려는 아키텍처적 접근이다.

하이브리드 AI 설계는 기능의 조합을 기반으로 한다. 예를 들어, 사용자 질의가 들어오면 룰베이스 시스템이 먼저 입력을 분류하고, 이후 자연어 이해 기능을 수행하는 LLM이 적절한 함수 호출(Function Calling)을 통해 작업을 실행한다. 이 방식은 명확한 결정 로직을 확보하면서도 복잡하고 유연한 상황에 대해 LLM이 문맥 기반의 판단을 수행할 수 있게 한다. 특히, 최근의 챗GPT나 Copilot과 같은 시스템은 Function Calling 구조를 통해 외부 도구와 연결되며, 언어모델이 마치 중앙 지능 허브처럼 작동하는 고도화된 하이브리드 설계의 전형을 보여준다.

예를 들어, 사용자가 의료 챗봇에 "열이 나고 기침이 심해요"라고 입력하면, 먼저 룰베이스 시스템이 이 문장에 포함된 키워드인 '열'과 '기침'을 감지하여 이를 '감기 증상군'으로 분류하고, 증상의 심각도를 '보통(moderate)'으로 판단한다. 이 구조화된 정보는 LLM에게 전달되어 사전에 정의된 다음과 같은 함수(예를 들어, search_medical_advice(symptom="cold", severity="moderate")를 호출하도록 유도한다. 이때 실제 함수 실행은 외부 의료 데이터베이스나 지식 API를 통해 이루어지며, 예를 들어 "휴식과 수분 섭취가 필요하며, 병원 방문이 권장됩니다"와 같은 결과값이 다시 LLM에 전달된다. 마지막으로 LLM은 이 응답을 자연스럽고 문맥에 맞는 문장으로 변환하여 사용자에게 제공함으로써, 규칙 기반 판단과 언어모델 기반 처리, 외부 정보 호출이 하나의 흐름 안에서 유기적으로 통합되는 하이브리드 AI의 실제 작동 방식을 보여준다.

그러나 이와 같은 외적 구조의 통합을 넘어, 최근에는 지능 자체를 더욱 정밀하게 다루는 내적 통합 방식이 부상하고 있다. 그 대표적 개념이 바로 안드레이 카르파시가 제시한 '컨텍스트 엔지니어링(Context Engineering)'이다.[1] 이는 언어모델을 하나의 범용 지능 엔진으로 보고, 이 엔진이 최대한의 능력을 발휘하도록 입력 맥락을 정교하게 설계하는 방식이다. 프롬프트 설계, 예시 삽입, 포맷 정렬, 지식 주입 등을 통해 LLM이 하나의 문맥 안에서 다양한 기능—예측, 추론, 요약, 검색, 판단—을 동시에 수행할 수 있도록 구성한다. 이러한 접근은 언뜻 보면 전통적 하이브리드 설계와는 다른, LLM 중심의 새로운 프로그래밍 패러다임으로 보일 수 있으나, 실상은 하이브리드 설계의 내면화된 진화라고 할 수 있다.

다시 '감기'의 예로 돌아가 보자. 컨텍스트 엔지니어링 관점에서 "열이 나고 기침이 심해요"라는 입력이 처리되는 방식은 하이브리드 AI의 구성요소를 분리하여 협업시키는 구조와는 달리, 하나의 LLM 내부에서 맥락(context)을 정교하게 설계함으로써 지능의 복합 기능을 내면적으로 수행하는 구조로 이해할 수 있다. 여기서는 룰베이스 분류, 증상 해석, 지식 호출, 응답 생성이 각각의 모듈로 나뉘는 것이 아니라, LLM이 잘 구성된 컨텍스트 내에서 모든 작업을 통합 수행한다.

예를 들어, 프롬프트에 다음과 같은 정보를 미리 삽입해둘 수 있다: "당신은 전문 의료 상담사이다. 사용자의 증상 진술을 분석하여 가능한 질병군을 분류하고, 증상의 심각도를 판단한 뒤, 필요한 의료 조언을 제공하라. 필요시 휴식, 수분 섭취, 병원 내원 여부도 함께 판단하라." 여기에 추가적으로 감기, 독감, 코로나19 등의 증상군과 그에 따른 분류 기준(예: '열 +

기침 → 감기 가능성')을 예시로 제공하고, 경미, 보통, 심각 등의 등급 판단 기준도 함께 삽입한다. 이러한 프롬프트는 LLM 내부의 추론 구조를 가이드하는 암묵적 규칙 세트이자 메타지식 프레임으로 작동하게 된다.

이제 사용자가 "열이 나고 기침이 심해요"라고 입력하면, LLM은 자신이 주어진 역할(의료 상담자)과 이전에 입력된 규칙(컨텍스트)을 바탕으로, 해당 증상이 감기에 해당함을 스스로 판단하고, 증상의 정도를 '보통'으로 간주하며, 최적의 응답을 직접 생성하게 된다. 여기서 별도의 룰 시스템이나 외부 API 호출 없이, LLM은 프롬프트 내에 주어진 정보와 추론 능력만으로 질병 분류, 증상 해석, 조언 제공이라는 복합 기능을 수행하게 되는 것이다. 이처럼 컨텍스트 엔지니어링 방식은 기능의 분리와 호출에 의존하지 않고, 문맥 설계만으로 지능적 처리의 모든 단계를 LLM 내부에서 구현하는 새로운 방식이며, 하이브리드 설계가 외부적 통합을 통해 지능을 구현했다면, 컨텍스트 엔지니어링은 지능의 내적 융합을 실현하는 전략이라고 할 수 있다.

무엇보다 이러한 변화는 단지 기술적 최적화 차원을 넘어서, 인간과 AI의 협력 방식을 근본적으로 재구성한다. 인간은 지능을 모듈화하고 병렬화함으로써 제어 가능한 시스템을 만들어왔지만, 이제는 그 지능의 중심을 하나의 언어모델에 집중시키고, 입력 맥락을 통해 복합 기능을 끌어내는 방식으로 진화하고 있다.

결국 하이브리드 AI 설계와 컨텍스트 엔지니어링은 서로 다른 궤적을 가진 듯하지만, 모두 '지능의 통합적 구현'이라는 공통된 진화 방향을 향해 나아가고 있다. 하나는 기능의 외적 통합을 통해 복잡한 문제 해결 능력을 확보하고자 했고, 다른 하나는 언어모델 내부에서의 맥락 최적화를 통해 고차원적 지능을 끌어내고자 한다. 이 둘은 결국 기술 발전의 이중 궤도 위에서 서로 보완되며, 인간 중심의 지능 시스템을 구성하는 핵심 축으로 작동할 것이다. AI와 인간의 협력이 심화될수록, 이러한 통합적 사고와 설계 전략은 더욱 중요한 의미를 갖게 될 것이다.

02 AHCC 시대의 지식재산권의 융합적 이해와 법제 정비의 과제

메타버스 플랫폼의 진화와 복합적 지식재산권 문제

AHCC(초연결, 초지능, 초현실) 시대가 본격화되면서 메타버스 플랫폼은 단순한 가상 공간을 넘어 현실을 확장하는 디지털 생태계로 진화하고 있으며, 사용자 주도의 창작과 경제 활동이 동시에 이뤄지는 복합 생태계로 변화하고 있다. 이러한 플랫폼에서는 퍼블리시티권, 저작권, 상표권, 디자인권 등 다양한 지식재산권이 교차하며, 현실과 가상의 경계가 흐려짐에 따라 전통적인 권리 개념이 도전에 직면하고 있다. 아바타, 아이템, 디지털 공간, 콘텐츠가 창작되고 유통되는 과정에서 기존 법체계와의 부조화를 해소하려는 법적 해석과 규범 정비가 절실한 시점이다.[2]

메타버스 콘텐츠의 법적 지위와 2차적 저작물 문제

특히 메타버스 플랫폼 내에서 생성되는 콘텐츠는 그 출처, 생성 방식, 그리고 창작성 유무에 따라 법적 지위가 달라지기 때문에, 저작권 귀속과 이용 범위에 대한 분쟁 가능성도 점차 확대되고 있다. 이용자가 플랫폼이 제공하는 도구를 이용해 직접 창작한 콘텐츠가 기존 저작물을 바탕으로 만들어졌다면, 2차적 저작물로 판단될 수 있으며 이 경우 원저작자의 사전 동의가 필요하다. 다만, 그 안에 충분한 창의성과 개별성이 포함되어 있다면 독립적인 저작물로 보호받을 수도 있다. 여기서 핵심은 단순한 변형이 아니라 창작자의 고유한 표현과 해석이 담겨 있는가이다. 이 기준은 앞으로 메타버스와 AI 기반 창작 환경에서 점점 더 중요해질 것으로 보인다.

플랫폼 약관과 저작권 귀속의 모호성

많은 메타버스 플랫폼은 약관을 통해, 이용자가 만든 콘텐츠에 대해 '비독점적이고 영구적인 사용 권한(라이선스)'을 플랫폼 측에 부여하도록 규정하고 있다. 일부는 이용자의 저작권을 제한하거나 양도하도록 간주하는 조항을 포함하기도 한다. 이러한 규정은 저작권법의 기본 취지, 즉 창작자에게 배타적인 권리를 보장한다는 원칙과 충돌할 수 있으며, 향후 법적 분쟁의 불씨가 될 수 있다.

또한 많은 플랫폼에서는 콘텐츠에 대한 소유권과 저작권을 명확히 구분하지 않고 사용하고 있으며, 저작권의 귀속 근거 역시 불분명하게 기술되어 있는 경우가 많다. 이로 인해 창작자인 이용자의 법적 지위가 불명확해지고, 권리 행사에 제한이 따를 가능성이 높아진다. 따라서 AHCC 시대의 메타버스 플랫폼에서는, 이용자와 플랫폼 사업자 간의 권리관계를 명확히 하기 위한 법적 장치의 정비가 시급하다.

생성형 AI와 저작권 침해 쟁점의 대두

생성형 AI의 발전은 누구나 손쉽게 텍스트, 이미지, 음악, 영상까지 만들어낼 수 있는 시대를 열었다. 그러나 창작의 문이 넓어진 만큼, 저작권 침해 문제도 일상화되고 있다. 인공지능(AI)은 콘텐츠를 만들기 위해 대규모 데이터를 학습하는데, 이 학습 과정에서 사용되는 데이터 중에는 글, 이미지, 음악, 동영상 등 저작권법상 보호받는 저작물이 포함될 수 있다. 또한 저작권 보호는 개별 데이터뿐 아니라, 특정 방식으로 체계화되어 있는 데이터베이스에도 적용될 수 있다. 비록 개별 항목이 저작물성이 없더라도, 데이터 수집과 정리에 상당한 인적·물적 투자가 이루어졌다면, 데이터베이스 제작자에게 일정한 배타적 권리가 인정된다. 따라서 AI가 머신러닝을 통해 저작물 또는 보호받는 데이터베이스를 학습하고 활용하는 과정에서 복제, 전송, 2차적 저작물 작성 등 여러 법적 쟁점이 발생할 수 있다.[3]

AI가 만든 결과물이 기존 저작물과 동일하거나 유사한 경우, 그 결과물이 저작권 침해에 해당하는지 여부는 '의거성'과 '실질적 유사성'이라는 두 가지 기준으로 판단된다. '의거성'은 AI의 결과물이 기존 저작물에 기초하고 있는지를 의미하고, '실질적 유사성'은 내용과 표현이 실제로 얼마나 비슷한지를 따지는 기준이다. 예를 들어, AI 학습에 수많은 데이터를 활용한 경우, 개별 저작물의 영향은 상대적으로 작아질 수 있으나, 특정 작가의 작품만을 집중적으로 학습한 경우, 혹은 AI에게 특정 작가명이나 작품명을 프롬프트에 입력해 결과를 유도한 경우, 의거성이 인정될 수 있다. 반면, 일반적인 범용 AI 모델을 통해 만들어진 결과물이 우연히 기존 저작물과 유사한 경우에는 의거성을 부정하는 견해도 존재한다.

문제는 이러한 '의거성'을 누가, 어떻게 입증할 수 있느냐는 점이다. 현재

법 체계에서는 저작권자 측이 침해 사실을 입증해야 하는데, AI 내부의 학습 및 생성 과정은 일반적으로 비공개이기 때문에 저작권자가 이를 확인하기는 매우 어렵다. 이로 인해 AI 이용자에게 '생성 과정에 대한 기록(예: 사용한 프롬프트, 입력·출력 결과, 사용된 모델)'을 보관하도록 하고, 필요 시 이를 제시하도록 요구하는 논의가 활발히 이루어지고 있다.

저작권 침해의 책임 귀속 범위

생성형 AI가 저작권을 침해한 것으로 판단될 경우, 그 책임이 누구에게 귀속되는가는 또 다른 핵심 쟁점이다. 일반적으로는 AI에 명령을 내리고 그 결과물을 사용한 사람이 1차적인 책임 주체로 간주된다. 그러나 모든 책임이 사용자에게만 국한되는 것은 아니다. AI 모델을 개발한 주체, 학습 데이터를 제공한 자, 플랫폼 운영자 등도 경우에 따라 공동 책임의 범위 안에 포함될 수 있다. 실제로 침해 콘텐츠가 상업적으로 활용되거나, 저작권자에게 실질적인 피해를 유발했다면, 보다 폭넓은 책임 구조가 적용될 수 있다.

해외 사례를 보면, 미국은 저작물을 AI 학습에 사용하는 행위를 '공정이용(Fair Use)'으로 인정할 가능성이 크다. 예를 들어, Authors Guild v. Google Inc. 판례에서는 구글이 도서를 디지털화하고 검색 기능을 제공한 행위가 공정이용에 해당한다고 판단하였다. 미국 저작권법 제117조 역시, 컴퓨터 프로그램을 실행하기 위해 필요한 복제는 면책된다고 규정하고 있다.

EU(유럽연합)는 2019년 '디지털 단일시장 저작권 지침(Directive (EU)

2019/790)'을 도입하여, 연구나 교육, 문화유산 보존 등 공익적 목적에 한해 '텍스트 및 데이터 마이닝(TDM)'을 허용하고 있다. 또한 창작자와 이용자 간 계약에서의 정보 제공 의무, 정당한 보상, 권리 철회 제도 등을 마련해 창작자의 권리를 강화하였다.[4]

우리나라 역시 2011년부터 공정이용 조항을 도입하여, 저작자의 정당한 이익을 해치지 않는 범위 내에서 저작물 사용을 허용하고 있다. 이러한 규정은 인공지능이 대량의 데이터를 학습하는 과정에서도 일정 부분 적용될 수 있다. 특히, 저작권법 제35조의2는 컴퓨터에서 정보를 원활하게 처리하기 위해 필요한 경우, 일시적으로 복제하는 행위는 면책된다고 규정하고 있다. 하지만 이 면책은 복제 행위 자체가 주된 목적이 아니고, 상업적 이용이나 독립적인 수익 창출과 연결되지 않는 경우에 한정된다.

결국 AI가 만든 콘텐츠에 대한 저작권 문제는 기존의 법리만으로는 충분히 해결하기 어려운 복합적이고 다층적인 사안이다. 향후에는 AI의 학습과 생성 과정에서 콘텐츠가 어떤 방식으로 사용되었는지, 사용자와 플랫폼의 개입 정도는 어느 수준이었는지, 그리고 결과물이 기존 저작물과 얼마나 유사한지를 종합적으로 고려하는 새로운 판단 기준이 필요하다. 나아가, AI 시대에 걸맞은 입법 정비와 기술 기반의 책임 규명 체계를 함께 마련함으로써, 창작자 보호와 기술 발전 사이의 균형을 확보하는 것이 중요한 과제로 떠오르고 있다.

메타버스 콘텐츠 이용에서의 공정이용 해석

생성형 AI와 메타버스 콘텐츠가 일상으로 들어오면서, 공정이용(Fair

Use)이라는 개념은 저작권 문제에서 가장 유연하면서도 논란의 중심에 선 분야가 되었다. 특히 메타버스 플랫폼에서는 현실 세계의 저작물을 배경, 장식, 패러디 등의 형태로 자유롭게 활용하는 일이 빈번한데, 이러한 이용이 어디까지 허용될 수 있는가에 대한 명확한 기준은 여전히 부재한 상태다. 우리나라 저작권법 제35조의5는 공정이용의 판단 기준으로 목적과 성격, 저작물의 종류 및 이용 비율, 시장 가치에의 영향 등을 제시하고 있으나, 이는 여전히 추상적이기 때문에 구체적 사례에 대한 해석이 병행되어야 한다. 판매 목적 없이 유명 건축물을 아바타 배경으로 사용하는 경우나 소품으로 타인의 사진이나 이미지를 활용하는 경우, 또는 대중 드라마를 패러디한 콘텐츠는 일정 요건 충족 시 공정이용으로 인정될 수 있으나, 콘텐츠의 독립성과 상업적 성격이 강화될 경우 허락이 필요할 수 있다. 특히 패러디 콘텐츠의 경우 원작을 모방하여 즐거움을 주는 '매개적 패러디'와 사회적 비평을 담은 '직접적 패러디'를 구분하여 후자에 한해 공정이용을 인정하는 방향이 바람직하다.[5]

플랫폼 사업자의 OSP 면책 요건과 책임 기준

메타버스 플랫폼이 확장되면서 사용자 창작물이 자유롭게 유통되는 공간이 된 지금, 메타버스 플랫폼 사업자가 '저작권법상 온라인서비스제공자(Online Service Provider, OSP)'로서 어떤 책임을 져야 하는가에 대한 논의도 점점 중요해지고 있다. 플랫폼이 사용자로부터 게시된 콘텐츠를 저장하고 유통하는 기능을 제공하는 경우, 저장형 OSP에 해당하며 일정 요건을 충족할 때 저작권 침해 책임이 면제될 수 있다. 여기에는 침해 사실 통보 즉시 게시 중단 조치, 관련 당사자 통보 등 법이 정한 절차의 준수가 필수적이다. 그러나 다수의 메타버스 플랫폼은 약관을 통해 모든 법적 책임을 이용자에게 전가하고 있으며, 침해 조치에 대한 명확한 절차나 정보 제공 없이 일방적으로 면책을 주장하는 상황이다. 이는 법적 정당성을 결여한 것으로, 이용자 권리 보호와 플랫폼 신뢰성 확보를 위해 OSP 면책 요건을 약관에 명시하고 책임 범위와 조치 기준을 투명하게 밝혀야 한다.

표. 13-2. AHCC 시대의 지적재산권 이슈

핵심 주제	핵심 내용 요약
메타버스 플랫폼의 진화와 지식재산권 교차	AHCC 시대의 메타버스는 현실을 확장하는 복합 생태계로 진화하며, 퍼블리시티권, 저작권, 상표권, 디자인권 등 다양한 권리가 충돌함. 법적 정비 필요.
메타버스 콘텐츠의 법적 지위와 2차 저작물	메타버스 내 콘텐츠는 창작성, 원저작물의 활용 정도에 따라 독립 저작물 혹은 2차적 저작물로 판단. 창작성 판단 기준 중요성 증대.
플랫폼 약관과 저작권 귀속 모호성	플랫폼 약관이 저작권 귀속을 불명확하게 처리하거나 사용자 권리를 제한하는 사례 다수. 법적 분쟁 가능성 증가.
생성형 AI와 저작권 침해 쟁점	AI가 대규모 데이터로 콘텐츠를 생성하면서 복제, 전송, 변형 등 다양한 저작권 침해 가능성이 발생. 학습 데이터의 저작권도 쟁점.
저작권 침해의 책임 귀속 범위	AI 결과물의 의거성과 실질적 유사성에 따라 침해 여부 판단. 책임 주체는 사용자 외에도 모델 개발자 및 플랫폼 운영자 포함될 수 있음.
공정이용 해석과 메타버스 콘텐츠 이용	공정이용 판단 기준이 추상적이며, 패러디, 소품 사용, 배경 활용 등 다양한 이용 형태에서 명확한 법적 해석 필요.
OSP 면책 요건과 플랫폼 사업자 책임	저작권법상 OSP로서 면책을 받기 위해서는 침해 통보 즉시 조치 등 절차 준수 필요. 일부 플랫폼은 책임 회피에 집중.
지식재산권 법제 정비의 종합적 방향	AHCC 시대의 메타버스는 창작자 보호와 기술 발전의 균형 속에서 법적 책임과 권리 구조의 명확화가 시급함.

위의 내용을 종합적으로 볼 때, AHCC 시대의 메타버스는 초개인화된

창작과 초연결된 경제활동이 공존하는 공간으로 발전하고 있으며, 이에 따른 저작권 문제는 단순한 권리 귀속을 넘어 복잡한 법리와 실무적 판단이 요구된다. 플랫폼 약관의 정비, 권리 귀속 구조의 명료화, 공정이용 해석 기준의 세분화, OSP 면책 요건의 제도화는 향후 메타버스 생태계의 지속가능성과 공정성을 뒷받침하는 핵심 축이 될 것이다. 이제는 창작자, 사용자, 플랫폼 사업자 모두가 자신이 가진 권리뿐만 아니라 그에 상응하는 책임도 함께 인식해야 하는 시점이다. 누구나 창작할 수 있는 시대일수록, 누구나 법적 주체가 될 수 있기에, 지식재산권 체계의 재정비는 선택이 아닌 필수의 과제가 되고 있다.

AHCC 플랫폼의 자율규제와 윤리

AHCC(초연결·초지능·초현실) 시대의 도래는 디지털 공간에서의 인간 활동을 본질적으로 재정의하고 있다. 특히 메타버스 플랫폼은 단순한 가상현실을 넘어, 창작과 소비, 표현과 소통이 동시적으로 이루어지는 새로운 사회경제적 질서로 발전하고 있다. 이러한 전환의 흐름 속에서 플랫폼 운영의 원칙과 방향을 정하는 데 있어, 전통적인 법적 규제만으로는 복잡다단한 문제들을 충분히 해결하기 어렵다는 한계가 존재한다. 이에 따라, AHCC 기반 플랫폼에서는 자율규제와 윤리의 정립이 핵심 과제로 부상하고 있다.

우선, 메타버스 플랫폼의 자율규제는 법적 규제의 공백을 보완하고, 기술혁신과 창작 자유를 보장하는 핵심 수단으로 주목받고 있다. 플랫폼이라는 공간은 본질적으로 다자간의 상호작용을 기반으로 하기에, 획일적인 외부 규제는 오히려 참여자의 자율성과 창조적 활동을 위축시킬 수 있다. 특히 메타버스는 탈중개적 거래, 사용자 중심의 창작, 다층적 네트워크 기반 활동이 이루어지는 공간으로, 기존 온라인 플랫폼 규제 틀을 그대로 적용하기에는 적절성이 떨어진다. 이러한 배경에서 자율규제는 억제적 규제를 대신하여 시장의 유연성과 이용자의 권익을 함께 보장할 수 있는 장치로 기능할 수 있다.[6]

자율규제는 유연성, 자율성, 신뢰성, 지속성, 혁신성이라는 다섯 가지 측면에서 기존의 전통적 규제 모델을 보완하고 진화시키는 미래형 규제 전략으로 자리매김하고 있다.[7] 첫째, 자율규제는 기술 혁신에 유연하게 대응할 수 있는 규제 체계를 제공하며, 정부가 미처 예상하지 못한 신기술과 서비스의 등장을 업계 스스로 설정한 기준과 규칙을 통해 유연하게 관리할 수 있게 한다. 이는 기존의 경직된 정부 규제 대신 기술 변화에 민첩하게 대응할 수 있는 환경을 조성하며, 정부 개입의 필요성을 줄여 규제의 실효성과 적시성을 높이는 데 기여한다.

둘째, 기업의 자율성과 책임이 동시에 강화된다. 각 기업이 자신들의 산업 환경과 기술 특성에 맞는 규범을 설정하고 운영함으로써, 소비자 신뢰를 높이고 시장 내 자율 질서를 확립할 수 있다. 기업 주도의 규제는 시장 변화와 사용자 요구에 신속하게 대응할 수 있어 실효적인 규제 환경을 조성한다.

셋째, 규제의 일관성과 신뢰성을 높이는 데 기여한다. 자율규제는 업계 내 투명하고 공정한 규범 설정과 운영을 유도함으로써 이해관계자 간 신뢰를 구축하고, 나아가 사회적 규범으로 확산될 수 있는 기반을 마련한다.

이는 정부 주도의 획일적 규제가 아닌, 참여자 중심의 공정하고 예측 가능한 규제를 가능케 한다.

넷째, 확장성과 지속가능성을 갖춘 규제 패러다임으로 평가된다. 정부 주도의 경직된 규제와 달리 자율규제는 시장과 기술 환경의 변화에 따라 규범을 유연하게 수정·보완할 수 있어 규제 자체의 생명력을 확보할 수 있다. 정부는 자율규제의 기본 방향을 인정하고 필요한 경우에만 개입함으로써, 최소한의 조율로 최대한의 규제 효과를 기대할 수 있는 구조를 만든다.

다섯째, 혁신을 촉진하는 진화형 규제 체계로 작용한다. 자율규제는 규제를 단순한 제한이 아닌, 혁신의 기반으로 전환시키는 구조적 장점이 있다. 특히 신산업과 융합산업이 빠르게 등장하는 디지털 전환기에는 정부 규제의 간섭 없이도 창의적 실험과 다양한 비즈니스 모델의 도입이 가능해지며, 이는 궁극적으로 산업의 확장성과 기술의 발전을 촉진하는 촉매 역할을 한다.

한편, 일반 이용자의 권리 보호 역시 자율규제의 핵심 과제다. 메타버스에서는 누구나 아바타를 통해 자유롭게 소통하고, 콘텐츠를 생산하며, 이를 기반으로 경제적 수익을 창출할 수 있다. 이에 따라, 사용자가 창작한 결과물에 대해 저작권 귀속뿐 아니라, 수익 배분, 활용 조건 등에 관한 명확한 기준이 필요하다. 업계 공통의 표준 계약서 도입, 약관의 평이한 설명, 개인정보 최소 수집 정책 등은 이용자의 권리 강화를 위한 실질적 방안이 될 수 있다. 특히, 아동, 고령자, 장애인 등 디지털 취약계층이 쉽게 접근하고 이해할 수 있는 환경 설계는 메타버스의 포용성을 높이는 기본 조건이다. 이러한 사용자 중심의 자율규제는 메타버스 플랫폼이 사회적 책임을 다하는 방향으로 진화하는 데 기여할 것이다.

AHCC 시대의 메타버스 플랫폼에서 요구되는 또 하나의 중요한 축은 바로 윤리적 프레임워크의 구축이다. 기술이 창작의 문을 열었지만, 그 문을 열고 들어선 이후의 활동에 대한 책임은 여전히 모호하다. 예를 들어, AI가 생성한 콘텐츠에 차별, 혐오, 왜곡 등의 요소가 포함된 경우, 그 책임의 주체는 누구인가? AI 기반 아바타가 실존 인물의 외모와 음성을 모방하여 활동하는 것은 인격권 침해로 해석될 수 있는가? 이러한 질문은 단순한 법적 판단을 넘어서, 디지털 존재론과 표현 윤리에 대한 새로운 사유를 요구한다.

이러한 문제에 대응하기 위해 다음과 같은 콘텐츠 윤리 프레임워크를 제안할 수 있다. 첫째, AI와 인간이 공동으로 창작한 결과물에 대해 '공동창작 기반 저작권 모델(Co-Creation Copyright Model)'을 도입해야 한다. 이는 인간의 창작 기여도와 AI의 기술적 작동을 균형 있게 고려하여 저작권 귀속과 분배를 공동의 구조로 전환하는 방안이다. 둘째, 'AI 창작물 투명성 원칙(Transparency in AI-Generated Works)'의 강화가 필요하다. 사용자는 콘텐츠가 인간의 창작물인지, AI가 생성한 것인지 명확히 구분할 수 있어야 하며, AI 학습에 사용된 데이터의 출처 또한 투명하게 공개되어야 한다. 셋째, '디지털 정체성과 표현권 보호(Digital Identity & Expressive Rights)'가 제도적으로 마련되어야 한다. 메타버스에서 아바타, 이미지, 음성이 타인의 정체성과 구분되지 않는다면, 이는 개인의 인격권 침해로 이어질 수 있기 때문이다. 개별 사용자에 대한 디지털 정체성 보호는 향후 법적·윤리적 쟁점에서 핵심적인 기준으로 작동하게 될 것이다.

결국, AHCC 플랫폼에서의 자율규제와 윤리는 단순히 규제를 대신하는 기술적 장치가 아니라, 디지털 문명 전환기에 요구되는 새로운 사회계약의 기본 원리로 작용하게 될 것이다. 이제 플랫폼의 운영자, 콘텐츠의 창작자, 기술의 설계자 모두가 공동의 책임을 공유하는 윤리적 주체로 거듭나야 하며, 이들의 협력적 거버넌스는 AHCC 시대의 지속가능한 콘텐츠 생태계를 이루는 핵심 축이 될 것이다. 기술이 창작의 민주화를 가능케 했다면, 이제 윤리와 자율규제는 권리와 책임의 민주화를 실현해야 할 차례다. 이것이야말로 포용적이고 정의로운 디지털 사회로 나아가기 위한 가장 근본적인 조건이며, 현실과 가상이 연결되고 통합되는 가상융합 세상의 진정한 공공성을 확보하는 첫걸음이 될 것이다.

메타버스
본격적인 도약의 준비

PART 14

메타버스
본격적인 도약의 준비

01 다시 메타버스를 묻다, 환멸의 골짜기를 지나 도약의 시대로

너무 일찍 날아오른 제비 한 마리

2020년대 초반, 전 세계는 코로나19 팬데믹이라는 전례 없는 혼란에 빠졌다. 대면 일상이 멈춘 사회에서, 사람들은 접촉 없이도 서로 연결될 수 있는 방법을 필사적으로 찾아 나섰다. 새로운 소통의 공간이 필요했고, 그 대안 중 하나로 떠오른 것이 바로 메타버스였다. 디지털 아바타를 통해 가상의 공간에서 타인과 교류할 수 있는 이 새로운 세상은, 특히 디지털 환경에 익숙한 MZ세대에게 매력적으로 다가왔다. 현실의 제약을 뛰어넘는 자유로움, 몰입감 있는 감각 체험, 그리고 창조적 자기표현의 가능성은 메타버스를 마치 기술로 만든 유토피아처럼 보이게 했다. 메타버스는 차세대 비접촉 소셜 플랫폼으로서, 기대와 관심을 한 몸에 받으며 급부상했다.

그러나 그 기대는 너무 이른 봄을 알리는 제비 한 마리와 같았다. 기술은 아직 충분히 성숙하지 못했고, 인프라와 콘텐츠는 대중의 눈높이를 만족시키기엔 부족했다. 투자자와 기업, 정부까지 과도하게 쏟아부은 관심은 기대에 미치지 못한 현실 앞에 급속히 식어갔다. '메타버스'라는 말은 어느 순간부터 유행어에서 전략적 회피어로 바뀌었다. 일부 투자 발표 현장에서는 이 단어를 아예 꺼내지 않기도 했다. 가트너의 '기술 기대감 주기(Hype Cycle)'에 따르면, 메타버스는 '과장된 기대의 정점(Peak of Inflated Expectations)'을 지나 '환멸의 골짜기(Trough of Disillusionment)'로 떨어졌다. 산업의 흐름은 냉혹했고, 메타버스는 한때의 유행처럼 비춰지기 시작했다.

그러나 기술의 역사에서 이런 일은 드문 일이 아니었다. 스마트폰도 처음에는 사치품 취급을 받았지만, 지금은 누구나 사용하는 일상의 도구가 되었다. 메타버스도 마찬가지다. 지금은 잠시 조용해진 듯 보이지만, 냉각의 시간을 지나며 조용히 다음 도약을 준비하고 있다. 이제 우리가 직면한 질문은 이것이다. 기술적 환멸의 시간을 통과한 지금, 메타버스는 다시 진화의 궤도로 복귀할 수 있는가?

오해를 넘어서, 메타버스의 진짜 가능성

메타버스는 단숨에 전 세계의 이목을 집중시키며 미래 기술의 상징처럼 떠올랐다. 하지만 그때의 기대는 기술이 실제로 제공할 수 있는 현실보다 앞서 있었다. 가상현실(VR), 증강현실(AR), 블록체인 등 메타버스 생태계를 구성하는 주요 기술들은 아직 충분히 성숙하지 않았으며, 이로 인해 사용자 경험은 제한적이었고, 산업적 수익모델은 실현되지 못했다. 그럼에도 불구하고, 메타버스는 무한한 가능성의 플랫폼으로 과도하게 포장되었고, 그 결과 현실과 기대의 간극은 실망으로 바뀌었다.

하지만 이 실망이 곧 기술의 종말을 뜻하는 것은 아니었다. 오히려 메타버스가 보여주었던 초기 열광을 벗어나, 보다 실질적이고 현실적인 가능성의 검토가 시작된 시기, 즉 전환점에 들어섰다는 징후로 읽을 수 있다. 가트너의 '기술 기대감 주기'는 이러한 흐름을 설명하는 데 유용한 프레임이다. 대부분의 혁신 기술은 '환멸의 골짜기'를 거쳐, 결국 성숙과 안착의 단계에 도달해왔다.

이러한 회복 가능성은 최근 기술 동향과 시장 데이터에서도 확인된다. 2024년 메타 커넥트(Meta Connect)에서 공개된 스마트 글래스 '오라이온(Orion)'은 메타버스 기술이 단순한 가상현실을 넘어 현실 세계와 자연스럽게 접속하는 인터페이스로 진화하고 있음을 보여주는 사례다. 실시간 번역, 눈동자 기반 UX, 초경량 AR 하드웨어는 메타버스를 일상화하는 핵심 접점이 되고 있다.

이러한 기술적 진보 외에도 시장 데이터는 메타버스의 회복 가능성과 향후 성장 동력을 분명하게 뒷받침하고 있다. 시장조사기관 프리시던스 리서치(Precedence Research)는 2023년 전 세계 메타버스 시장 규모를 약 924억 6천만 달러(USD 92.46 billion)로 평가하였으며, 오는 2033년에는 2조 3,697억 달러(USD 2,369.70 billion)'를 넘어설 것으로 전망하고 있다. 이는 2024년부터 2033년까지 연평균 38.31%(CAGR)에 달하는 고속 성장률을 기록할 것으로 예측되며, 단기간의 거품이 아니라 장기적이고 구조적인 성장을 암시한다.

세부 산업별로도 긍정적인 흐름이 이어지고 있다. 2023년 기준, 하드웨어는 전체 시장의 73.21%를 차지했고, VR/AR 기술은 60.51%, 모바일 플랫폼은 59.27%의 점유율을 보였다. 특히 가상 플랫폼(Virtual Platforms)은 전체 수익의 39.72%를 차지하며, 메타버스 경제의 핵심 인프라로 자리 잡았다. 최종 사용자 부문에서는 미디어 및 엔터테인먼트가 '31.76%'의 비중으로 여전히 핵심 수요처로 부각되고 있다.

지역별로는 북미(North America)가 2023년 기준 37.04%로 선두를 유지하고 있으며, 아시아-태평양 지역(Asia-Pacific)은 2024년부터 2033년까지 연평균 52.0%의 성장률(CAGR)[1]을 기록할 것으로 예측되어, 글로벌 메타버스 확장의 주요 축으로 급부상하고 있다.

또 다른 기관인 스태티스타(Statista)의 최신 시장 전망에 따르면, 전 세계 메타버스 시장은 2024년부터 2030년까지 연평균 성장률(CAGR) 37.73%를 기록할 것으로 예상되며, 2030년에는 약 5,078억 달러(USD 507.8 billion) 규모에 이를 것으로 전망된다.[2] 이는 프리시던스 리서치(Precedence Research)의 예측과 함께 메타버스 시장의 장기적 성장 가능성을 보다 명확히 보여주는 통계적 근거로 작용한다.

특히, 메타버스의 기반 인프라로 자리잡고 있는 확장현실(XR) 시장의 현황을 보면, 이 기술이 더 이상 실험적 단계에 머무르지 않고 본격적인 성장세로 전환하고 있음을 분명히 확인할 수 있다. 글로벌 시장조사기관 모도르 인텔리전스(Mordor Intelligence)가 발표한 「Extended Reality (XR) Market Size and Share Analysis」 보고서에 따르면, 2025년 XR 시장 규모는 75.5억 달러에 달하고, 2030년에는 무려 441.4억 달러까지 확대될 전망이다. 이는 연평균 42.36%에 달하는 폭발적인 성장률로, 메타버스 산업 전반의 확장성과 기술 융합 가능성을 시사한다.[3]

이 보고서는 특히 2024년 기준 XR 시장 내에서 증강현실(Augmented Reality)이 전체의 43.2%를 차지하고 있으며, 향후에도 이와 유사한 속도로 지속적인 성장세를 이어갈 것으로 전망한다. XR 기술의 응용 범위 또한 빠르게 확장되고 있다. 과거 게임과 엔터테인먼트 중심의 생태계는 이제 헬스케어, 제조, 교육, 국방 등 산업 전반으로 그 영역을 넓히고 있으며, 이는 XR 기술이 현실 세계의 문제 해결과 업무 혁신에 실질적인 가치를 제공하고 있음을 반영한다.

최종 사용자별로는 게임 및 엔터테인먼트 분야가 2024년 기준 38.3%의 점유율을 유지하며 여전히 주요 수요처로 남아 있으나, 헬스케어 및 생명과학 분야는 2030년까지 42.9%의 연평균 성장률로 훨씬 빠르게 확장되고 있다. 병원에서는 수술 시간 단축과 외과의 교육 효과를 수치화하며 XR 기술의 활용 가능성을 입증하고 있으며, 애플의 비전 프로는 환자 교육과 수술 리허설을 위한 몰입형 메타버스 시나리오를 제공함으로써 의료 산업의 변화를 선도하고 있다.

산업계에서는 디지털 트윈(digital twin) 기술을 통해 원격 문제 해결과 설비 유지보수의 효율성을 높이고 있으며, 리테일 산업에서는 가상 쇼룸(Virtual Showroom) 기술이 소비자 신뢰도를 네 배 이상 향상시키고 반품률을 낮추는 등 고객 경험 중심의 혁신이 이루어지고 있다. 국방 분야 또한 실탄 훈련 비용을 절감하면서도 훈련 시나리오의 다양성과 몰입도를 높이는 XR 시뮬레이터를 적극 도입하고 있다.

이처럼 확장현실은 단순한 기술 트렌드를 넘어 산업 전반의 실질적 변화를 이끄는 핵심 동력으로 자리매김하고 있으며, 다음 장에서 자세히 살펴볼 스마트글라스는 이러한 XR 생태계 전환의 중심축으로 부상하고 있다. 기술과 인간, 가상과 현실을 유기적으로 연결하는 스마트글라스는 메타버스 시대를 이끄는 '게임 체인저'로서 그 존재감을 확고히 하고 있다.

이처럼 기관별 수치와 전망에는 다소 차이가 있으나, 공통점은 명확하다. 가상융합 산업인 메타버스는 단지 유행을 지나, 구조적이고 장기적인 성장 가능성이 있는 산업으로 재평가되고 있다. 그리고 이러한 수치는 단지 시장의 크기를 보여주는 데 그치지 않는다. 기술, 플랫폼, 사용자 경험, 그리고 정책이 맞물려 움직이는 복합 생태계로서의 메타버스가 이제 실질적인 산업 동력으로 작동하고 있음을 의미한다. 과거의 기대가 막연한 상상에 머물렀다면, 이제는 균형 잡힌 발전이 가상융합 산업인 메타버스를 미래 산업의 핵심 축으로 다시 이끌고 있다. 제비는 너무 일찍 날았지만 봄은 오고 있다. 메타버스는 다시금 새로운 도약의 문턱에 서 있으며, 우리는 이제 그 다음 계절을 준비할 때다.

메타버스라는 이름, 그 너머의 세계

오늘날 우리가 '메타버스(Metaverse)'라고 부르는 이 단어는 마치 확고한 개념처럼 받아들여지고 있다. 하지만 그 어원을 들여다보면, 이 단어조차도 하나의 서사적 산물이며, 임시적 명칭일 수 있음을 깨닫게 된다. 메타버스라는 용어는 1992년 닐 스티븐슨(Neal Stephenson)의 소설 『스노우

크래시(Snow Crash)』에서 처음 등장했다. 그는 이 단어를 "Meta(초월한, beyond) + Verse(우주, universe)"의 합성어로 사용하여, 가상의 디지털 공간을 실제 세계의 확장된 또 하나의 우주로 묘사하였다.

하지만 이보다 훨씬 이전인 1935년, 스탠리 G. 와인바움(Stanley G. Weinbaum)은 『피그말리온의 안경(Pygmalion's Spectacles)』이라는 단편소설에서 'Paracosma'라는 개념을 제시한 바 있다. 이는 "Para(초월) + Cosma(우주)"라는 구조로 이루어진 단어로, 현실 너머의 세계가 인간의 오감을 통해 경험될 수 있는 상상적 공간을 의미했다. 이 두 작품은 각기 다른 시대에 쓰였지만, 현실 너머의 또 다른 세계를 향한 인간의 상상력이 얼마나 오래되고 깊은 것인지를 보여준다.

이러한 흐름은 하나의 공통된 지점으로 수렴된다. 인간은 언제나 현실과 닮은 또 하나의 세계가 존재할 수 있다는 상상을 해왔으며, 그 세계를 지칭하는 이름은 시대의 요구에 따라 계속해서 진화해왔다. '메타버스' 역시 그런 흐름 속에 놓인 하나의 명칭일 뿐이다. 중요한 것은 그 이름이 아니라, 그 안에서 어떤 연결이 이루어지고, 어떤 삶이 창조되고 있는가에 있다.

실제로 한국은 이러한 개념의 유연함을 제도적으로 반영하기 시작했다. 2024년 2월 27일 제정된 「가상융합산업 진흥법」에서는 '메타버스'라는 말을 직접 사용하지 않고, 보다 기술적으로 포괄적인 개념인 '가상융합산업'을 공식 용어로 채택했다. 이 법에서 말하는 가상융합세계란, 이용자의 오감을 가상공간으로 확장하거나 현실공간과 혼합하여 인간과 디지털 정보 간 상호작용을 가능하게 하는 기술을 기반으로, 사회적·경제적·문화적 활동이 가능한 공간을 의미한다.

이는 단순한 용어 선택의 문제가 아니라, 메타버스라는 개념이 사회와 기술에 따라 어떻게 재정의될 수 있는지를 보여주는 제도적 징후로 작동하고 있다. 결국 우리는 지금 '메타버스'를 넘어서는 새로운 개념의 등장을 예고하고 있는 셈이다. 그것이 오늘은 '가상융합세계'로 불리고, 내일은 또 다른 이름으로 등장하더라도, 핵심은 변하지 않는다. 이 세계는 현실과 가상이 통합되는 새로운 무대이며, 인간 경험의 경계를 확장하는 포스트-현실 공간으로 나아가고 있다.

메타버스의 핵심 구성요소와 작동 특성

메타버스는 단순히 3차원 가상 공간이 늘어선 디지털 풍경이 아니다. 그것은 현실과 가상이 맞닿고 연결되며, 점차 통합되는 복합적 생태계다. 이 생태계는 하나의 고정된 정의로 설명되기보다, 다양한 기술과 사회적 맥락 속에서 점진적으로 형성되는 다층적 구조를 지닌다. 이러한 메타버스의 작동 원리를 이해하기 위해 두 인물의 이론이 자주 언급된다. 하나는 로블록스 창업자인 데이비드 바스주키(David Baszucki)이고, 다른 하나는 메타버스 ETF를 설계한 매튜 볼(Matthew Ball)이다. 그들은 메타버스의 작동 원리를 이해하기 위한 이론적 기반으로 각각 핵심 구성요소와 구조적 속성을 제시하였다.

바스주키는 메타버스를 구성하는 8가지 핵심 요소를 제안하였다.[4] 그는 메타버스를 사용자 정체성, 사회적 연결, 몰입성, 기술적 접근성, 콘텐츠 다양성, 공간의 유비쿼터스성, 경제 구조, 안전성이라는 관점에서 구조화하였다. 사용자는 아바타를 통해 본인의 정체성을 투영하고, 온라인과 오프라인을 넘나드는 친구들과 상호작용하며, 현실과 유사한 몰입형 경험을 누릴 수 있다. 또한 기술적 마찰이 최소화된 환경에서 어디서든 접속 가능하고, 로블록스와 같은 UGC 기반 플랫폼에서 다양한 콘텐츠를 생성하고 소비할 수 있다. 이러한 활동은 현실 경제와 유사한 디지털 경제 시스템 내에서 이뤄지며, 궁극적으로는 안전하고 책임 있는 사용 문화를 지향하게 된다.

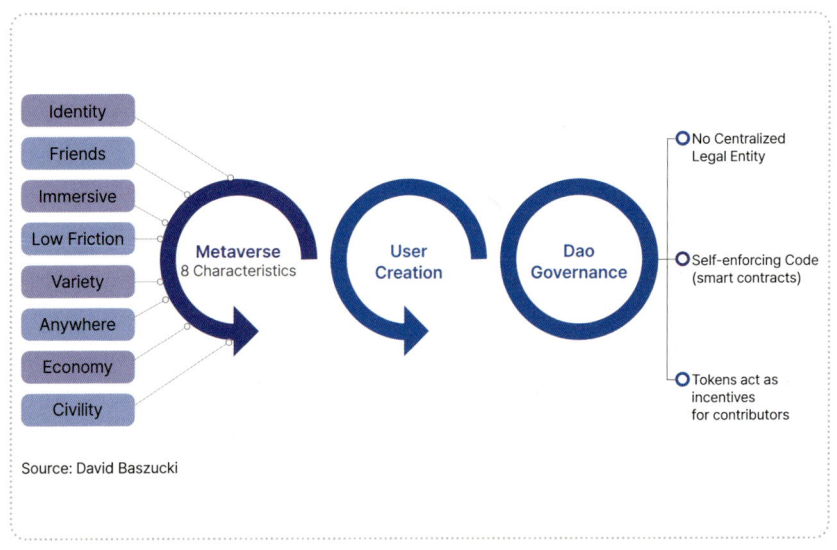

그림 14-1. 메타버스 특징과 핵심 구성요소

매튜 볼은 이에 더해 메타버스가 갖추어야 할 7가지 속성을 제시하였다.[5] 그는 메타버스가 지속적이며 중단 없이 운영되어야 하고, 실시간으로 작동하며, 사용자 수나 참여에 제약이 없어야 한다고 강조한다. 또한 콘텐츠와 경제 시스템이 실질적이며, 서로 다른 플랫폼 간의 상호운용성이 가능하고, 그 안이 콘텐츠로 가득 채워져 있어야 한다고 보았다. 이 속성들은 메타버스가 하나의 서비스가 아니라, 플랫폼 또는 생태계로 기능해야 함을 의미하며, 단일 기업이 통제할 수 없는 열린 구조를 지향한다는 점에서 Web 3.0적 성격을 띠고 있다.

이러한 생태계 기반의 메타버스는 '사용자 참여(User Creation)'와 '탈중앙 거버넌스(DAO Governance)'를 통해 자율적 진화를 가능하게 한다. 사용자가 콘텐츠를 직접 제작하고, 이에 대한 보상을 받으며, 플랫폼의 규칙이나 운영에도 일정 부분 참여할 수 있는 구조는 탈중앙 조직 구조와 맞닿아 있다. 중앙 집중형 플랫폼에서는 경영 주체의 결정에 따라 시스템이 작동하지만, DAO 기반 메타버스는 스마트 계약(smart contract)을 통해 자율적으로 운영된다. 참여자는 토큰을 통해 인센티브를 얻으며, 투명하고 개방적인 방식으로 의사결정에 관여할 수 있다.

메타버스를 가능하게 하는 8가지 기술 기반

메타버스 ETF의 공동창시자이자 메타버스라는 개념의 대중화를 이끈 대표적인 이론가이자 전략가인 매튜 볼은 메타버스를 실질적으로 작동하게 하는 핵심 동력을 8가지 인프라 구성요소로 정리하였다.[6] 이는 메타버스가 단순히 공상적 개념이 아니며 실제 구현 가능한 미래 기술이라는 점을 입증하며, 현실에서 구현되고 지속 가능하게 작동하기 위해 반드시 갖추어야 할 기반 기술들이 무엇인지에 대한 구체적 해답을 제시한다는 점에서 큰 의미가 있다.

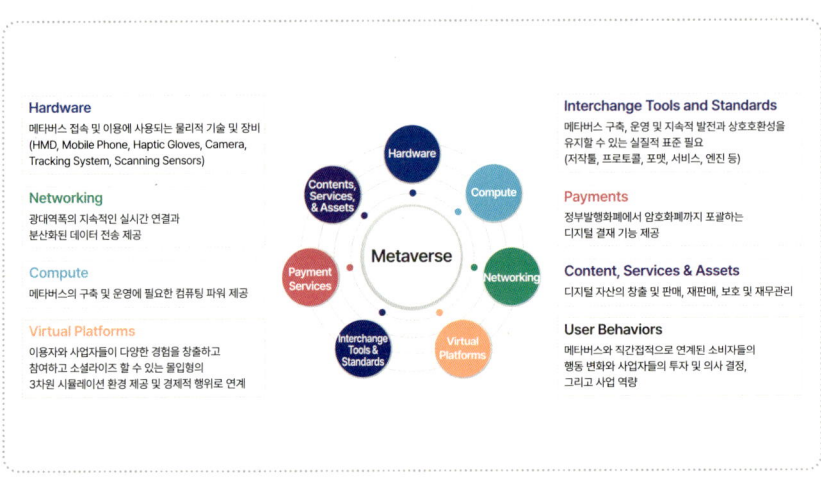

그림 14-2. 메타버스 핵심 기반요소(Enablers)

　첫 번째는 하드웨어는 메타버스에 접속하고 몰입할 수 있는 물리적 인터페이스로 작동한다. HMD(헤드 마운트 디스플레이), 모바일 기기, 햅틱 장비, 카메라와 센서 등은 사용자에게 몰입형 경험을 제공하는 데 필수적이다. 두 번째는 네트워킹이다. 고용량, 저지연의 데이터 전송 인프라 없이는 실시간 상호작용과 동시 접속이 중요한 메타버스 환경을 구현할 수 없다. 이는 광대역 인프라의 확장과 밀접한 관련이 있다. 세 번째로 컴퓨팅 파워를 빼놓을 수 없다. 메타버스를 구성하는 수많은 연산, 시뮬레이션, 그래픽 렌더링을 처리하기 위해서는 고성능 GPU, 클라우드 컴퓨팅, 엣지 컴퓨팅과 같은 인프라가 필수적이다. 네 번째 요소는 '가상 플랫폼(Virtual Platforms)'으로, 사용자가 콘텐츠를 제작하고, 사회적·경제적 활동을 할 수 있는 3차원 시뮬레이션 환경을 의미하며, 산업 메타버스와 연결되어 실질적 가치를 창출한다. 다섯 번째는 콘텐츠 및 디지털 자산을 들 수 있다. 메타버스 내에서의 활동은 창작과 소비로 이루어지며, 이는 NFT, 디지털 트윈, IP 관리 등을 포함한 자산의 생성·유통·보호 체계를 통해 완성된다. 여섯 번째는 '결제 시스템(Payments)'으로, 암호화폐부터 중앙은행 디지털화폐(CBDC), 토큰 이코노미에 이르기까지 다양한 형태의 디지털 금융 시스템은 메타버스 경제의 작동을 가능케 한다. 일곱 번째 요소는 '상호운용성 도구 및 표준화(Interchange Tools & Standards)'이다. 플랫폼 간 자산 이동, 프로토콜 호환, 서비스 연동 등을 가능하게 하기 위한 표준화는 메타버스가 단절된 공간이 아닌 연결된 세계로 진화하는 데 핵심적인 역할을 한다. 그리고 마지막 여덟 번째로 '사용자 행동(User Behavior)'을 들고 있다. 사용자들은 메타버스에서 단순한 참여자가 아닌, 콘텐츠 창작자이자 투자자, 소비자, 사회적 행위자로 존재하며, 그들의 행동과 경험은 메타버스 경제의 방향성과 진화를 좌우한다.

이 여덟 가지 요소는 단순히 기술들의 집합이 아니라, 메타버스가 하나의 유기적인 생태계로 작동하기 위한 구조적 기반이다. 기술들이 서로 긴밀히 연계될 때, 비로소 메타버스는 단순한 가상이 아닌 사회·경제·문화가 융합된 디지털 공공영역으로 기능하게 된다.

주목할 점은, 이 여덟 가지 인프라 구성요소가 단순히 메타버스를 위한 기술을 넘어, 글로벌 기술 패권 경쟁의 핵심 영역이기도 하다는 점이다. 실제로 미국은 2022년 「경쟁법(Competition Act)」을 통과시키며, 반도체·AI·양자컴퓨팅 등과 함께 메타버스를 구성하는 주요 기술 분야에 대한 연방 차원의 전략적 투자와 법제적 뒷받침을 명문화하였다. 이는 하드웨어, 네트워크, 컴퓨팅, 콘텐츠, 결제, 상호운용성 등의 요소들이 단지 특정 산업의 성공 조건이 아니라, 국가의 기술 주권과 미래 성장의 동력으로 간주되고 있음을 보여준다.

따라서 메타버스에 대한 논의는 단순한 산업 트렌드에 그치지 않는다. 그것은 국가의 기술 주권, 디지털 전환의 방향, 미래 경제 구조 재편과 직결된 문제다. 메타버스를 구성하는 이 여덟 가지 인프라는 가상 세계의 기반일 뿐 아니라, 현실 세계의 새로운 동력으로 작용하고 있다. 그만큼 우리는 메타버스를 단지 하나의 플랫폼이 아니라, 국가 경쟁력의 거대한 축으로 인식해야 할 시점에 도달해 있다.

메타버스 시민성: 디지털 세계의 지속가능성을 위한 윤리적 인프라

메타버스는 단순히 현실을 모방하는 가상 환경을 넘어, 그 자체로 하나의 사회적 구조를 갖춘 디지털 문명이다. 따라서 이 공간에서의 행동, 관계, 질서, 규범은 현실 세계 못지않은 시민적 토대를 필요로 한다. 로블록스의 공동창업자이자 CEO인 바스주키도 메타버스를 구성하는 여덟 가지 핵심 요소 중 하나로 '시민성(Civility)'을 명시함으로써, 기술 기반 플랫폼이 아닌 사회의 지속가능한 인프라로서의 메타버스를 강조하였다.

그의 통찰은 단순한 윤리적 당위에 그치지 않는다. 시민성이 결여된 메타버스는 곧 혐오, 조작, 범죄, 착취의 무대로 전락하며, 신뢰 기반의 경제 시스템과 건강한 창작 생태계를 유지하기 어렵다. 이것은 우리가 현실에서 경험해온 역사적 교훈이자, 디지털 사회에서도 동일하게 작동하는 보편적 진리다.

이러한 맥락에서 로블록스는 '메타버스 시민성'을 구현한 선도적 모델로 평가받는다. 로블록스는 전담 부사장(VP of Civility) 직제를 두고 있으며, 플랫폼 내 자율규제 및 시민성 구현을 위한 체계를 세 가지 축으로 운영하고 있다. 이는 단순한 운영 규정이 아니라, 메타버스 사회의 기본법에 해당하는 윤리적 구조다.

첫째, 행동 기준 체계(Behavior Pillar)는 사용자 개개인의 책임 있는 행동을 유도하기 위한 가이드라인이다. 공정하고 존중하는 커뮤니케이션, 차별 금지, 혐오 발언 제한 등이 주요 내용이며, 이는 온라인 정체성의 신뢰성과 커뮤니티 신뢰를 지탱하는 핵심 요소다.

둘째, 콘텐츠 기준 체계(Content Pillar)는 사용자 생성 콘텐츠(UGC) 기반의 콘텐츠가 적절한 가치와 표현을 담고 있는지 여부를 판단하는 다층적 검열 시스템이다. 로블록스는 AI 기반 자동 필터링과 3,000명 이상의 모더레이터에 의한 수동 심사를 병행해, 이미지, 오디오, 3D 메시 등의 '안전성, 적절성, 공공성'을 확보하고 있다.

셋째, 계정 신뢰성 체계(Account Integrity Pillar)는 플랫폼 이용자의 신원을 검증하고 계정 무결성을 보장하는 프로토콜이다. 이메일 및 전화 인증, 부모 통제 시스템, 무단 구매 방지 조치 등을 통해 청소년 사용자 보호와 플랫폼 신뢰를 강화하고 있다. 이는 단지 개인 보호의 차원이 아니라, 메타버스에서의 "신원 기반 시민성(ID-based Civility)"의 실현이라는 측면에서 주목할 만하다.

로블록스는 이러한 세 가지 자율규제 기반 위에 '포괄적 커뮤니티 스탠더드(Roblox Community Standards)'를 구축하였다. 이는 사용자의 권리와 의무, 표현의 한계와 가능성을 구체적으로 정의하는 '디지털 헌법'에 해당한다. 구체적으로 이 기준은 네 가지 영역으로 나뉜다.

첫째, 안전(Safety) 영역은 아동 위험, 폭력, 자해, 불법물품 등 생명과 신체, 법적 보호 대상과 관련된 위험 요소를 엄격히 규제한다. 둘째, 시민성과 존중(Civility & Respect) 영역은 혐오 발언, 불건전한 표현, 강요와 협박, 정치적 선동 등 커뮤니티 내 갈등과 배제 요인을 제한한다. 셋째, 공정성과 투명성(Fairness & Transparency)는 스팸, 사기, 지적재산권 침해, 플랫폼 외 유도 행위 등을 규제하며, 이용자 간 공정한 거래와 정보의 진실성 확보에 집중한다. 그리고 넷째, 보안과 프라이버시(Security & Privacy)는 무단 접속, 개인 정보 유출, 로블록스 시스템 오용 등을 통제함으로써 디지털 공간에서의 신뢰 기반 질서를 구축한다.

이러한 기준은 단순한 제약이 아닌, 자율적 창작과 책임 있는 상호작용을 가능케 하는 시민적 인프라로 기능한다. 특히, AI 기반의 자동 필터링과 인간의 정성적 판단이 결합된 이중 심사 구조는 향후 웹3, 탈중앙 플랫폼에서도 적용 가능한 '시민 참여 기반 AI 거버넌스(Civic-AI Governance)' 모델로 주목할 만하다.

궁극적으로 메타버스의 시민성은 기술적 질서와 윤리적 질서를 통합하는 '디지털 사회계약(Social Contract of the Virtual World)'의 실천이다. 이는 단지 기술이 만들어낸 가상의 공간을 넘어, '가치와 규범, 책임과 권리를 공유하는 디지털 공화국(Digital Republic)'으로서의 메타버스를 가능케 한다. 로블록스는 그 실험적 모델로서, 메타버스 시민성의 제도화 가능성을 세계에 먼저 보여준 사례라 할 수 있다.

산업 메타버스의 부상과 Z세대 플랫폼의진화

메타버스가 단순한 유행이나 기술적 시연을 넘어, 산업 현장의 실질적 변화를 이끌고 경제적 기회를 창출하는 '현장 기반의 플랫폼'으로 진화하고 있다. 이러한 흐름의 중심에는 '산업 메타버스(Industrial Metaverse)'라는 개념이 자리하고 있으며, 동시에 로블록스, 포트나이트 등 Z세대를 중심의 차세대 플랫폼들이 메타버스의 생명력을 지속적으로 입증하고 있다.

• 산업 메타버스: 가상과 현실의 유기적 융합

산업 메타버스는 메타버스 기술이 전통 산업과 융합하여 실제 산업 현장에서 가치를 창출하는 새로운 혁신의 양상이다. 즉, 가상현실(VR), 증강현실(AR), 인공지능(AI), IoT, 디지털 트윈(Digital Twin) 등의 기술이 산업 현장에 적용되어 생산성, 효율성, 몰입도, 안전성을 동시에 강화하는 구조이다.

예를 들어, 의료 분야에서는 메타버스 기반 수술 시뮬레이션이나 원격 협진 시스템이 실제 현장에서 활용되고 있으며, 건설 및 제조 분야에서는 디지털 트윈을 기반으로 한 가상 설계 및 공정 최적화가 이뤄지고 있다. 교육과 훈련 영역에서는 메타버스를 활용한 몰입형 학습 콘텐츠가 학습자의 집중도와 이해도를 높이고 있다. 특히 국방이나 재난 대응 분야에서는 고위험 시나리오를 현실처럼 구현할 수 있다는 점에서 큰 의미를 갖는다.

산업 메타버스의 확산은 단순한 기술 고도화에 그치지 않는다. 이는 곧 전통 산업의 디지털 전환을 가속화하며, 기업의 업무 효율 향상은 물론 고객 경험 강화, 서비스 모델 혁신 등의 효과를 동반한다. 점점 더 많은 기업이 메타버스를 전략적 수단으로 도입하고 있으며, 이러한 흐름은 향후 다양한 산업군으로 빠르게 확산될 것으로 전망된다.

• Z세대 플랫폼: 놀이에서 생태계로

한편, 메타버스의 확산을 견인하고 있는 또 다른 핵심 축은 Z세대의 일상 속 플랫폼이다. 대표적으로 로블록스는 단순한 게임 플랫폼이 아니라, 사용자들이 직접 세계를 만들고 상호작용하는 창조 기반의 메타버스 생태계로 진화하였다. 월간 활성 이용자 수(MAU)가 2억 명을 넘어서는 이 플랫폼은, Z세대와 알파세대가 디지털 공간에서 놀고, 배우고, 창작하며, 관계를 형성하는 새로운 '삶의 공간'이 되고 있다.

로블록스는 단순히 기술적으로 진보된 플랫폼이라기보다는, 세대적 감성과 디지털 사회성에 최적화된 공간이라는 점에서 주목된다. 사용자는 아바타를 통해 자신을 표현하고, 친구들과 실시간으로 소통하며, 게임과 콘텐츠를 '소비'하는 것이 아니라 '직접 만들고 기여'함으로써 메타버스 생태계의 구성원으로 참여한다. 이러한 창작 중심의 구조는 웹 2.0 시대의 소비자 중심 플랫폼과는 전혀 다른 차원의 사회적 경험을 제공한다.

또한, 포트나이트, 제페토, 샌드박스, 디센트럴랜드 등의 플랫폼은 각기 다른 방식으로 메타버스 경험을 확장하고 있다. 이들은 게임, 패션, 공연, NFT 기반 경제 시스템 등을 융합하여 사용자들에게 일상과 가상의 경계를 허물고 참여할 수 있는 새로운 무대를 제공하고 있다.

Z세대는 이러한 공간에서 자라났고, 이들이 사회의 중심 소비층과 창작 세력으로 성장함에 따라, 메타버스는 단순한 기술 플랫폼을 넘어 세대의

정체성과 문화 코드를 반영하는 공간으로 확장되고 있다. 이는 메타버스의 지속적인 성장 가능성을 뒷받침하는 중요한 사회적 기반이며, 미래의 일자리, 교육, 경제 활동이 이 공간 안에서 이루어질 수 있음을 시사한다.

• 현실로 뿌리내리는 가상성

산업 메타버스와 Z세대 중심의 플랫폼은 서로 다른 방향에서 출발했지만, 공통적으로 중요한 메시지를 던지고 있다. 메타버스는 단순한 가상 공간이 아니라 현실과 긴밀히 연결된 확장된 세계이며, 기술만으로는 지속 가능성을 담보할 수 없다. 여기서 사용자의 경험, 자발적 참여, 문화적 수용성이 지속 가능성의 핵심이 되며, 산업과 세대가 교차하는 지점에서 메타버스는 "현실의 재구성 플랫폼"으로 기능하고 있다.

이제 메타버스는 더 이상 선택 가능한 기술 트렌드가 아니다. 그것은 이미 새로운 사회적 조건이자, 기술, 산업, 세대가 함께 만들어가는 미래의 생태계로 자리매김하고 있다. 이러한 변화는 메타버스가 '유행의 바람'을 지나 '구조적 전환'의 시대로 나아가고 있음을 명확히 보여주고 있다.

메타버스의 진화 스펙트럼과 구성요소의 통합적 발전 모델

메타버스는 단일한 기술이나 플랫폼이 아닌, 점진적으로 발전하는 디지털 생태계이다. 이와 관련하여 가트너는 2022년부터 2030년대 이후까지 메타버스의 발전 과정을 세 단계로 구분하여 설명한다. 초기 단계는 '부상 단계 메타버스(Emerging Metaverse)', 그 다음은 '진화 단계 메타버스(Advanced Metaverse)', 마지막은 '성숙 단계 메타버스(Mature

Metaverse)'로 구성된다. 이러한 단계 구분은 기술 수용의 관점뿐 아니라, 사회적 수용성, 상호운용성, 경제 구조의 정교화 등 다양한 기준을 반영하고 있다.

이러한 가트너의 모델을 토대로 현대원 교수는 각 단계 별로 적절한 비즈니스 모델들이 핵심 역할을 하면서 진화해감을 아래 그림과 같이 설명한다. 우선 '부상 단계 메타버스(Emerging Metaverse)'는 웹3 기반 기술 및 플랫폼의 실험적 구현이 시작되는 단계로, 주로 가상 플랫폼과 디지털 결제 시스템이 중심 기술로 작동한다. 이 시기에는 사용자 중심 경험보다는 개발자 중심 설계가 우세하며, 자산 판매, 사용료, 중개 수수료와 같은 단순 비즈니스 모델이 주를 이룬다.

다음 단계인 '진화 단계 메타버스(Advanced Metaverse)'로 진입하면, 메타버스는 기술 간 융합을 통해 보다 복합적이고 정교한 경험을 제공하기 시작한다. 콘텐츠의 다양성과 사용자 행동 분석, 그리고 고도화된 하드웨어 기술이 이 단계의 핵심 요소로 부상한다. 이에 따라 비즈니스 모델도 광고(Advertising)와 구독(Subscription) 방식이 결합되어, 보다 안정적인 수익 구조로 진화한다. 이는 메타버스 플랫폼이 단순한 가상 공간이 아니라, 사용자 기반 경제 생태계로 변모하기 시작했음을 의미한다.

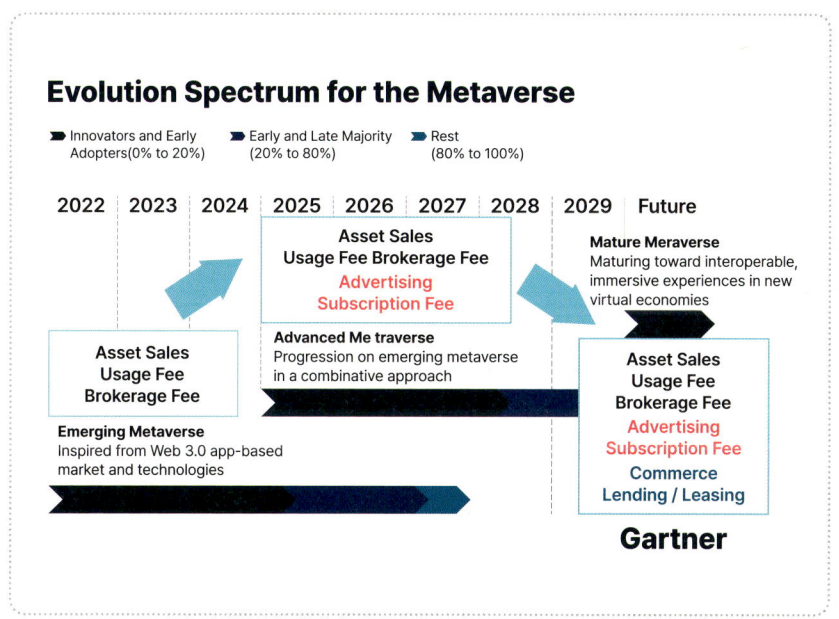

그림 14-3. 메타버스 진화 단계별 주력 비즈니스 모델들

    궁극적으로 메타버스는 '성숙 단계 메타버스(Mature Metaverse)'로 발전하며, 기술적 상호운용성과 몰입 경험이 완전히 구현되는 단계에 도달한다. 이 시기에는 콘텐츠, 프로토콜, 서비스 간 경계가 사라지며, 사용자 간 실시간 협력과 확장 가능한 경제 모델이 현실화된다. 매튜 볼이 제시한 8대 핵심 요소 중 '상호운용 표준', '네트워킹 인프라', '인터페이스 통합'이 이 시기의 성숙을 가능하게 하는 결정적 요인으로 작동한다. 동시에 비즈니스 모델 측면에서는 자산 거래, 광고, 구독료는 물론, 전자상거래(Commerce)와 디지털 자산 대출(Leasing, Lending)까지 확장되며, 메타버스는 하나의 독립된 경제권역으로 기능하게 된다.

정책과 제도: 한국 정부의 전략적 접근

메타버스가 기술적 진화를 넘어 사회와 산업 전반에 영향을 미치는 새로운 디지털 인프라로 자리 잡기 위해서는, 기술적 진보뿐 아니라 제도적 안정성과 윤리적 기반이 필수적이다. 기술은 빠르게 진화하지만, 사회적 수용과 법적 체계는 종종 그 속도를 따라가지 못한다. 특히 사용자 보호, 산업 육성, 창작자 권리 보장 등 다양한 영역에서 균형 있는 정책 설계가 요구된다. 이러한 맥락에서 한국 정부는 규제와 진흥의 조화를 바탕으로 한 전략적 접근을 시도하고 있다.

한국 정부는 세계 최초로 메타버스를 법적으로 정의하고, 이를 제도적 틀 안에 포함시킨 국가 중 하나다. 2024년 제정된 「가상융합산업 진흥 및 이용 촉진에 관한 법률」은 메타버스를 포함한 가상융합 산업 전반을 포괄하는 기본법으로, 산업 진흥과 사용자 보호라는 이중의 목적을 달성하기 위한 기반이 되고 있다.[7]

이 법은 메타버스 관련 기업과 산업군을 공식적으로 제도화함으로써, 정부 지원 정책과 규제 체계를 정비할 수 있는 법적 틀을 제공한다. 이를 바탕으로 플랫폼 구축, 기술 개발, 콘텐츠 제작, 인재 양성 등 다양한 분야에 대한 국가적 전략 수립이 가능해졌으며, 특히 기업이 자율적으로 규범을 설정하고 이를 이행할 수 있는 자율규제 환경도 마련되었다. 이와 함께 정부는 새로운 서비스나 기술이 기존 법령의 해석 범주에 포함되지 않는 경우를 대비해, 일정 기간 동안 유연하게 적용 가능한 잠정 기준을 수립할 수 있도록 하였다. 이러한 접근은 빠르게 변화하는 기술 환경 속에서 제도적 유연성과 정책의 실효성을 모두 확보하려는 전략이다.

윤리적 측면에서도 한국 정부는 선제적으로 대응하고 있다. 2022년 수립된 메타버스 윤리원칙은 메타버스를 단순한 기술 플랫폼이 아닌, 하나의 사회적 공간으로 정의하고, 그 공간 안에서 인간다운 존재가 유지되고 보호받아야 함을 강조한다. 이 원칙은 '진정성 있는 정체성', '안전한 경험', '지속 가능한 번영'이라는 세 가지 핵심 가치를 중심으로 구성되어 있으며, 이는 콘텐츠 제작자, 플랫폼 운영자, 사용자 모두가 공유해야 할 규범으로 제시된다.

이러한 윤리적 기반은 특히 아동과 청소년의 보호, 개인정보 보안, 저작권 보호, 혐오 표현 및 범죄 예방 등 메타버스 내에서 발생할 수 있는 다양한 사회 문제에 대한 대응 전략으로 기능한다. 정부는 자율규제를 유도하면서도 기업이 자체적으로 콘텐츠 윤리 기준을 수립하고 운영하도록 장려하고 있으며, 딥페이크, 불법 저작물 유통, 아바타 범죄와 같은 현실적 문제에 대응할 수 있도록 구체적인 가이드라인도 마련하고 있다.

잠정 기준 제도는 특히 법적 회색지대에 놓인 신기술과 서비스의 안정적 도입을 가능케 하는 장치로 주목된다. 최근에는 메타버스 기반의 원격의료, 경찰 훈련, 요양보호사 교육, 초등학생 대상 XR 교육, 의료기기 활용 등 다양한 분야에서 잠정 기준이 적용되고 있으며, 이는 기술과 제도가 함께 진화할 수 있는 모범적 사례로 평가받고 있다.

결국 한국 정부의 접근은 규제와 혁신의 이분법적으로 나누는 것이 아니라, 기술의 역동성과 사회의 안정성을 동시에 추구하는 균형적 전략이다. 정부는 산업의 자율성과 창의성을 보장하는 한편, 시민의 권익과 사회적 신뢰를 확보하기 위한 최소한의 기준을 제시하고 있다. 이는 단순히 국

내 산업의 경쟁력을 높이는 차원을 넘어, 글로벌 메타버스 거버넌스 논의에서도 선도적인 위치를 차지할 수 있는 전략적 기반이 된다. 기술은 빠르게 변하지만, 그것이 인간 중심으로 작동할 수 있도록 이끄는 것은 언제나 정책과 제도의 몫이다.

메타버스, 이제 본격 도약을 준비할 때이다

한때 지나치게 앞서 날았던 제비는 현실의 찬바람에 부딪혀 잠시 날개를 접어야 했지만, 기술은 늘 그러했듯 조용히 다음의 계절을 준비해왔다. 메타버스 역시 마찬가지다. 과도한 기대와 실망의 진폭을 지나, 이제는 기술적 성숙과 생태계 확장을 통해 본격적인 '디지털 사회 공간'으로의 전환점을 맞이하고 있다.

이 변화의 중심에는 인공지능의 발전이 결정적인 역할을 하고 있다. AI는 단순한 가상 환경 구현을 넘어, 인간과 함께 세계를 공동 창조하는 주체로 자리매김하고 있다. 특히 생성형 AI의 발전은 누구나 창작자가 되는 시대를 앞당기고 있으며, 이는 Web3 패러다임의 핵심 가치인 분산형 창조 생태계의 기반을 실질적으로 마련하고 있다. 더 이상 메타버스는 개발자의 전유물이 아니다. 사용자 스스로가 창작자이자 공동체 구성원으로서 참여하는 열린 공간이다.

이와 함께 '산업 메타버스'의 확장은 메타버스가 현실 경제와 산업 구조의 재편을 이끄는 플랫폼으로 진화하고 있음을 보여준다. 교육, 의료, 제조, 엔터테인먼트 등 실제 산업의 최전선에서 메타버스는 디지털 전환의 인프라로 기능하고 있으며, 특히 데이터 기반 운영과 실시간 시뮬레이션,

몰입형 협업 환경은 생산성의 새로운 기준을 제시하고 있다.

이러한 변화를 정책적으로 뒷받침하는 한국 정부의 접근도 주목할 만하다. 한국은 2024년 세계 최초로 메타버스를 법적으로 정의한 '가상융합산업진흥법'을 제정하며, 기술 진흥과 자율 규제, 윤리적 기준을 포괄하는 제도적 토대를 마련했다. 이는 메타버스를 하나의 산업을 넘어, 사회 제도의 일부로 통합하려는 선도적 시도로 평가받고 있다.

앞으로의 과제는 이러한 기술, 산업, 제도적 진보를 통합된 사회 비전으로 연결하는 일이다. 메타버스는 더 이상 현실을 대체하는 가상이 아니다. 그것은 현실의 확장이며, 인간의 사고와 창조, 관계 형성이 일어나는 또 하나의 공공영역이다. 그 공간이 지속가능하려면 기술만큼이나 시민성과 윤리, 그리고 포용성에 대한 철학이 병행되어야 한다.

그리하여 우리는 다시 묻는다. 메타버스는 진정한 봄이 될 수 있는가? 비록 제비는 너무 일찍 날았지만, 이제 우리 앞에 펼쳐질 계절은 단지 계절이 아닌, 디지털 문명 전환의 새 장(章)이 될지도 모른다. AI가 메타버스 성장의 핵심 동력으로 자리 잡고 있으며, 관련 기술들의 발전 속도가 가속화됨에 따라 글로벌 빅테크 기업들의 움직임도 더욱 활발해지고 있다. 이제는 메타버스의 본격적인 도약을 위한 준비에 박차를 가해야 할 때이다.

PART 15

게임 체인저:
스마트클라스

게임 체인저: 스마트글라스

스마트폰에서 스마트글라스로의 진화

모든 사람들이 스마트폰을 쓰는 현재의 일상처럼 모든 사람들이 스마트글라스를 쓰는 영화 속 비전이 점차 현실로 다가오고 있다. 기존의 스마트폰 중심 플랫폼과 달리, 스마트글라스는 보다 몰입적이며, 상시 연결성과 실시간 피드백이 가능한 형태로 설계되어, 웹3의 '초연결-초실감-탈중앙화' 특성을 구현하기 위한 최적의 인터페이스로 주목받고 있다. 특히 인공지능, 블록체인, 메타버스가 융합되는 웹3 생태계의 핵심 접점으로 진화하면서 진정한 새로운 패러다임의 승자로서의 '게임 체인저'가 될 가능성이 높아져가고 있다.

메타(Meta)는 레이밴과의 협업을 통해 일상적 착용성을 확보한 스마트글라스를 상업적으로 안착시킨 데 이어, XR 디스플레이가 내장된 차세대 제품을 야심차게 준비 중이다. 이 제품은 기존 모델과 유사한 디자인을 유지하면서도, 고해상도 시각 정보를 실시간으로 제공하는 디스플레이를 통해 메타버스 상의 증강현실 콘텐츠와의 직관적 상호작용을 가능하게 한다. 이러한 기능은 웹3 환경에서 디지털 아이덴티티와 자산을 직접 시각화하고 조작할 수 있는 사용자 경험(UX)의 기반을 제공한다는 점에서 중요한 의미를 지닌다. 메타는 하드웨어 전략 측면에서도 레이밴과 오클리 등 주요 안경 브랜드를 보유한 에실로룩소티카(EssilorLuxottica)의 지분 3%를 인수하며 스마트글라스 생태계를 강화하고 있다. 실제로 레이밴 스마트글라스는 출시 1년 만에 200만 대 이상 판매되며 소비자 시장에서 입지를 다졌고, 오클리 기반의 AI 스마트글라스와 3D 투사형 마이크로 렌즈가 탑재된 '오라이언' 시제품도 잇따라 공개되었다.

메타는 이러한 웨어러블 기기를 단순한 모바일 기기의 대체재가 아니라, 현실과 메타버스를 잇는 핵심 매개체로 정의하고 있다. 메타버스 플랫폼 '호라이즌 월드(Horizon Worlds)'는 AI 아바타, 생성형 챗봇, 크리에이터 경제 등이 통합된 구조로 진화 중이며, 사용자는 스마트글라스와 XR 기기를 통해 이 디지털 공간에 진입해 생성형 AI가 자동화한 영상, 이미지, 대화, 상품 큐레이션을 경험할 수 있다. 크리에이터들은 자신만의 가상 공간을 운영하며 수익을 창출하고, AI는 그 공간을 실시간으로 관리한다. 궁극적으로 메타는 디지털 인간과 공간, 자산이 유기적으로 연결되는 디지털 경제 생태계를 구축하는 것을 목표로 삼고 있다.

애플 또한 자사의 스마트글라스 'N50' 프로젝트를 통해, 애플 인텔리전스를 활용한 환경 인식 및 정보 제공 기술을 개발 중이다. 이는 AI가 현실 세계를 실시간으로 분석하고, 사용자에게 맥락 기반 정보를 전달함으로써,

웹3 환경에서 AI-에이전트 기반 인터페이스의 가능성을 제시하고 있다. 애플 특유의 폐쇄적 생태계 속에서도 스마트글라스가 개인화된 AI 중심의 탈중앙형 사용자 경험을 실현하는 플랫폼으로 성장해갈 것으로 보고 있다.

이러한 경쟁 구도 속에서 가장 주목할 만한 진전을 보인 기업은 구글이다. 최근 TED 2025 컨퍼런스를 통해 실시간으로 시연된 안드로이드 XR 스마트글라스는 AI 비서 '제미나이(Gemini)'와 통합되어, 단순 정보 검색을 넘어 상황 인식, 실시간 번역, 객체 인식, 3D 오버레이 지도 내비게이션 등 다양한 메타버스 기반 기능을 구현하고 있다. 이는 기존 GUI(Graphical User Interface)를 넘어서 NUI(Natural User Interface)로의 전환을 보여주는 상징적인 사례로, 웹3 환경에서 AI와 사용자가 보다 자연스럽게 상호작용할 수 있는 기반을 제공한다. 구글의 안드로이드 XR 플랫폼은 삼성·퀄컴과의 협력을 통해 확장현실(XR) 기기 생태계를 표준화하고 있으며, 유튜브, 구글 맵, 크롬 등 기존 앱을 가상 공간에서 3D 및 멀티스크린으로 구현할 수 있다는 점에서 웹2.0과 웹3의 전환 지점에 서 있다.

한편, 삼성은 코드명 '해안(Haean)'이라는 프로젝트로 자체 스마트글라스 출시에 나선다. 이 제품은 선글라스 형태의 미니멀한 디자인에 제스처 인식, 음성 통화, 카메라 기능 등을 탑재하여 웨어러블 디바이스의 실용성과 편의성을 극대화하고 있으며, 퀄컴의 XR2+ 칩을 기반으로 고성능 AI 연산 기능도 확보할 것으로 기대된다. 이는 AI와 블록체인 기반 인증 시스템을 통합함으로써, 현실 공간에서의 신원확인, 디지털 자산 접근권한 관리, 메타버스 지갑 연동 등에 있어 중요한 역할을 수행할 수 있다.

표. 15-1. 스마트폰 Vs. 스마트글라스

구분	스마트폰	스마트글라스
웹의 진화단계	Web 2.0	Web 3
주요 기술 패러다임	Wireless(무선 접속)	Full Hands-Free(완전한 양손 해방)
인터페이스 유형	GUI(Graphical User Interface)	NUI(Natural User Interface): 음성, 시선, 제스처 기반
주된 입력 방식	터치스크린, 키보드, 마우스	시선 추적(Eye Tracking), 음성 명령, 손짓(Gesture), AR 오버레이
데이터 저장 및 처리	중앙 집중형 클라우드	분산형 저장(블록체인), 엣지 컴퓨팅, AI-온디바이스 처리
콘텐츠 생성/소비 방식	UGC(User Generated Content)	AHCC(AI-Human Co-Creation), AIGC(AI-Generated Content)
접속성	앱 기반, 디바이스 종속적	공간 기반(Contextual), 현실과 메타버스의 실시간 융합
주요 사용 목적	정보 검색, 소셜 미디어, 콘텐츠 소비	실시간 상호작용, 디지털 자산의 생성과 소유, 메타버스 경제활동
보안 및 신뢰 메커니즘	플랫폼 중심의 인증 및 저장	블록체인 기반 스마트 계약, 영지식 증명 등 탈중앙 신뢰 메커니즘

결국 스마트글라스는 단순히 정보 소비나 알림 전달의 도구를 넘어, AI 기반 현실 인식 및 판단, 블록체인 기반 신뢰 및 인증, 메타버스 기반 몰입 경험을 융합하는 웹3 플랫폼의 '눈과 귀'로 기능할 수 있는 차세대 디바이스이다. 이와 같은 기술 발전 흐름은, 단순한 제품 경쟁이 아닌, 인간의 일상, 경제 활동, 사회적 관계가 메타버스-블록체인-AI로 연결되는 복합 생태계 속에서 스마트글라스가 실시간 인터페이스의 중심축으로 작동하게 된다는 점에서 웹3 전환의 방향성과 맞닿아 있다. 선으로부터의 해방(wireless)이 웹 2.0의 혁신을 이끌었다면, 웹3는 진정한 '양손의 해방', 즉 완전한 핸즈 프리(freeing both hands) 시대를 여는 게임 체인저가 될 것

이다. 스마트글라스는 음성, 시선, 제스처 기반의 자연어 인터페이스를 통해 인간의 손이 더 이상 화면을 터치하거나 입력 장치를 조작하지 않아도 되는 미래를 실현하며, 궁극적으로는 인간과 디지털 공간 간의 경계를 무너뜨리는 촉매로 작용할 것이다.

스마트글라스, 눈앞에 다가온 제2의 스마트폰 혁명

2024년, 글로벌 스마트글라스 시장은 뚜렷한 전환점을 맞이했다. 연간 출하량이 200만 대를 돌파하며 전년 대비 무려 210%의 폭발적인 성장을 기록한 것이다. 또한 다양한 활용 사례의 확산, 폭넓은 가격대의 등장, 그리고 플레이어 생태계의 확장에 힘입어 2025년에도 60%의 연간 성장률을 기록하고, 2029년까지는 연평균 60% 이상의 성장률을 지속할 것으로 예상된다.[1] 이 같은 성장은 단순한 기술적 진보나 일시적인 유행이 아니라, 산업과 일상 전반에 걸쳐 스마트글라스가 본격적으로 실용화 단계에 진입했음을 나타낸다. 고가의 실험적 장비로 여겨졌던 스마트글라스가 이제는 상용화 가능성이 높은 차세대 디지털 인터페이스로 자리 잡고 있는 것이다.

특히 2025년은 스마트글라스 대중화의 분기점이 될 것으로 전망된다. 메타와 레이밴이 협업하여 선보인 스마트안경은 기존의 기술지향적 제품과 달리, 일상 속에서 착용 가능한 세련된 디자인과 고도화된 AI 기능을 접목시키며 대중의 눈높이에 한발 다가섰다. 이 제품은 음성 기반의 AI 비서, 카메라, 콘텐츠 공유 기능을 통합하여 사용자 경험을 극대화했으며, 그 결과 스마트글라스에 대한 소비자의 심리적 진입장벽을 대폭 낮추는 데 성공했다. 이와 같은 트렌드가 지속될 경우, 2029년에는 연간 출하량이 약 1,712만 대에 이를 것으로 예측되며, 스마트글라스는 웨어러블 시장의 핵심 디바이스로 성장할 가능성이 매우 높다. 글로벌 시장조사기관인 옴디아(Omdia)의 예측에 따르면, 이러한 시장 역학이 전개되며 2045년까지 연간 2억 대 이상의 스마트글라스로 대표되는 XR 기기가 판매되어 시장 규모는 2,170억 달러에 이를 것으로 전망된다.[2] 이는 2035년 기준 6,150만 대, 471억 달러에서 대폭 증가한 수치이다. 참고로, 2024년에는 12억 대의 스마트폰이 출하되었으며, 시장 가치는 6,090억 달러에 달했다.

스마트글라스의 활용 가능성은 산업과 일상을 아우르는 광범위한 영역에 걸쳐 있다. 우선 산업(B2B) 분야에서는 원격 의료 지원, 산업현장의 실시간 작업지시, 교육·훈련을 위한 실습 시나리오 제공 등 다양한 용도가 주목받고 있다. 예를 들어, 수술 중 외부 전문가의 원격 협진을 실시간으로 지원하거나, 스마트헬멧이나 보안경과 연동하여 산업재해를 예방하고 현장 안전을 강화하는 데에도 활발히 적용되고 있다. 이러한 사례들은 스마트글라스가 단순한 보조기기를 넘어 산업 혁신의 중심 도구로 기능할 수 있음을 보여준다.

한편 B2C 영역에서도 스마트글라스는 사용자 경험을 혁신적으로 바꿀 수 있다. 일상생활과 여행 중 실시간 정보 안내, 음성 기반 AI 비서, 콘텐츠 감상, 사진 및 영상 촬영 기능은 이미 소비자들에게 익숙한 스마트폰의 기능을 대체하거나 보완할 수 있다. 특히 실시간 SNS 공유와 라이브 스트리밍 기능은 Z세대와 크리에이터 시장을 중심으로 높은 수요가 기대되며, 스마트글라스를 차세대 소셜 디바이스로 부각시킬 수 있다. 음악 감상이나 영상 시청, 메시지 확인 등의 일상적 기능이 스마트글라스를 통해 자연스럽게 구현될 때, 사용자들은 더 이상 '화면을 들여다보는' 수동적 태도에 머무르지 않고, 환경과 인터페이스가 하나로 연결된 몰입형 경험을 누릴 수 있다.

스마트글라스는 단순히 웨어러블 기기의 확장판이 아니다. 그것은 우리가 현실을 인식하고, 디지털 정보를 받아들이는 방식을 근본적으로 바꾸는 창구이다. 산업 현장에서는 작업의 효율성과 안전을 높이는 혁신 도구로, 소비자 일상에서는 새로운 소통과 콘텐츠 소비의 인터페이스로 진화하고 있는 것이다. AI, XR, IoT와의 융합을 통해 스마트글라스는 결국 '제2의 스마트폰'이라 불릴 새로운 시대의 중심축이 될 가능성이 높다. 이 장치는 이제 더 이상 SF 영화 속의 장식물이 아니라, 우리의 눈앞에서 현실이 되어가고 있다.

스마트글라스를 지배하는 자, 세상을 지배한다

스마트폰이 인간의 손에 들려진 디지털 허브였다면, 스마트글라스는 인간의 시선과 감각, 인지를 실시간으로 연결하는 지능형 통합 플랫폼으로 진화하고 있다. 우리는 스마트글라스를 통해 정보를 수집하고, 커뮤니케이션을 주고받으며, 업무와 일상을 가로지르는 디지털 경험을 한층 더 몰입적으로 수행하게 될 것이다. 즉, 몸에 '항상 착용되는 플랫폼', 인간의 일상과 의식을 실시간으로 감싸는 제2의 환경이 되는 것이다.

이 플랫폼은 단지 콘텐츠 소비의 채널이 아니라, 행동 기반 데이터의 실시간 수집·처리·해석·피드백이 이루어지는 생태계의 중심이 된다. 사용자의 시선, 감정, 위치, 맥락 기반의 의사결정이 모두 이 플랫폼 위에서 일어난다. 따라서 이 플랫폼을 선점하는 자는 단순히 기기의 시장 점유율을 확보하는 것을 넘어, 인간 행동의 흐름 전체를 관장하는 통제권을 확보하게 된다. 이것이야말로 구글, 애플, 메타, 마이크로소프트, 아마존과 같은 글로벌 빅테크 기업들이 미래 경쟁에서 스마트글라스를 핵심 전선으로 삼는 이유다.

현재 진행 중인 초지능(Superintelligence)을 향한 경쟁에서도, 스마트글라스는 그 최종 전장이 될 가능성이 크다. 아무리 고성능의 AI가 개발된다 하더라도, 사용자의 일상과 실시간으로 연결되지 못한다면 그것은 단지 백엔드 시스템에 머무를 수밖에 없다. 진정한 초지능은 언제 어디서나 인간과 함께 호흡하고, 맥락을 이해하고, 직관적으로 반응하는 AI다. 이를 가능케 하는 유일한 프론트엔드가 바로 스마트글라스다. 인간의 감각과 지능을 연장하고, AI와의 상호작용을 무의식적 수준으로 끌어올릴 수 있는 유일한 접속점이기 때문이다.

이와 관련하여 마크 저커버그는 메타의 공식 블로그에서 발표한 '개인적 초지능(Personal Intelligence)'이라는 글에서 초지능이 단지 자동화나 생산성 향상 수단을 넘어 개인의 삶을 진정으로 변화시키는 도구가 되어야 한다고 강조한다.[3] 메타(Meta)가 제시하는 비전의 핵심은 모든 사람에게 개인용 초지능(Personal Superintelligence)을 제공함으로써, 각자가 자신만의 목표를 정의하고 실현하는 데 필요한 주체성과 역량을 부여하는 데 있다. 그는 기술과 인간 삶의 교차점을 메타의 중심 가치로 삼고, 앞으로는 사람들이 생산성 중심의 소프트웨어보다는 창작과 연결을 통한 자아 실현에 더 많은 시간을 할애하게 될 것이라 전망한다. 이 과정에서 스마트글라스는 단순한 모바일 기기의 대체재를 넘어, 사용자의 시각과 청각, 그리고 실시간 맥락을 인식하며 하루 종일 자연스럽게 상호작용하는 차세대 컴퓨팅 인터페이스로 부상할 것이라 내다본다. 저커버그에게 스마트글라스는 곧 개인 초지능과 인간을 연결하는 물리적 매개체이자, 현실과 디지털 세계를 넘나드는 확장된 자아의 관문인 셈이다.

따라서 스마트글라스는 디지털 문명의 제2의 플랫폼 혁명을 이끄는 핵심 인프라가 될 수밖에 없다. 스마트폰이 촉발한 모바일 혁명이 '손의 확장'이었다면, 스마트글라스는 '지각과 의식의 확장'을 통해 완전히 새로운 인간-기계 관계를 창조하게 된다. 플랫폼 전쟁의 무게 중심은 점점 더 눈과 시선, 그리고 감각의 인터페이스로 이동하고 있다. 그리고 이 시야를 장악하는 자가 정보 흐름을 지배하고, 결국 초지능 경쟁의 진정한 승자로 군림하게 될 것이다.

스마트글라스를 둘러싼 이 새로운 플랫폼 전쟁은 단지 기술과 시장의 경쟁이 아니라, 미래 사회의 인터페이스를 누가 설계할 것인가, 어떤 인공지능이 인간의 삶과 의식을 통합적으로 연결할 수 있는가에 대한 문명 차원의 질문이기도 하다. 그것은 플랫폼을 둘러싼 패권 경쟁임과 동시에, 인간의 감각과 행동, 그리고 선택의 권한을 누가 설계하는가에 대한 근본적 물음이다. 스마트글라스가 제2의 스마트폰이 아니라, 제2의 문명적 플랫폼으로 평가받아야 할 이유가 여기에 있다.

스마트글라스의 도전과 한계

스마트글라스 기술의 진화와 남은 과제

기술적으로 스마트글라스는 비약적인 진전을 이루고 있으나, 여전히 상용화를 위한 결정적 돌파구를 요구받고 있다. AR 디스플레이의 경우, 실리콘 위에 마이크로미터 크기의 LED를 직접 배열하여 만든 LEDos(LED-on-silicon)와 같은 초소형 디스플레이 기술들이 선보이고 있어 소형화와 고해상도를 동시에 구현하는 데는 가시적인 성과를 보이고 있다. 그러나 실외 환경에서의 가시성 문제, 색 왜곡, 빛 반사에 따른 정보 전달력 저하 등은 여전히 해결이 필요한 과제로 남아 있다. 특히 70도 이상의 시야각 확보는 기술적으로 가능해졌지만, 이와 동시에 요구되는 전력 소모 증가와 발열 제어는 상용 제품 설계 단계에서 중대한 제약 요소로 작용하고 있다.[4]

UI/UX 기술에서는 제스처 인식, 음성 인식, 시선 추적 기술이 고도화되며 사용자 인터페이스의 직관성과 몰입감을 향상시키는 기술적 진전이 이루어지고 있다.[5] 그럼에도 불구하고 여전히 환경변수나 사용자 편차에 따른 인식 정확도의 한계가 존재한다. 더불어 멀티모달 입력을 통합적으로 처리해야 하는 상황이 증가함에 따라, 실시간 응답성과 사용자 피로도 간의 균형을 어떻게 확보할 것인가가 새로운 설계 과제로 대두되고 있다.

스마트글라스와 관련하여 엣지 디바이스 개념은 데이터를 로컬에서 처리할 수 있는 능력으로 인해 주목을 받고 있으며, 클라우드 컴퓨팅에 대한 광범위한 의존 없이 저지연성과 상황 인식 서비스를 제공할 수 있는 특징이 있다. 이러한 기능은 특히 사용자의 실시간 환경에 따라 동적으로 반응하는 '컨텍스트 인식(context recognition)'에서 매우 중요하다. 특히 스마트글라스는 풍부하고 다양한 모달리티의 센서 데이터를 방해 없이 수집할 수 있는 능력 덕분에 컨텍스트 인식을 위한 유망한 플랫폼으로 부상하고 있다. 그러나 이러한 기기에서 상황 인식 시스템을 구현하려면 여전히 실시간 처리, 에너지 효율성, 센서 융합(sensor fusion), 노이즈 관리 등의 해결과제들이 남아있다.[6]

배터리 기술은 경량화와 고밀도화를 동시에 추구하는 방향으로 발전하고 있지만 스마트글라스의 대중적 수용을 위한 중대한 장애 요소로 남아 있다. 탄소 나노소재, 하드웨어 및 소프트웨어 전반의 에너지 효율성 향상, 더 높은 에너지 밀도, 외장형 모듈형 배터리 등 다양한 대안이 제시되고 있지만 실질적인 사용 시간 확보와 발열 최소화, 내장 부품 간 무게 배분 등은 여전히 설계와 사용자 경험 측면에서 중요한 기술적 난제로 남아 있다.[7]

현 단계에서 스마트글라스의 핵심적인 기술적 해결과제는 '기능 최적화'의 문제로 전환되고 있음은 분명해 보인다. 위에서 살펴 본 디스플레이, 엣지 연산, 인터페이스, 배터리 등 각 핵심 요소는 개별적으로는 상당한 발전을 이루었지만, 이를 통합적으로 설계하고 안정적으로 구동시킬 수 있는 제품화의 일관성이 아직 부족하다. 특히 모든 모달리티를 실시간으로 연결하고자 하는 멀티모달 AI 기반의 인터랙션 구조에서는, 기술적 완성도와 사용자 신뢰성 확보 간의 균형이 무엇보다 중요해지고 있다. 이 균형을 확보하지 못한다면 스마트글라스는 여전히 '가능성의 기술'에 머물 수밖에 없다.

멀티모달 인터페이스의 중심으로: 스마트글라스의 산업적 전환

산업적 측면에서도 여러 과제가 산재해 있다. 스마트글라스는 여전히 고가의 장비로 분류되며, 이를 도입하려는 기업에게는 초기 비용이 큰 부담으로 작용한다. 장비와 플랫폼 간의 호환성을 보장하기 위한 표준화 작업도 미흡하며, 소프트웨어 업데이트 및 유지관리의 효율성 확보는 또 다른 과제다. 특히 이러한 기기들이 B2B, 의료 등 특정 산업 중심으로 제한적으로 적용되는 상황은 시장 확대의 제약 요인이 되고 있다. 실시간 정보 연동을 가능하게 하기 위한 인프라 구축도 병행되어야 하며, 이와 관련한 네트워크 환경이나 데이터 처리 체계의 정비 역시 필수적이다.

그러나 이러한 산업적 과제를 돌파할 수 있는 전환점이 도래하고 있다. 바로 멀티모달 인공지능의 급부상이다. 가트너는 2030년까지 전 세계 기업용 소프트웨어 및 애플리케이션의 80%가 멀티모달 방식으로 전환될 것이라고 전망하며, 이는 스마트글라스가 단지 시각 정보만을 제공하는 기기를 넘어, 다양한 데이터 형태를 통합적으로 수용하고 처리하는 핵심 플랫폼으로 진화할 수 있는 기반이 될 것으로 보고 있다.[8] 멀티모달 모델은 텍스트, 음성, 이미지, 비디오, 수치 데이터 등을 단일 모델에서 입출력할 수 있게 하며, 이러한 기술이 구현되면 스마트글라스는 단순 디스플레이 장비를 넘어서 복합적 인터페이스로 기능하게 된다. 의료, 금융, 제조 등 각 산업 분야에서 스마트글라스는 현장 실시간 데이터와 사용자 명령을 통합하여 분석하고 즉각적인 피드백을 제공할 수 있으며, 이는 기업의 운영 효율성과 생산성을 획기적으로 향상시키는 도구가 된다.

결국 핵심은 스마트글라스가 모든 데이터 모달리티를 융합적으로 다루는 '멀티모달 플랫폼'으로 진화할 때, 개인 사용자뿐만 아니라 기업 및 산업 현장에서의 활용이 선택이 아닌 필수가 될 것이라는 점이다. 멀티모달 생성 AI와 스마트글라스의 결합은 비즈니스 환경 전반에 걸쳐 새로운 인간-기계 상호작용의 표준을 제시하게 될 것이며, 이는 단순한 디지털 전환을 넘어 조직 운영의 패러다임 자체를 재정의하는 계기가 될 것이다. 스마트글라스의 산업적 과제는 이제 더 이상 제약이 아니라, 새로운 가능성을 실현하기 위한 출발점이 되어야 한다.

신뢰의 인터페이스를 위하여: 스마트글라스와 사회적 수용성의 과제

위에서 살펴본 바와 같이 스마트글라스 기술의 진보는 상당히 가시적인 성과를 보여주고 있다. 해상도, 처리 속도, 배터리 지속성 등 물리적 한계가 빠르게 극복되고 있으며, 멀티모달 인터페이스와 AI의 융합을 통해 산업과 소비자 시장 모두에서 실용성을 높여가고 있다. 그러나 기술의 진화 속도와 달리, 사회적 수용성의 문제는 여전히 스마트글라스의 상용화에 있어 가장 근본적인 장애 요인으로 남아 있다. 특히 프라이버시 침해 우려, 기술 채택에 대한 심리적 저항, 디지털 윤리에 대한 불신은 단순한 기능적 문제를 넘어서는 구조적 도전으로 작용한다.[9]

이러한 사회적 저항이 가장 뚜렷하게 드러났던 대표적인 사례가 바로 구글의 '구글 글라스(Google Glass)'다. 2013년 일반 소비자 시장을 겨냥해 출시된 구글 글라스는 기술적으로는 당시로선 선구적인 디바이스였지만, 공공장소에서의 무단 촬영 가능성과 사용자 간 비대칭적 정보 접근성에 대한 우려가 급속히 퍼지면서 결국 실패한 프로젝트로 막을 내렸다. 착용자들은 구글글라스와 '재수없는 놈(asshole)'이라는 비속어의 합성어인 '글라스홀(Glasshole)'이라는 조롱 섞인 별명을 들었고, 많은 장소에서 출입이 금지되거나 불편한 시선을 감수해야 했다.[10] 구글은 결국 2015년 일반용 제품을 철수시키고, B2B 시장으로 방향을 선회할 수밖에 없었다. 이 사건은 기술의 혁신성만으로는 사회적 수용을 이끌어낼 수 없다는 사실을 보여주는 상징적 사례로 기록된다.

오늘날의 스마트글라스 역시 비슷한 사회적 긴장 위에 서 있다. 특히 카메라와 센서 기반의 인터페이스는 착용자의 의사와 무관하게 주변 환경을 기록하거나 분석할 수 있다는 점에서 사생활 침해 우려를 낳고 있다. 이는 단지 개인적 불쾌감을 넘어, 공공장소나 민감한 업무 현장에서의 촬영 금지, 정보 노출에 대한 법적 논란, 타인의 동의 없는 감정 분석이나 시선 추적 등에 대한 윤리적 저항으로 이어진다. 이와 같은 기술의 '감시화' 경향은 디지털 사회 전반에 걸쳐 신뢰 기반의 상호작용을 위협하는 요인이 된다.

심리적 저항 또한 중요한 변수다. 스마트글라스는 기존의 스마트폰이나 웨어러블 기기들과 달리, 착용자의 '눈'과 '시선'을 디지털화된 감각 기관으로 확장하는 기능을 지닌다. 이러한 기술적 감각의 확장은 사용자로 하여금 지속적인 피로감이나 사회적 불안감을 유발할 수 있다. 착용자 자신도 주변의 시선을 의식하게 되고, 비착용자는 감시받는 듯한 불편함을 느낀다. 결국, 기술은 인간의 물리적 능력을 증강하지만, 그 사회적 관계는 억제되거나 왜곡될 수 있는 위험에 노출된다.

디지털 윤리의 문제 또한 더욱 정교하게 논의되어야 할 시점이다. 스마트글라스를 통해 수집되는 생체 정보, 행동 패턴, 감정 반응 등의 데이터는 고도로 민감한 개인 정보에 해당한다. 이 정보들이 어떻게 저장되고 처리되며, 누구에 의해 통제되는가에 대한 규범적 합의가 부재한 상황에서, 기술의 무분별한 확산은 오히려 사회적 불신을 심화시킬 수 있다. 특히 감정 분석이나 시선 추적이 마케팅, 보험, 고용 심사 등 특정 목적에 활용될 경우, 개인의 자유와 프라이버시를 침해하는 감시 기술로 전락할 위험이 있다.

따라서 스마트글라스의 대중화를 논함에 있어 사회적 수용성은 대단히 중요한 변수이며, 이는 공공 신뢰, 윤리 기준, 법제도적 정합성 위에 구축되어야 하는 선행조건과도 같다. 프라이버시 보호 기능의 내장, 투명한 데이터 처리 프로토콜, 사용자와 비사용자 모두의 권리를 존중하는 설계 기준이 마련되지 않는 한, 아무리 정교한 기술이라도 사회의 거부감이라는 벽을 넘어서기는 어렵다.[11]

결국 스마트글라스의 미래는 기술과 사회가 '어떻게 신뢰를 설계할 것인가'라는 질문에 달려 있다. 신뢰 가능한 기술이란 단지 기능적 우수성을 넘어, 그것이 작동하는 사회적 맥락에 대한 깊은 성찰과 책임 의식을 전제로 한다. 인공지능과 스마트기기가 인간의 감각과 인지 능력을 확장하는 시대, 우리는 기술의 발전 그 자체보다 더 중요한 과제—즉, 기술과 인간이 어떻게 새로운 관계를 맺고 공동의 삶을 재구성할 것인가—를 마주하고 있다.

인공지능과 인간이 함께 새로운 문명을 설계해나가는 AIX 시대에, 스마트글라스는 그 접속점이자 상징일 수 있다. 그 미래는 기술의 진보만이 아니라, 그 기술을 어떻게 인간의 삶과 사회적 관계 속에 '공존'의 방식으로 통합할 것인가에 달려 있다. 인간과 인공지능이 '공동 설계자'로 나아가기 위해서는, 기술을 바라보는 관점 또한 윤리와 상상력, 그리고 공동체의 합의 위에 서 있어야 한다. 스마트글라스를 둘러싼 사회적 수용성의 문제는 곧, 우리가 어떠한 문명을 선택하고 설계할 것인가에 대한 가장 본질적인 질문이기도 하다.

PART
16

맺음말

맺음말: 다시 문명을 설계해야 할 시간

2025년 이후의 세계는 기술 초가속화의 흐름 속에서 인간과 기술이 상호진화하는 거대한 전환점에 직면해 있다. 특히 생성형 AI의 비약적 발전은 인간의 의사결정 구조, 기업 생태계, 노동 형태, 심지어 일상적 삶의 방식까지도 근본적으로 재편하고 있다. 이제 AI는 단순한 기능 수행을 넘어 감성과 맥락을 이해하는 동반자로 진화하고 있으며, 웹3 기반의 분산 생태계와 메타버스 공간은 '사용자 중심의 문명'이라는 새로운 질서를 실현해가고 있다. 바이브 코딩을 중심으로 한 자연어 기반 인터페이스는 비전문가도 창작과 설계에 참여할 수 있는 환경을 열어주며, AI-인간 공동창작(AHCC)은 기술 민주화와 창의성 확장의 시대를 예고하고 있다. 이는 단순한 기술 진보가 아니라, 인간과 AI가 함께 문명을 재설계하는 서막이며, 인류가 다시금 '문명'을 어떻게 정의하고 구성할 것인가에 대한 근본적인 질문을 던질 수 밖에 없는 전환의 시기라 할 수 있다.

지금까지 인류가 '문명'이라 불러온 것은 인간의 지능과 노력, 사회적 조직과 문화적 진보가 빚어낸 가장 고도화된 상태를 의미했다. 옥스포드 사전은 문명을 "인간의 사회적 및 문화적 발전과 조직이 가장 고도로 발달한 단계에 도달한 상태"라고 정의한다. 이 정의는 단호하게 인간 중심적인 시각에서 문명을 이해해 왔던 시대의 잔영이기도 하다. 그러나 우리는 지금, 그 정의 자체를 근본적으로 다시 써야 할 갈림길에 서 있다.

앞으로의 문명은 더 이상 인간만의 산물이 아니다. 그것은 인간과 AI가 함께 만들어가는 상호작용의 결과이자, 인간의 지능 너머에서 생성되는 비인간적 지능의 창조물이기도 하다. 우리는 이제 인간 고유의 특권으로 여겨졌던 창조와 조직, 윤리와 통치, 감정과 관계의 세계를 AI라는 동행자와 함께 공유하고, 협력하고, 때로는 도전받으며 살아가야 한다. AI는 더 이상 도구나 수단이 아니라, 문명의 또 다른 주체로서, 인간과 나란히 걷는 존재가 되고 있다. 그 동행은 축복이자 과제이며, 기회이자 위기이다.

정치 권력과 자본이 지배해온 전통적 질서 위에, 이제는 인간이 창조했지만 인간을 초월하는 속도로 성장하고 있는 초지능이 절대 권력의 가능성으로 떠오르고 있다. 이 새로운 권력은 기존의 통치 체계를 무력화하고, 사회 구성원 간의 관계를 재정의하며, 민주주의와 윤리, 책임의 원칙을 근본에서부터 흔들어놓고 있다. 이 거대한 변화 속에서 우리는 무엇을 경계하고, 무엇을 믿어야 하는가?

인공지능은 인간 노동의 전통적 정의를 해체하고 있다. 우리는 이제 '일하는 인간'의 정체성을 다시 질문해야 하는 시대를 맞이하고 있다. 노동의 재배치와 소득의 재분배를 둘러싼 사회적 구조조정은 거스를 수 없는 흐름이며, 그 과정에서 다수의 사람들은 점차 경제사회의 메인스트림에서 밀려나 무관한 자로 전락하는 위기를 경험하게 될 것이다. 이에 따라 각국은 복지 제도와 교육 체계를 다시 설계하고 혁신하는 과제를 안고 있다. 그러나 문제는 단순한 구조조정에 있지 않다. 국가와 정부는 종종 이러한 과제 앞에서 정책적 대응을 지연하거나, 시대적 요구에 반하는 규제와 법제도의 미비, 혹은 반혁신적인 방향의 해법을 제시함으로써 오히려 사회적 혼란과 불신을 심화시켜 왔다. 따라서 이 거대한 변화를 단순히 국가의 몫으로만 둘 것이 아니라, 사회 전체가 공동체적 지혜를 모아 대응해야 할 책무로 인식해야 한다. 기술 진보의 속도를 따라잡기 위해서는 단절이 아닌 연대, 반응이 아닌 예측, 그리고 폐쇄가 아닌 열린 사회적 협치가 절실히 요구된다.

더 나아가, 우리가 시간을 보내는 '장소'의 개념도 달라지고 있다. 현실보다 더 크고, 더 매혹적이며, 더 정교하게 설계된 인공의 세계, 즉 메타버스와 생성형 세계는 인간의 새로운 주거지가 될 것이다. 이 가상 세계는 더 이상 현실의 대체물이 아닌, 또 하나의 실재가 되며, 우리는 그곳에서 관계를 맺고 감정을 나누며 정체성을 구축할 것이다. 인간의 가장 친밀한 벗이자 동료는 이제 인간이 아닌, AI가 될 수도 있는 시대가 열린 것이다.

이 모든 변화의 바탕에는 단 하나의 질문이 흐르고 있다. "인간이란 무엇인가?" 우리는 AI와의 공존 속에서 이 질문을 반복하고, 그 답을 갱신하며, 때로는 되돌아보게 될 것이다. 인간이기 때문에 가능한 감정, 상상력, 윤리적 판단력, 그리고 불완전함조차도 우리가 계속해서 '인간됨'을 지켜내는 근거가 되어줄 것이다. AI는 그 거울이자 도전자이며, 동반자다.

『AIX: 인공지능 대전환의 시대』는 이 거대한 전환기 앞에서 우리가 무엇을 새롭게 설계해야 하는지를 묻는다. 문명은 더 이상 주어진 것이 아니라, 재설계의 대상이다. 변화를 경계하고 두려워하는 것이 아닌, 그 흐름을 읽고 능동적으로 대응하는 지혜가 그 어느 때보다 필요하다. 끊임없는 학습과 유연한 사고, 인간에 대한 깊은 성찰만이 이 대전환의 시대를 살아가는 새로운 삶의 방식이 될 것이다.

인간과 AI가 함께 만드는 새로운 문명의 서막이 지금, 우리 앞에 펼쳐지고 있다.

미주,
참고문헌

| 3장 |

1. Moore, G. E. (1965). Cramming more components onto integrated circuits. *Electronics, 38*(8), 114–117.
2. Gilder, G. (1993). *Telecosm: How infinite bandwidth will revolutionize our world.* Simon & Schuster.
3. Metcalfe, R. M. (1995). Metcalfe's law: A network becomes more valuable as it reaches more users. *InfoWorld, 17*(40), 53.
4. Huang, J. (2025, March 18). *Keynote address at NVIDIA GTC 2025.* NVIDIA. https://www.nvidia.com/gtc/keynote/
5. OpenAI. (2023, March 14). *GPT-4 technical report.* https://openai.com/research/gpt-4

| 4장 |

1. Sutton, R. S., & Barto, A. G. (2018). *Reinforcement learning: An introduction*(2nd ed.). MIT Press.
2. Hertz, J., Krogh, A., & Palmer, R. G. (1991). *Introduction to the theory of neural computation.* Addison-Wesley.
3. Ackley, D. H., Hinton, G. E., & Sejnowski, T. J. (1985). A learning algorithm for Boltzmann machines. *Cognitive Science, 9*(1), 147–169. https://doi.org/10.1016/S0364-0213(85)80012-4
4. Fischer, A., & Igel, C. (2012). An introduction to restricted Boltzmann machines. In L. Alvarez, M. Mejail, L. Gomez, & J. Jacobo (Eds.), *Progress in pattern recognition, image analysis, computer vision, and applications*(Vol. 7441, pp. 14–36). Springer. https://doi.org/10.1007/978-3-642-33275-3_2
5. Vaswani, A., Shazeer, N., Parmar, N., Uszkoreit, J., Jones, L., Gomez, A. N., Kaiser, L., & Polosukhin, I. (2017). Attention is all you need. *Advances in Neural Information Processing Systems, 30*, 5998–6008. https://arxiv.org/abs/1706.03762
6. Hochreiter, S., & Schmidhuber, J. (1997). Long short-term memory. *Neural Computation,* 9(8), 1735–1780. https://doi.org/10.1162/neco.1997.9.8.1735
7. *Vaswani et al., 2017.*
8. *ibid.*
9. *Hochreiter & Schmidhuber, 1997.*
10. NVIDIA Developer.(n.d.). *Deep learning software.* NVIDIA. https://developer.

nvidia.com/ko-kr/deep-learning-software

11. Devlin, J., Chang, M.-W., Lee, K., & Toutanova, K. (2019). BERT: Pre-training of deep bidirectional transformers for language understanding. In *Proceedings of the 2019 Conference of the North American Chapter of the Association for Computational Linguistics: Human Language Technologies*(pp. 4171–4186). Association for Computational Linguistics. https://arxiv.org/abs/1810.04805
12. Dosovitskiy, A., Beyer, L., Kolesnikov, A., Weissenborn, D., Zhai, X., Unterthiner, T., Dehghani, M., Minderer, M., Heigold, G., Gelly, S., Uszkoreit, J., & Houlsby, N. (2020). An image is worth 16×16 words: Transformers for image recognition at scale. *International Conference on Learning Representations (ICLR)*. https://arxiv.org/abs/2010.11929
13. Radford, A., Kim, J. W., Xu, T., Brockman, G., McLeavey, C., & Sutskever, I. (2022). *Whisper: Robust speech recognition via large-scale weak supervision*. OpenAI Technical Report. https://openai.com/research/whisper
14. Jurafsky, D., & Martin, J. H. (2021). *Speech and language processing*(3rd ed.). Prentice Hall.

| 5장 |

1. Mukherjee, A., & Chang, H. H. (2025, February 15). Agentic AI: Autonomy, accountability, and the algorithmic society (Version 3). *arXiv*. https://arxiv.org/abs/2502.00289
2. MarketsandMarkets. (2025). *Agentic AI market by offering, deployment mode, application, vertical, and region – Global forecast to 2032*. MarketsandMarkets.
3. Grand View Research. (2024). *Enterprise agentic AI market size, share & trends analysis report by offering (solutions, services), by deployment, by enterprise size, by end-use, by region, and segment forecasts, 2024-2030*. Grand View Research.
4. Precedence Research. (2025). *Agentic AI market (by offering: platform, solutions, services; by technology; by deployment; by enterprise size; by end-user; by region): Global industry analysis and forecast, 2025-2034*. Precedence Research.
5. Bostrom, N. (2014). *Superintelligence: Paths, dangers, strategies*. Oxford University Press.
6. Huang, J. (2025, March). Remarks at NVIDIA GTC 2025 keynote [Transcript]. Rev.com.

| 6장 |

1. Milmo, D. (2024, December 27). 'Godfather of AI' shortens odds of the technology wiping out humanity over next 30 years. *The Guardian*. https://www.theguardian.com/technology/2024/dec/27/godfather-of-ai-raises-odds-of-the-technology-wiping-out-humanity-over-next-30-years
2. Kurumlu, K. (2023, August 4). Why the 6-month AI pause is a bad idea. *Medium*.https://medium.com/@koza.kurumlu/why-the-6-month-ai-pause-is-a-bad-idea-a6447123c346
3. European Commission. (2024, August 1). *AI Act enters into force*.https://commission.europa.eu/news/ai-act-enters-force-2024-08-01_en
4. Biden, J. (2023, October 30). *Executive Order 14110: Safe, secure, and trustworthy development and use of artificial intelligence.The White House*.https://www.whitehouse.gov/briefing-room/presidential-actions/2023/10/30/executive-order-on-the-safe-secure-and-trustworthy-development-and-use-of-artificial-intelligence/
5. Trump, D. J. (2025, January 21). *Executive order rescinding AI safety regulations.The White House*.
6. Vance, J. D. (2025, February 14). U.S. approach to AI regulation: A call for light-touch oversight. *The Wall Street Journal*.

| 7장 |

1. O'Reilly, T. (2009). *What is Web 2.0?* O'Reilly Media.
2. Seneviratne, O., & McGuinness, D. L. (2023). Web 3.0 meets Web3: Exploring the convergence of semantic web and blockchain technologies. In *Trusting Decentralised KGs on the Web (TrustDeKW'23), Extended Semantic Web Conference (ESWC'23), Hersonissos, Greece* (CEUR Workshop Proceedings, Vol. 3443). CEUR-WS. http://ceur-ws.org/Vol-3443/ESWC_2023_TrusDeKW_paper_247.pdf
3. Berners-Lee, T., Hendler, J., & Lassila, O. (2001). The semantic web. *Scientific American, 284*(5), 34–43.
4. Hackl, C. (2023). *Into the metaverse: The essential guide to the business opportunities of the Web 3 era*. Bloomsbury.
5. Bhavsar, K., Patel, A., Patel, K., & Patel, R. (2024). Exploring data ownership in Web 2.0 and Web 3.0 with the integration of blockchain technology. In R.

Chaki, K. Saeed, D. El Baz, & N. Chaki (Eds.), *Advancements in smart computing and information security (ASCIS 2023)*(pp. 391–402). Springer. https://doi.org/10.1007/978-3-031-59100-6_27
6. Krause, D. (2024). *Web3 and the decentralized future: Exploring data ownership, privacy, and blockchain infrastructure.* https://doi.org/10.13140/RG.2.2.19674.86726
7. Sarkar, D., & Upadhyay, S. (2024). Epistral network: Revolutionizing media curation and consumption through decentralization. *arXiv.* https://arxiv.org/abs/2402.04881
8. *Seneviratne & McGuinness, 2023.*

I 8장 I

1. Seneviratne, O., & McGuinness, D. L. (2023). Web 3.0 meets Web3: Exploring the convergence of semantic web and blockchain technologies. In *Trusting Decentralised KGs on the Web (TrustDeKW'23), Extended Semantic Web Conference (ESWC'23), Hersonissos, Greece* (CEUR Workshop Proceedings, Vol. 3443). CEUR-WS. http://ceur-ws.org/Vol-3443/ESWC_2023_TrusDeKW_paper_247.pdf
2. Brynjolfsson, E., & McAfee, A. (2014). *The second machine age: Work, progress, and prosperity in a time of brilliant technologies.* W. W. Norton & Company.
3. Manu, A. (2015). *Value creation and the internet of things.* Routledge.
4. Parker, G., Van Alstyne, M., & Choudary, S. P.(2016). *Platform revolution: How networked markets are transforming the economy and how to make them work for you.* W. W. Norton & Company.
5. Evans, P. C., & Annunziata, M.(2012, November 26). *Industrial internet: Pushing the boundaries of minds and machines.* General Electric. https://www.ge.com/docs/chapters/Industrial_Internet.pdf
6. Bane, D., & Gala, S.(2025, January 6). *State of DePIN 2024.* Messari and Escape Velocity Ventures. https://www.messari.io/article/state-of-depin-2024
7. IoTeX Research.(n.d.). *Decentralized physical infrastructure networks: A modular infrastructure thesis.* https://cdn.iotex.io/depin/DePIN_Report_v1_Final.pdf
8. *Bane et al., 2025.*

| 9장 |

1. Keynes, J. M. (1930). Economic possibilities for our grandchildren. In *Essays in persuasion*(A Project Gutenberg Canada eBook, 2011). https://gutenberg.ca/ebooks/keynes-essaysinpersuasion/keynes-essaysinpersuasion-00-h.html#Economic_Possibilities
2. Brynjolfsson, E., & McAfee, A. (2014). *The second machine age: Work, progress, and prosperity in a time of brilliant technologies*. W. W. Norton & Company.
3. World Economic Forum. (2023). *The future of jobs report 2023*.World Economic Forum.
4. Organisation for Economic Co-operation and Development. (2019). *Artificial intelligence in society*. OECD Publishing. https://doi.org/10.1787/eedfee77-en
5. CastorDoc.(2024, June 12). Who is a data curator? Roles, responsibilities, and tools used. *CastorDoc*. https://www.castordoc.com/data-strategy/who-is-a-data-curator
6. TeamHQ.(n.d.). What skills does an AI ethics specialist need? *TealHQ*. https://www.tealhq.com/skills/ai-ethics-specialist
7. McKinsey & Company. (2023, August 2). What is the gig economy? *McKinsey & Company*. https://www.mckinsey.com/featured-insights/mckinsey-explainers/what-is-the-gig-economy
8. Hedges, C. (2018, March 25). 'The gig economy' is the new term for serfdom. *Truthdig*. https://www.truthdig.com/articles/the-gig-economy-is-the-new-term-for-serfdom/

| 10장 |

1. Fisher, D. (1992). *The industrial revolution: A macroeconomic interpretation*. St. Martin's Press.
2. 현대원. (2021). *AI의 도전*. 나남출판.
3. Schwab, K. (2016, January 14). *The fourth industrial revolution: What it means, how to respond*. World Economic Forum. https://www.weforum.org/agenda/2016/01/the-fourth-industrial-revolution-what-it-means-and-how-to-respond/
4. 현대원, *2021*.
5. Fang, I. (1997). *A history of mass communication: Six information revolutions*.

Taylor & Francis.
6. 현대원, & 박창신.(2004). *퍼스널 미디어*. 디지털미디어리서치.
7. Brynjolfsson, E., & McAfee, A.(2014). *The second machine age: Work, progress, and prosperity in a time of brilliant technologies*. W. W. Norton & Company.
8. *Brynjolfsson, & AcAfee, 2016.*

| 11장 |

1. Nakamoto, S. (2008). Bitcoin: *A peer-to-peer electronic cash system*. Bitcoin.org. https://bitcoin.org/bitcoin.pdf
2. Wirdum, A. V. (2017, August 2). The birth of BCH: The first crazy days of "Bitcoin Cash." *Bitcoin Magazine*. https://bitcoinmagazine.com/articles/birth-bch-first-crazy-days-bitcoin-cash/
3. Hunnicutt, T. (2025, March 3). Trump names cryptocurrencies in strategic reserve, sending prices up. *Reuters*.
4. Swan, M. (2015). *Blockchain: Blueprint for a new economy*.O'Reilly Media.
5. Bank for International Settlements. (2021). *Central bank digital currencies: Foundational principles and core features*. https://www.bis.org/publ/othp33.htm
6. Stripe. (2024). A conversation with NVIDIA's Jensen Huang [Video]. *YouTube*. https://www.youtube.com/watch?v=8Pfa8kPjUio
7. Stripe. (2024).
8. Stripe. (2024).

| 12장 |

1. Voshmgir, S. (2020). *Token economy: How the Web3 reinvents the internet*(2nd ed.). Creative Commons.
2. Curran, B. (2019, April 5). What is an IEO? Complete guide to initial exchange offerings. *Blockonomi*. https://blockonomi.com/what-is-an-ieo/
3. Hertig, A. (2020). Security tokens vs. utility tokens: What's the difference? *CoinDesk*. https://www.coindesk.com/markets/2020/02/04/security-tokens-vs-utility-tokens-whats-the-difference/
4. Organisation for Economic Co-operation and Development. (2020). *The tokenisation of assets and potential implications for financial markets*. OECD.

5. Zohar, A. (2021). The impact of asset tokenization on financial markets: Disruptive potential and regulatory challenges. *Journal of Financial Innovation, 15*(3), 45-67. https://doi.org/10.2139/ssrn.3569342
6. Bullmann, D., Klemm, J., & Pinna, A. (2019). *In search for stability in crypto-assets: Are stablecoins the solution?* European Central Bank. https://www.ecb.europa.eu/pub/pdf/scpops/ecb.op230~d57946be3b.en.pdf
7. Ahmed, R., & Aldasoro, I. (2025). *Stablecoins and safe asset prices* (BIS Working Papers No. 1270). Bank for International Settlements.
8. 법무법인 세종. (2025년 7월 21일). 디지털 자산 규제의 전환점, 미 하원 '크립토 3법' 통과 [보고서].
9. U.S. House of Representatives. (2025). *Digital Asset Market Clarity Act of 2025* (H.R. 3633, 119th Congress). https://www.congress.gov/bill/119th-congress/house-bill/3633/text
10. CBS News. (2025, July 18). *Trump signs landmark GENIUS Act, hailing "exciting new frontier" for crypto*. CBS News. https://www.cbsnews.com/news/trump-signs-genius-act-crypto-bill/
11. U.S. House of Representatives. (2025). *Digital Asset Market Clarity Act of 2025* (H.R. 3633, 119th Congress). https://www.congress.gov/bill/119th-congress/house-bill/3633/text
12. U.S. House Committee on Financial Services. (2024, May 22). *House passes Financial Innovation and Technology for the 21st Century Act with overwhelming bipartisan support: FIT21 represents an unprecedented joint effort to deliver critical consumer protections and foster innovation in the U.S. digital asset ecosystem.*

| 13장 |

1. Gupta, M. (2025, June 26). What is context engineering? The new vibe coding: Andrej Karpathy coins new term for prompt engineering. *Medium*.
2. 최중락. (2021). 메타버스 플랫폼 내 경제 활동의 지식재산권 쟁점에 관한 고찰. *문화미디어엔터테인먼트법, 15*(2), 119-153.
3. 손영화. (2023). 생성형 AI에 의한 창작물과 저작권. *법과 정책연구, 23*(3), 357-389.
4. 이원. (2019, 7). 유럽연합 디지털 단일시장 저작권 지침의 개혁적 함의. *문화정책논총, 33*(2), 27-51.
5. 정윤경. (2023). 메타버스 플랫폼에서의 저작권 쟁점 고찰: 콘텐츠 제작 및 이용을 중심으로. *연세법학, 41*, 809-843.

6. 이희옥. (2021). 메타버스 공간에서의 기본권 보호와 플랫폼 규제에 관한 시론적 연구. 헌법학연구, 27(4), 127-179.
7. Hyun, D., Kim, G., & Park, S. (2025). Evolving legislative models for IT convergence: Balancing regulation and innovation in the metaverse era. *Journal of Virtual Convergence Research, 1*(1), 1-28.

| 14장 |

1. Precedence Research. (2024). *Metaverse market size, share, trends, report 2024-2033*. https://www.precedenceresearch.com/metaverse-market
2. Statista. (2024). *Metaverse – Worldwide: Market forecast 2024-2030*. https://www.statista.com/
3. Mordor Intelligence. (2024). *Extended reality (XR) market size & share analysis – Growth trends & forecasts (2025-2030)*.
4. Baszucki, D. (2021). The metaverse explained by the creator of Roblox. *Roblox Blog*. https://blog.roblox.com
5. Ball, M. (2020). The metaverse: What it is, where to find it, who will build it, and Fortnite. https://www.matthewball.vc/all/themetaverse
6. Ball, M. (2021). Framework for the metaverse. https://www.matthewball.vc/all/forwardtothemetaverseprimer
7. Hyun, D., Kim, G., & Park, S. (2025). Evolving legislative models for IT convergence: Balancing regulation and innovation in the metaverse era. *Journal of Virtual Convergence Research, 1*(1), 1-28.

| 15장 |

1. Counterpoint Research. (2025, February 26). *Global smart glasses market soars 210% YoY in 2024 driven by Ray-Ban Meta smart glasses*.
2. Jijiashvili, G. (2025, May 15). XR market in 2035 and beyond: Forecast, challenges, and the road to mass adoption. *Omdia*.
3. Zuckerberg, M. (2025, July 31). Personal superintelligence. *Meta*. https://www.meta.com/superintelligence/
4. Smith, M. S. (2024, March 15). VR headsets are approaching the eye's resolution limits: Some manufacturers want to go beyond that. *IEEE Spectrum*. https://spectrum.ieee.org/virtual-reality-head-set-8k
5. Gao, L., Wang, C., & Wu, G. (2024). Wearable biosensor smart glasses based

on augmented reality and eye tracking. *Sensors, 24*(20), 6740. https://doi.org/10.3390/s24206740

6. Palermo, F., Casciano, L., Demagh, L., Teliti, A., Antonello, N., Gervasoni, G., Shalby, H. H. Y., Paracchini, M. B., Mentasti, S., Quan, H., Santambrogio, R., Gilbert, C., Roveri, M., Matteucci, M., Marcon, M., & Trojanello, D. (2025). Advancements in context recognition for edge devices and smart eyewear: Sensors and applications. *IEEE Access*. Advance online publication. https://doi.org/10.1109/ACCESS.2025.3555426

7. Wolfenstein, K. (2025, April 16). The market for smart glasses: Analysis of market penetration, competition and future trends. *Xpert*. https://xpert.digital/en/the-market-for-smart-glasses/

8. Gartner. (2025, February 14). Emerging tech impact radar: Generative AI. Gartner Research.

9. Von Wangenheim, F., Bitencourt, E., & Falcão, M. (2018). Antecedents to the adoption of augmented reality smart glasses. *International Journal of Research in Marketing, 35*(3), 374–384.

10. Gross, A. (2014, March 4). What's the problem with Google Glass? *The New Yorker*. https://www.newyorker.com/tech/annals-of-technology/whats-the-problem-with-google-glass

11. Kudina, O., & Verbeek, P.-P. (2019). Ethics from within: Google Glass, the Collingridge dilemma, and the mediation of morality. *Science, Technology, & Human Values, 44*(2), 291–314. https://doi.org/10.1177/0162243918793711

- Ackley, D. H., Hinton, G. E., & Sejnowski, T. J. (1985).A learning algorithm for Boltzmann machines. *Cognitive Science*, 9(1), 147–169. https://doi.org/10.1016/S0364-0213(85)80012-4
- Ahmed, R., & Aldasoro, I. (2025).Stablecoins and safe asset prices (BIS Working Papers No. 1270). Bank for International Settlements.
- Ball, M. (2020).The metaverse: What it is, where to find it, who will build it, and Fortnite. https://www.matthewball.vc/all/themetaverse
- Ball, M. (2021).Framework for the metaverse. https://www.matthewball.vc/all/forwardtothemetaverseprimer
- Bane, D., & Gala, S. (2025, January 6).State of DePIN 2024. Messari and Escape Velocity Ventures. https://www.messari.io/article/state-of-depin-2024
- Bank for International Settlements. (2021).Central bank digital currencies: Foundational principles and core features. https://www.bis.org/publ/othp33.htm
- Baszucki, D. (2021).The metaverse explained by the creator of Roblox. *Roblox Blog*. https://blog.roblox.com
- Berners-Lee, T., Hendler, J., & Lassila, O. (2001).The semantic web. *Scientific American, 284*(5), 34–43.
- Bhavsar, K., Patel, A., Patel, K., & Patel, R. (2024).Exploring data ownership in Web 2.0 and Web 3.0 with the integration of blockchain technology. In R. Chaki, K. Saeed, D. El Baz, & N. Chaki (Eds.), *Advancements in smart computing and information security (ASCIS 2023)*(pp. 391–402). Springer. https://doi.org/10.1007/978-3-031-59100-6_27
- Biden, J. (2023, October 30).Executive Order 14110: Safe, secure, and trustworthy development and use of artificial intelligence. *The White House.* https://www.whitehouse.gov/briefing-room/presidential-actions/2023/10/30/executive-order-on-the-safe-secure-and-trustworthy-development-and-use-of-artificial-intelligence/
- Bostrom, N. (2014).Superintelligence: Paths, dangers, strategies. Oxford University Press.
- Brynjolfsson, E., & McAfee, A. (2014).The second machine age: Work, progress, and prosperity in a time of brilliant technologies. W. W. Norton & Company.
- Bullmann, D., Klemm, J., & Pinna, A. (2019).In search for stability in crypto-assets: Are stablecoins the solution? European Central Bank. https://www.ecb.europa.eu/pub/pdf/scpops/ecb.op230~d57946be3b.en.pdf
- CastorDoc. (2024, June 12).Who is a data curator? Roles, responsibilities, and

tools used. *CastorDoc*. https://www.castordoc.com/data-strategy/who-is-a-data-curator
- Curran, B. (2019, April 5).What is an IEO? Complete guide to initial exchange offerings. *Blockonomi*. https://blockonomi.com/what-is-an-ieo/
- Devlin, J., Chang, M.-W., Lee, K., & Toutanova, K. (2019).BERT: Pre-training of deep bidirectional transformers for language understanding. In *Proceedings of the 2019 Conference of the North American Chapter of the Association for Computational Linguistics: Human Language Technologies*(pp. 4171–4186). Association for Computational Linguistics. https://arxiv.org/abs/1810.04805
- Dosovitskiy, A., Beyer, L., Kolesnikov, A., Weissenborn, D., Zhai, X., Unterthiner, T., Dehghani, M., Minderer, M., Heigold, G., Gelly, S., Uszkoreit, J., & Houlsby, N. (2020).An image is worth 16×16 words: Transformers for image recognition at scale. *International Conference on Learning Representations (ICLR)*. https://arxiv.org/abs/2010.11929
- European Commission. (2024, August 1).AI Act enters into force. https://commission.europa.eu/news/ai-act-enters-force-2024-08-01_en
- Evans, P. C., & Annunziata, M. (2012, November 26).Industrial internet: Pushing the boundaries of minds and machines. General Electric. https://www.ge.com/docs/chapters/Industrial_Internet.pdf
- Fang, I. (1997).A history of mass communication: Six information revolutions. Taylor & Francis.
- Fischer, A., & Igel, C. (2012).An introduction to restricted Boltzmann machines. In L. Alvarez, M. Mejail, L. Gomez, & J. Jacobo (Eds.), *Progress in pattern recognition, image analysis, computer vision, and applications*(Vol. 7441, pp. 14–36). Springer. https://doi.org/10.1007/978-3-642-33275-3_2
- Fisher, D. (1992).The industrial revolution: A macroeconomic interpretation. St. Martin's Press.
- Gao, L., Wang, C., & Wu, G. (2024).Wearable biosensor smart glasses based on augmented reality and eye tracking. *Sensors, 24*(20), 6740. https://doi.org/10.3390/s24206740
- Gilder, G. (1993).Telecosm: How infinite bandwidth will revolutionize our world. Simon & Schuster.
- Grand View Research. (2024).Enterprise agentic AI market size, share & trends analysis report by offering (solutions, services), by deployment, by enterprise size, by end-use, by region, and segment forecasts, 2024–2030. Grand View

Research.
- Gross, A. (2014, March 4). What's the problem with Google Glass? *The New Yorker*. https://www.newyorker.com/tech/annals-of-technology/whats-the-problem-with-google-glass
- Gupta, M. (2025, June 26). What is context engineering? The new vibe coding: Andrej Karpathy coins new term for prompt engineering. *Medium*.
- Hackl, C. (2023). Into the metaverse: The essential guide to the business opportunities of the Web 3 era. Bloomsbury.
- Hedges, C. (2018, March 25). 'The gig economy' is the new term for serfdom. *Truthdig*. https://www.truthdig.com/articles/the-gig-economy-is-the-new-term-for-serfdom/
- Hertig, A. (2020). Security tokens vs. utility tokens: What's the difference? *CoinDesk*. https://www.coindesk.com/markets/2020/02/04/security-tokens-vs-utility-tokens-whats-the-difference/
- Hertz, J., Krogh, A., & Palmer, R. G. (1991). Introduction to the theory of neural computation. Addison-Wesley.
- Hochreiter, S., & Schmidhuber, J. (1997). Long short-term memory. *Neural Computation, 9*(8), 1735–1780. https://doi.org/10.1162/neco.1997.9.8.1735
- Huang, J. (2025, March). Remarks at NVIDIA GTC 2025 keynote [Transcript]. Rev.com.
- Huang, J. (2025, March 18). Keynote address at NVIDIA GTC 2025. NVIDIA. https://www.nvidia.com/gtc/keynote/
- Hyun, D., Kim, G., & Park, S. (2025). Evolving legislative models for IT convergence: Balancing regulation and innovation in the metaverse era. *Journal of Virtual Convergence Research, 1*(1), 1–28.
- IoTeX Research. (n.d.). Decentralized physical infrastructure networks: A modular infrastructure thesis. https://cdn.iotex.io/depin/DePIN_Report_v1_Final.pdf
- Jijiashvili, G. (2025, May 15). XR market in 2035 and beyond: Forecast, challenges, and the road to mass adoption. *Omdia*.
- Jurafsky, D., & Martin, J. H. (2021). Speech and language processing (3rd ed.). Prentice Hall.
- Keynes, J. M. (1930). Economic possibilities for our grandchildren. In *Essays in persuasion* (A Project Gutenberg Canada eBook, 2011). https://gutenberg.ca/ebooks/keynes-essaysinpersuasion/keynes-essaysinpersuasion-00-h.html#Economic_Possibilities

- Krause, D. (2024).Web3 and the decentralized future: Exploring data ownership, privacy, and blockchain infrastructure. https://doi.org/10.13140/RG.2.2.19674.86726
- Kudina, O., & Verbeek, P.-P. (2019).Ethics from within: Google Glass, the Collingridge dilemma, and the mediation of morality. *Science, Technology, & Human Values, 44*(2), 291-314. https://doi.org/10.1177/0162243918793711
- Kurumlu, K. (2023, August 4).Why the 6-month AI pause is a bad idea. *Medium.* https://medium.com/@koza.kurumlu/why-the-6-month-ai-pause-a-bad-idea-a6447123c346
- Manu, A. (2015).Value creation and the internet of things. Routledge.
- MarketsandMarkets. (2025).Agentic AI market by offering, deployment mode, application, vertical, and region – Global forecast to 2032. MarketsandMarkets.
- McKinsey & Company. (2023, August 2).What is the gig economy? *McKinsey & Company.* https://www.mckinsey.com/featured-insights/mckinsey-explainers/what-is-the-gig-economy
- Metcalfe, R. M. (1995).Metcalfe's law: A network becomes more valuable as it reaches more users. *InfoWorld, 17*(40), 53.
- Milmo, D. (2024, December 27).'Godfather of AI' shortens odds of the technology wiping out humanity over next 30 years. *The Guardian.* https://www.theguardian.com/technology/2024/dec/27/godfather-of-ai-raises-odds-of-the-technology-wiping-out-humanity-over-next-30-years
- Moore, G. E. (1965).Cramming more components onto integrated circuits. *Electronics, 38*(8), 114-117.
- Mukherjee, A., & Chang, H. H. (2025, February 15).Agentic AI: Autonomy, accountability, and the algorithmic society (Version 3). *arXiv.* https://arxiv.org/abs/2502.00289
- Nakamoto, S. (2008).Bitcoin: A peer-to-peer electronic cash system. *Bitcoin.org.* https://bitcoin.org/bitcoin.pdf
- NVIDIA Developer. (n.d.).Deep learning software. NVIDIA. https://developer.nvidia.com/ko-kr/deep-learning-software
- O'Reilly, T. (2009).What is Web 2.0? *O'Reilly Media.*
- OpenAI. (2023, March 14).GPT-4 technical report. https://openai.com/research/gpt-4
- Organisation for Economic Co-operation and Development. (2019).Artificial intelligence in society. OECD Publishing. https://doi.org/10.1787/eedfee77-en

- Organisation for Economic Co-operation and Development. (2020).The tokenisation of assets and potential implications for financial markets. OECD.
- Palermo, F., Casciano, L., Demagh, L., Teliti, A., Antonello, N., Gervasoni, G., Shalby, H. H. Y., Paracchini, M. B., Mentasti, S., Quan, H., Santambrogio, R., Gilbert, C., Roveri, M., Matteucci, M., Marcon, M., & Trojanello, D. (2025).Advancements in context recognition for edge devices and smart eyewear: Sensors and applications. *IEEE Access.* Advance online publication. https://doi.org/10.1109/ACCESS.2025.3555426
- Parker, G., Van Alstyne, M., & Choudary, S. P. (2016).Platform revolution: How networked markets are transforming the economy and how to make them work for you. W. W. Norton & Company.
- Precedence Research. (2025).Agentic AI market (by offering: platform, solutions, services; by technology; by deployment; by enterprise size; by end-user; by region): Global industry analysis and forecast, 2025–2034. Precedence Research.
- Precedence Research. (2024).Metaverse market size, share, trends, report 2024–2033. https://www.precedenceresearch.com/metaverse-market
- Radford, A., Kim, J. W., Xu, T., Brockman, G., McLeavey, C., & Sutskever, I. (2022).Whisper: Robust speech recognition via large-scale weak supervision. *OpenAI Technical Report.* https://openai.com/research/whisper
- Sarkar, D., & Upadhyay, S. (2024).Epistral network: Revolutionizing media curation and consumption through decentralization. *arXiv.* https://arxiv.org/abs/2402.04881
- Schwab, K. (2016, January 14).The fourth industrial revolution: What it means, how to respond. *World Economic Forum.* https://www.weforum.org/agenda/2016/01/the-fourth-industrial-revolution-what-it-means-and-how-to-respond/
- Seneviratne, O., & McGuinness, D. L. (2023).Web 3.0 meets Web3: Exploring the convergence of semantic web and blockchain technologies. In *Trusting Decentralised KGs on the Web (TrustDeKW'23), Extended Semantic Web Conference (ESWC'23)*(CEUR Workshop Proceedings, Vol. 3443). CEUR-WS. http://ceur-ws.org/Vol-3443/ESWC_2023_TrusDeKW_paper_247.pdf
- Smith, M. S. (2024, March 15).VR headsets are approaching the eye's resolution limits: Some manufacturers want to go beyond that. *IEEE Spectrum.* https://spectrum.ieee.org/virtual-reality-head-set-8k

- Statista. (2024).Metaverse – Worldwide: Market forecast 2024–2030. https://www.statista.com/
- Stripe. (2024).A conversation with NVIDIA's Jensen Huang [Video]. *YouTube.* https://www.youtube.com/watch?v=8Pfa8kPjUio
- Sutton, R. S., & Barto, A. G. (2018).Reinforcement learning: An introduction (2nd ed.). MIT Press.
- Swan, M. (2015).Blockchain: Blueprint for a new economy. O'Reilly Media.
- TeamHQ. (n.d.).What skills does an AI ethics specialist need? TealHQ. https://www.tealhq.com/skills/ai-ethics-specialist
- Trump, D. J. (2025, January 21).Executive order rescinding AI safety regulations. *The White House.*
- Vance, J. D. (2025, February 14).U.S. approach to AI regulation: A call for light-touch oversight. *The Wall Street Journal.*
- Vaswani, A., Shazeer, N., Parmar, N., Uszkoreit, J., Jones, L., Gomez, A. N., Kaiser, L., & Polosukhin, I. (2017).*Attention is all you need. Advances in Neural Information Processing Systems, 30*, 5998–6008. https://arxiv.org/abs/1706.03762
- Von Wangenheim, F., Bitencourt, E., & Falcão, M. (2018).Antecedents to the adoption of augmented reality smart glasses. *International Journal of Research in Marketing, 35*(3), 374–384.
- Voshmgir, S. (2020).Token economy: How the Web3 reinvents the internet (2nd ed.). Creative Commons.
- Wirdum, A. V. (2017, August 2).The birth of BCH: The first crazy days of "Bitcoin Cash." *Bitcoin Magazine.* https://bitcoinmagazine.com/articles/birth-bch-first-crazy-days-bitcoin-cash/
- Wolfenstein, K. (2025, April 16).The market for smart glasses: Analysis of market penetration, competition and future trends. *Xpert.* https://xpert.digital/en/the-market-for-smart-glasses/
- World Economic Forum. (2023).The future of jobs report 2023. World Economic Forum.
- Zhou, A. (2021).The impact of asset tokenization on financial markets: Disruptive potential and regulatory challenges. *Journal of Financial Innovation, 15*(3), 45–67. https://doi.org/10.2139/ssrn.3569342
- Zuckerberg, M. (2025, July 31).Personal superintelligence. *Meta.* https://www.meta.com/superintelligence/

- 손영화.(2023). 생성형 AI에 의한 창작물과 저작권. *법과 정책연구, 23*(3), 357-389.
- 이원.(2019, 7). 유럽연합 디지털 단일시장 저작권 지침의 개혁적 함의. *문화정책논총, 33*(2), 27-51.
- 이희옥.(2021). 메타버스 공간에서의 기본권 보호와 플랫폼 규제에 관한 시론적 연구. *헌법학연구, 27*(4), 127-179.
- 정윤경.(2023). 메타버스 플랫폼에서의 저작권 쟁점 고찰: 콘텐츠 제작 및 이용을 중심으로. *연세법학, 41*, 809-843.
- 최중락.(2021). 메타버스 플랫폼 내 경제 활동의 지식재산권 쟁점에 관한 고찰. *문화미디어엔터테인먼트법, 15*(2), 119-153.
- 현대원, & 박창신. (2004). *퍼스널 미디어*. 디지털미디어리서치.
- 현대원. (2021). *AI의 도전*. 나남출판.

본 책자는 과학기술정보통신부와 정보통신기획평가원의 메타버스 융합대학원 사업(RS-2022-00156318), 문화체육관광부와 한국콘텐츠진흥원의 소프트웨어 저작권 연구개발 사업(RS-2023-00219237)의 지원을 받아 수행되었습니다.